격차의 시대,
정(情)이 있는 교회와 목회

 (재)기독교선교횃불재단

횃불회 시리즈 2

격차의 시대,
정(情)이 있는 교회와 목회

지형은 정의호 곽승현 국명호 김승천 이상준 유승대 이민교 박양규 이정일 안광복
이기용 이인호 옥성석 박인화 김태규 박성원 이정훈 조영길 조요셉 이건영 강문호

발행일	2022년 9월 1일
발행인	유승현
펴낸곳	글과길
	등록 제2020-000078호[2020.5.29]
	서울특별시 송파구 삼학사로 19길5 3층 [삼전동]
	wordroad29naver.com
편집	이경석
디자인	디자인소리 okdsori.com
공급처	하늘유통
	경기도 파주시 광탄면 분수리 350-3
	전화 031-947-7777
	팩스 0505-365-0691

ISBN 979-11-978184-2-4 [03230]
가격 20,000원

격차의 시대, 情이 있는 교회와 목회

횃불회 시리즈 2

권두언

유승현 원장
(재)기독교선교햇불재단

나를 능하게 하신 그리스도 예수 우리 주께 내가 감사함은 나를 충성
되이 여겨 내게 직분을 맡기심이니 딤전 1:12

우리를 충성되이 여겨 거룩한 직분을 맡겨주신 하나님의 은혜에 감사
드립니다.

한국교회의 미래를 부정적으로 전망하는 목소리들이 많습니다. 팬데
믹 속에 재정적, 사역적 어려움을 겪는 교회들, 다음 세대의 낮은 복음화
비율, 교회에 대한 대사회적 이미지 실추 등 안타까운 소식을 생각해 보
면 자연스러운 결론처럼 들리기도 합니다. 하지만 저는 한국교회를 긍정
적으로 생각합니다. 교회는 주님이 이끌고 계시고, 하나님께서 맡겨주신
직분이라는 사명감으로 사역하시는 햇불회원 목회자님들을 많이 만나
뵈었기 때문입니다.

교회는 항상 어려움을 겪어 왔습니다. 세상 권력과 권위자들에게 거절 당했고, 크고 작은 난관과 장애물에 직면해야 했으며, 이제 모든 것이 끝났다는 절망의 상황에 내몰린 적도 여러 번 있었습니다. 하지만 주님의 교회는 결코 무너지지 않았습니다. 교회는 예수님께서 불꽃 같은 눈으로 지켜보고 계시고, 직분을 성실히 감당하는 사역자들을 예수님이 보호하시기 때문_{계 1:20}입니다.

저는 목회자님들이 건강한 교회를 세우며 담대한 믿음으로 사역하실 수 있으면 좋겠습니다. 시대는 너무 급격히 변하고 세상은 새로운 변화를 따라가기에 바쁩니다. 이런 혼란한 상황 속에서 복음의 본질에 충실하며 흔들림 없이 방향을 잡고 나아가야 할 분들은 바로 목회자님들입니다. 목회자님들은 주님이 주시는 지혜와 통찰력으로 분별력 있게 시대를 이끌어가는 리더가 되셔야 합니다. 이를 위해 필요한 부분들을 저희는 횃불회를 통해 돕고 섬기길 원합니다.

2022년도 2학기 횃불회를 준비하며

팬데믹이라는 예기치 못한 상황을 맞이한 지 3년째를 보내고 있습니다. 사회적 거리두기가 완화되고 실외에서는 마스크를 쓰지 않아도 되는 등 새로운 상황이 펼쳐지고 있습니다. 하지만 우리는 아직 팬데믹 속에 살고 있습니다. 곳곳에서 일상의 회복을 말하지만 2019년 이전으로의 회복은 아닐 것입니다. 이미 사람들이 달라져 버렸기 때문입니다. 팬데믹은 사람들로 하여금 시나브로 소위 언택트Uncontact, 비대면 문화에 익숙하게 해주었습니다. 이제는 만나서 모든 것을 해야 한다는 생각은 낡은 것이라고 말합니다. 이미 만나지 않아도 모임이 가능한 방법과 대안들은 차고 넘칩니다. 그래도 모여야 한다는 목소리는 여러 주장들 속에 묻히기 십상입니다. 이런 상황은 교회로 하여금 새로운 방식을 고민하게 합니다. 유력한 대안으로 떠오르고 있는 것은 올라인all-line 목회입니다. 비대면과 대면, 또는 온라인과 오프라인을 병행하는 형태의 목회를 의미합니다.

하지만 이런 올라인all-line 목회라는 새로운 방식에 많은 목회자들은 당황하고 있습니다. 한국교회의 대다수는 이런 방식으로 목회 사역을 해나갈 수 있는 준비가 안 됐기 때문입니다. 격차를 느낄 수밖에 없는 이유입니다. 하지만 안 되는 이유만 찾을 수는 없습니다. 할 수 있는 것들을 찾아야 할 것입니다. 준비가 안 된 부분은 채워가고, 때로는 다른 방식으로 대체해 가야 할 것입니다. 그리고 그런 노력과 시도는 새로운 지평을 열어줄 것입니다.

새롭게 펼쳐진 상황 앞에 준비된 집단과 그렇지 않은 집단은 큰 격차를 체감하게 됩니다. 모든 면에서 격차의 시대가 본격화되고 있습니다. 이런 현실은 우리를 막막하게 합니다. 우리가 사랑하는 교회가 과연 이러한 시대에도 소망이 되어줄 수 있을까요? 우리의 목회가 이런 상황에서도 미래를 품게 할 수 있을까요? 코로나 이후의 시대는 모든 것에서 격차가 확연히 드러나는 소위 '격차의 시대'입니다. 실체를 보고 나면 도저히 따라갈 엄두가 나지 않는 현격한 차이가 자연스러운 시대입니다. 이런 격차를 경험하고 좌절할 영혼들이 도처에 차고 넘치게 될 것입니다. 횃불회는 이들의 영혼을 돌보고 섬겨야 할 목회자들을 생각합니다.

그래서 금번 학기에는 "격차의 시대, 정(情)이 있는 교회와 목회"라는 주제로 큰 격차 앞에 선 우리의 교회와 목회가 나아가야 할 방향이 무엇인지 생각해보려고 합니다. 먼저는 격차라는 냉기 가득한 현실을 따스하게 녹여줄 사랑, 예수님의 사랑을 느끼게 해주는 교회와 목회를 '온정'이라는 소주제로 다루려고 합니다. 그리고 절망과 실패에 내던져져도 다시 소망을 품게 해주는 십자가의 그 위대한 능력을 선포하는 교회와 목회 사역을 '긍정'이라는 소주제로 다룰 것입니다. 또한 십자가를 통과한 하나님의 사람이 가질 수밖에 없는 본질을 추구하는 목회와 교회의 모습을 '열정'이라는 소주제로 풀어볼 것입니다. 그리고 격차가 심해질 때 교회가 붙들어야 할 하나님의 공의와 정의를 '공정'이라는 소주제로 다룰 것입니다. 네 가지의 소주제는 격차의 시대에 우리의 교회와 목회가 나아가야 할 방향을 제시해주는 이정표 역할을 하게 되리라 믿습니다.

거대한 벽과 같은 격차 앞에서 온정으로 다가가고 긍정과 열정으로 이끌어 주며 공정을 드러내는 교회와 목회는 다시 작은 소망을 품게 할 것입니다. 하나님의 나라를 위해 애쓰시는 모든 사역 현장에 하나님의 은혜가 있으시길 기도합니다. 감사합니다.

편집인識

차례

Part 1 온정

격차의 시대, 정(情)이 있는 교회 _15
지형은 목사 │ 성락성결교회 담임

격차의 시대, 온정 있는 교회 공동체 만들기 _29
정의호 목사 │ 기쁨의교회 담임

격차의 시대, 온정을 나누는 교회와 목회 _47
곽승현 목사 │ 거룩한빛광성교회 담임

격차의 시대, 사람을 세우는 온정의 목회 _65
국명호 목사 │ 여의도침례교회 담임

Part 2 긍정

격차의 시대, 절대 긍정으로 돌파하는 교회 _85
김승천 목사 │ 프랑스 퐁뇌프장로교회 담임

격차의 시대, 회복으로 이끄는 긍정의 목회 _99
이상준 목사 │ 온누리교회 양재 담당

격차의 시대, 은혜와 긍정 마인드로 세우는 교회와 목회 _117
유승대 목사 │ 은평성결교회 담임

격차의 시대, 긍정의 힘으로 변화를 이끄는 목회 _127
이민교 선교사 ┃ 우즈벡 농아교회 담임

격차의 시대, 긍정의 교회를 위한 깊이 있는 성경 이해 _143
박양규 목사 ┃ 교회교육연구소 대표

격차의 시대, 긍정의 목회를 위한 소통 콘텐츠 활용 _155
이정일 목사 ┃ 문학연구공간 '상상' 대표

Part 3 열정

격차의 시대, 열정을 불러일으키는 설교 _169
안광복 목사 ┃ 청주 상당교회 담임

격차의 시대, 성령의 열정으로 넘치는 예배 _189
이기용 목사 ┃ 신길교회 담임

격차의 시대, 기도의 열정으로 세워가는 교회와 목회 _195
이인호 목사 ┃ 더사랑의교회 담임

격차의 시대, 열정의 리더십으로 세워가는 교회 _211
옥성석 목사 ┃ 충정교회 담임

격차의 시대, 열정과 소명으로 재생산하는 교회와 목회 _223
박인화 목사 ┃ 미국 뉴송교회 담임

격차의 시대, 열정으로 복음을 전하는 교회 1 _237
김태규 목사 ┃ 서울은혜교회 담임

격차의 시대, 열정으로 복음을 전하는 교회 2 _255
박성원 목사 ┃ 산돌교회 담임

Part 4 공정

격차의 시대, 성경적 세계관으로 본 공정 이슈들   _277
이정훈 교수 | 울산대학교 교수

격차의 시대, 차별금지법과 성경적 공의와 정의   _287
조영길 변호사 | 법무법인 아이엔에스 대표

격차의 시대, 하나님의 공의와 정의, 그리고 복음 통일   _321
조요셉 목사 | 물댄동산교회 담임

격차의 시대, 정(情)이 있는 목회   _345
이건영 목사 | 인천제2교회 원로

[부록] "설교자를 위한 요한계시록" 강의안   _363
강문호 목사 | 충주봉쇄수도원 원장

햇불회 소개   _394

온정

PART 1

격차의 시대, 정(情)이 있는 교회
  지형은 목사 | 성락성결교회 담임

격차의 시대, 온정 있는 교회 공동체 만들기
  정의호 목사 | 기쁨의교회 담임

격차의 시대, 온정을 나누는 교회와 목회
  곽승현 목사 | 거룩한빛광성교회 담임

격차의 시대, 사람을 세우는 온정의 목회
  국명호 목사 | 여의도침례교회 담임

격차의 시대,

정情이 있는 교회
공감과 연대의 교회 _ 문명사적 전환기와 교회의 본질

지형은 목사

말씀삶공동체 성락성결교회 담임

  시대가 큰 틀에서 변하고 있다. 역사의 수레바퀴가 큰 궤도를 그리며
돌고 있다. 문명사적 전환기라고들 말하는데, 깊이 공감한다. 2020년부
터 세계적으로 퍼지기 시작한 코로나19와 연관된 현상이기도 하지만,
사실 역사와 문명의 전환은 그 이전부터 진행되고 있었다. 신자유주의
의 수명이 다한 것, 기후 위기가 본격화되는 현상, 미국과 중국의 충돌을
중심으로 하는 세계 질서의 주도권 변동, 지난 2월에 러시아의 침공으로
발발한 우크라이나 전쟁, 늘 이어져 온 인권과 빈곤의 문제 등이 복합적
으로 얽혀서 변화의 소용돌이를 만들어내고 있다. 인류 역사에서 거대한
변화의 물결이 시작되면 크고 작은 진통을 거쳐서 안정기에 접어드는데,
현재 급격하게 진행 중인 이 거대한 변화가 전쟁, 기근, 지역 갈등 등 얼
마나 큰 진통을 겪게 할지, 또 어떤 형태의 세계 질서로든 언제쯤 자리를

잡을지는 가늠하기 힘들다.

그리스도의 몸인 교회는 언제나 현실적인 세상 한가운데 존재한다. 예수님께서 지상 사역의 마지막 시기에 제자들과 그 후에 이어질 교회 공동체를 위해서 간절히 기도하신 기도문이 요한복음 17장에 기록돼 있는데 여기에, 이 점이 잘 드러나 있다. 14절부터 21절까지의 말씀을 보자.

> 14내가 아버지의 말씀을 그들에게 주었사오매 세상이 그들을 미워하였사오니 이는 내가 세상에 속하지 아니함 같이 그들도 세상에 속하지 아니함으로 인함이니이다 15내가 비옵는 것은 그들을 세상에서 데려가시기를 위함이 아니요 다만 악에 빠지지 않게 보전하시기를 위함이니이다 16내가 세상에 속하지 아니함 같이 그들도 세상에 속하지 아니하였사옵나이다 17그들을 진리로 거룩하게 하옵소서 아버지의 말씀은 진리니이다 18아버지께서 나를 세상에 보내신 것 같이 나도 그들을 세상에 보내었고 19또 그들을 위하여 내가 나를 거룩하게 하오니 이는 그들도 진리로 거룩함을 얻게 하려 함이니이다 20내가 비옵는 것은 이 사람들만 위함이 아니요 또 그들의 말로 말미암아 나를 믿는 사람들도 위함이니 21아버지여, 아버지께서 내 안에, 내가 아버지 안에 있는 것 같이 그들도 다 하나가 되어 우리 안에 있게 하사 세상으로 아버지께서 나를 보내신 것을 믿게 하옵소서 요 17:14-21

그리스도인 공동체, 곧 교회는 세상 한가운데서 살지만, 세상에 속하지 않는다. 주님께서 교회 공동체를 세상 한가운데로 파송하셨다. 교회는 주님께서 주신 진리의 말씀에 따른 가치관을 갖고 세상과는 다른 가치관으로 살아간다. 하나님의 말씀을 묵상하고 깨달아 살면서 예수 그리스도를 닮아 거룩하게 변화된 힘으로 세상을 변화시킨다.

교회가 존재하는 근거가 이렇다면 우리는 교회와 연관하여 몇 가지 근본적인 질문을 던져야 한다. 오늘날의 문명사적 전환기에 교회는 어떤 모습이어야 하며 어떤 방식으로 존재하며 살아야 하는가? 주님께서 오늘날의 교회에 주시는 과제는 무엇이며 그 과제를 구체적으로 어떻게 풀어가야 하는가?

교회가 그리스도의 지상 사역에 토대를 두고 있는 것은 너무나 자명하다. 말씀이신 성자 하나님께서 사람 몸을 입고 세상에 오신 사건, 곧 성육신이 교회의 근원적인 뿌리다. 사람이 되신 말씀, 곧 그리스도 예수님의 삶과 인격이 교회의 근거다. 예수 그리스도께서 어떻게 사역하셨는지를 살피는 것은 참으로 중요하다. 교회는 예수 그리스도와 가까울수록 교회다워지고, 그분과 멀수록 교회다움을 잃어버린다. 예수 그리스도의 사역에서 오늘날의 교회가 다시금 깊이 묵상하며 돌아보아야 할 본문을 묵상하자. 오병이어로 오천 명을 먹이신 사건, 떡 일곱 개와 물고기 두어 마리로 사천 명을 먹이신 사건은 오늘날의 상황에 아주 중요한 메시지를 준다.

마태복음 본문으로 두 사건을 묵상하자. 마태복음 14장 13~21절과 15장 32~39절에 두 사건이 나온다. 먼저 오병이어의 사건을 보자. 이 본문을 깊이 이해하려면 문맥을 살펴야 한다. 먼저, 예수님을 따르는 무리는 이미 말씀을 듣고 병 고침을 받았다. 그러나 아직도 그들에게 부족한 것이 있었다. 먹어야 하는 문제였다. 이 상황은 영의 양식인 말씀과 육의 양식인 먹거리를 포괄하는 메시지를 던지고 있다. 기독교의 복음은 좁은 의미의 영적인 차원에만 관련되지 않는다. 육신이 연관된 현상적이고 사회적인 모든 것을 포괄한다. 이것을 배제하고 이른바 영적인 영역으로 기독교 사역을 좁히면 복음의 본질에서 벗어난다. 영지주의의 위험에 빠진다. 복음으로 작동하는 하나님 나라는 전인적이며, 존재 전체와 연관된다. 그래야만 하는 이유는 아주 간단하고 분명하다. 삼위일체 하나님은 당신이 창조하신 존재 전체를 섭리하신다. 오병이어의 사건에서 이 점이 분명하다. 예수님은 사람들에게 말씀을 주실 뿐 아니라 육신의 양식도 주신다.

제자들은 육신의 양식을 사람들 각자가 알아서 해결하게 하려고 한다. 그러나 예수님은 명확하게 말씀하신다. 마태복음 14장 15~16절에서 제자들과 예수님의 대화를 보라.

"이곳은 빈 들이요 때도 이미 저물었으니 무리를 보내어 마을에 들어가 먹을 것을 사 먹게 하소서"
"갈 것 없다. 너희가 먹을 것을 주라"

교회 공동체는 복음의 말씀을 전하는 일뿐 아니라 육신이 연관된 사회적인 여러 문제에 관해서도 책임이 있다. 교회는 마태복음 28장 18~20

절의 명령에 따라 말씀을 가르쳐 지키도록 전해야 한다. 말씀이 삶으로 이어지게 하는 것이 교회의 사역에서 심장이다. 그런데 말씀이 삶으로 이어지는 그 과정에서 교회는 역사 현장에서 사회적으로 발생하는 온갖 문제와 연관된다. 이 글과 연관해서 말하면, 코로나19, 기후 위기, 신자유주의 경제의 문제, 빈곤과 인권 등 말이다.

예수님께서 제자들에게 "너희가 먹을 것을 주라"고 하신다. 교회가 세상에 나누어 줄 먹거리를 갖고 있는가? 교회가 경제적인 주체로서 먹고 사는 문제를 주도해야 하는가? 말씀이 삶의 현장에서 작동하는 과정에서 교회는 이 문제와 뗄 수 없이 연결된다. 교회가 직접적으로 경제 주체는 아니지만, 경제 문제에 관련된 가치관을 제시하고 선포한다는 점에서 교회는 간접적인 경제 주제가 된다. 정치, 법조, 교육, 문화 등 인간 역사와 사회의 모든 문제도 그런 방식으로 교회의 일이 된다.

"너희가 먹을 것을 주라"는 주님의 명령을 듣고 제자들이 마련한 것은 고작 떡 다섯 개와 물고기 두 마리, 곧 오병이어였다. 교회가 가진 복음의 말씀은 세상의 통속적인 시각으로 보면 오병이어처럼 보일 수 있다. 그러나 주님께서 연관되시고 삼위일체 하나님께서 개입하시면 복음의 말씀은 사회적인 모든 문제와 존재하는 모든 것을 치유하고 살리는 힘이 된다.

마태복음 14장에 나오는 오병이어의 사건과 떡 일곱 개와 물고기 두어 마리로 사천 명을 배불리 먹이신 15장의 사건은 구조가 같다. 15장에 나오는 사건을 '칠병이어'로 이름을 붙여 보자. 오병이어의 사건은 유대인 지역에서 일어난 일이고 칠병이어의 사건은 이방인 지역에서 일어난 사건이다. 예수 그리스도의 사역이 유대인과 이방인, 곧 세상 사람 모두를 포괄한다는 의미가 이런 맥락에 담겨 있다.

두 사건에서 거기 있는 모든 사람이 다 배불리 먹고 풍성하게 남았다는 점이 중요하다. 14장 20절과 15장 37절을 보라.

> 다 배불리 먹고 남은 조각을 열두 바구니에 차게 거두었으며 마 14:20

> 다 배불리 먹고 남은 조각을 일곱 광주리에 차게 거두었으며 마 15:37

열둘과 일곱은 유대인의 숫자 개념에서 완전수다. 다 배불리 먹고, 그러고도 풍요롭게 남았다. 남은 것을 또 다른 사람들에게 나누어 줄 수 있다. 이 사건의 메시지에서 경쟁 구도가 없다는 점을 주목해야 한다.

사람이 사는 세상에서 경쟁이 없을 수 없지만, 사람다움을 억압하고 파괴할 정도의 경쟁 구도는 악한 것이다. 신자유주의 경제 구조의 심각한 문제점이 바로 이것이다. 지구 전체를 하나의 시장으로 만들어 놓고 무한경쟁을 하게 되니 빈부의 격차가 천문학적인 수치로 벌어진다. 빈부격차가 어느 정도 이상으로 심해지면 그 사회나 문화권이 견뎌내지 못한다는 것은 인류 역사의 반복적인 경험이다. 신자유주의 경제 구조를 가속화하고 주도한 집단이 상징적으로 다보스포럼이라고 할 수 있다. 신자유주의 경제로는 인류가 더는 지속적으로 먹고 살 수 없다는 사실을 다보스포럼이 인정하고 대안을 찾고 있다. 사실 그 이전부터 신자유주의 경제 구조의 문제점이 많이 지적돼왔지만, 눈앞의 경제 이익과 집단 이기주의에 매몰된 세계가 그것을 들을 귀가 없었다.

오병이어의 사건에서 이제 이 글의 주제인 '공감의 교회'와 직접 연결되는 점을 묵상하자. 마태복음 14장 14절과 15장 32절을 보라. 오병이어와 칠병이어 사건의 동인과 동력이 예수님인데, 예수님을 움직인 요소가 이 구 구절에 나온다.

예수께서 나오사 큰 무리를 보시고 불쌍히 여기사 … 마 14:14

예수께서 제자들을 불러 이르시되 내가 무리를 불쌍히 여기노라
마 15:32

예수님의 삶과 사역에서 사람들을 불쌍히 여기신 것이 참 중요하다. 예수님을 움직인 요소가 이것이었다. 마태복음 9장 36-38절과, 내용적으로 이에 연결되는 11장 28-30절을 보라.

36무리를 보시고 불쌍히 여기시니 이는 그들이 목자 없는 양과 같이 고생하며 기진함이라 37이에 제자들에게 이르시되 추수할 것은 많되 일꾼이 적으니 38그러므로 추수하는 주인에게 청하여 추수할 일꾼들을 보내 주소서 하라 하시니라 마 9:36-38

²⁸수고하고 무거운 짐 진 자들아 다 내게로 오라 내가 너희를 쉬게 하리라 ²⁹나는 마음이 온유하고 겸손하니 나의 멍에를 메고 내게 배우라 그리하면 너희 마음이 쉼을 얻으리니 ³⁰이는 내 멍에는 쉽고 내 짐은 가벼움이라 하시니라 마 11:28-30

사람과 세상을 불쌍히 여기는 것은 삼위일체 하나님의 사역에서 가장 기본적인 것이다. 하나님의 자기 계시에서 결정적인 사건이 예수 그리스도의 십자가 사건이다. 십자가의 중심 메시지가 사랑이다. 불쌍히 여기는 마음은 사랑에서 나온다. 하나님께서 세상을 극진히 사랑하셨다. 피조 세계 전체의 탄식과 특히 그 안에 사는 사람의 비참한 상황을 보고 하나님께서 불쌍히 여기신 것은 하나님께서 당신이 창조하신 세계를 사랑하시기 때문이다. 하나님은 사랑의 하나님이시다. 아니, 하나님께서 바로 사랑이시다. 요한일서 4장 16절과 로마서 5장 8절을 보라.

하나님이 우리를 사랑하시는 사랑을 우리가 알고 믿었노니 하나님은 사랑이시라 요일 4:16

우리가 아직 죄인 되었을 때에 그리스도께서 우리를 위하여 죽으심으로 하나님께서 우리에 대한 자기의 사랑을 확증하셨느니라 롬 5:8

오늘날의 세계 상황에서 전쟁, 기근, 빈곤, 질병, 자연재해 등으로 어려움을 당하는 사람들이 많다. 기후 위기와 세계적인 패권 경쟁으로 촉발되는 전쟁으로 이런 사람들이 더욱 늘어날 것이다. 오병이어 사건에 담긴 메시지처럼 말씀과 양식이 오늘날 통전적으로 절실하다. 교회가 복음의 말씀을 전하면서 이른바 '영적인 책임'을 다했다고 한다면 예수 그리스도의 가르침을 전혀 이해하지 못한 것이다.

교회는 기회가 되는 대로, 힘이 닿는 대로 어떤 이유에서든 빈곤과 질병에 시달리는 사람들에게 직접적으로 먹을 것과 입을 것을 나눠주고 위로와 희망을 주어야 한다. 그리고 중요한 것은, 간접적으로 이 일을 강력하게 추진해야 한다는 것이다. 교회가 선포하는 메시지에서 경제의 윤리와 정의, 정치의 도덕성, 문화의 정결함, 법과 제도의 공정함을 끊임없이 강조해야 한다. 이런 선포가 그리스도인들에게 그리스도인다움을 깊게하고, 사회 전체에는 사람다움의 가치를 일깨운다. 야고보서의 말씀을 기억하자. 2장 14~17절이다.

> ¹⁴내 형제들아 만일 사람이 믿음이 있노라 하고 행함이 없으면 무슨 유익이 있으리요 그 믿음이 능히 자기를 구원하겠느냐 ¹⁵만일 형제나 자매가 헐벗고 일용할 양식이 없는데 ¹⁶너희 중에 누구든지 그에게 이르되 평안히 가라, 덥게 하라, 배부르게 하라 하며 그 몸에 쓸 것을 주지 아니하면 무슨 유익이 있으리요 ¹⁷이와 같이 행함이 없는 믿음은 그 자체가 죽은 것이라 약 2:14-17

21세기의 오분의 일을 지나고 있는 인류, 코로나19와 기후 위기와 우크라이나 전쟁 등을 겪고 있는 오늘날의 인류에게 가장 필요한 것이 무엇인가? 공감과 연대의 능력을 잃어버리지 않는 것이다. 이성적이고 도덕적인 판단에 근거한 공감과 연대의 능력은 사람다움의 기본 요소다. 사자나 늑대나 하이에나처럼 사냥할 때 여러 마리가 서로 협력하는 동물이 있다. 그러나 그것은 먹고살려는 본능에 따른 행동이다. 도덕적인 가치 판단 또는 이성적인 상황 판단이 근거는 아니다. 사람은 다르다. 말과 행동과 처신에서 사람은 이성과 도덕성에 근거하여 가치 판단을 한다. 물론 위기 상황에 부딪히면 사람도 누구나 자기방어적으로 행동한다. 목숨이 위태로운 상황에서는 생존의 본능이 발동하면서 이성과 도덕성이 마비된다. 동물적인 본능이 발동한다. 그러나 그럼에도 불구하고 인간 역사에서는 늘 사람다움의 가치를 지키고 가꾸려는 힘이 이어져 왔다.

기독교의 복음은 일반적인 이성과 도덕성에 근거한 사람다움의 가치를 넘어선다. 죄악으로 깨진 사람됨의 본디 가치와 아름다움을 회복시키는 진리가 복음이다. 그러나 복음과 도덕적인 사람다움의 가치를 대립적인 상황으로 이해하는 것은 바람직하지 않다. 이런 경우에 세상 도피적이고 근본주의적인 편협한 신앙으로 몰락한다. 복음의 가치는 일반적인 도덕성을 포함하면서 그것을 넘어선다. 오늘날의 세상에 절실한 공감과 연대의 능력에서도 마찬가지다.

코로나19 상황에서 백신과 치료제 등이 서구 선진국과 경제 선진국 중심으로 보급되었다. 팬데믹 상황을 진지하게 고려한다면 경제 선진국들이 가난한 나라들을 마땅히 더 배려해야 한다. 공감하여 연대하지 않으면 공멸한다. 코로나19는 아직 끝나지 않았다. 오미크론 계열의 변이가 독감 수준으로 약화하면서 엔데믹 상황으로 전환될 것이라는 기대는 가장 최선의 상황이다. 그러나 그런 방향으로 가지 않을 가능성이 여전하다. 코로나19와 같은 세계적인 전염병이 이전보다 더 잦은 주기로 인류를 위협하리라는 것이 전문가들의 견해다. 바이러스나 세균에게는 국경이 없다. 21세기의 인류는 지역의 문화적 배타성이나 국경 등으로 제도화된 국가 단위의 경직성을 넘어서는 지혜를 가져야 한다. 그래야 생존한다. 함께 생존하거나 함께 멸망하거나, 길은 둘 중 하나다.

기후 위기의 상황에서 이 점이 더욱 그렇다. 탄소 배출로 인한 지구 온난화와 거기에서 비롯되는 기후 위기는 어느 한 나라나 한 지역의 문제가 아니다. 지구 행성이라는 배에 탄 인류는 공동 운명체다. 함께 연대하여 기후 위기를 극복하지 않으면 공멸한다. 기후 위기를 해결하려면 국가나 국가 연합체 단위로 경쟁하는 경제 구조를 넘어서야 한다. 세계의 각 나라나 지역적인 경제 또는 정치 연합체들이 지구 행성의 모든 나라가 공감과 연대를 갖고 함께 살아야 한다는 인식을 깊게 가져야 한다. 신자유주의 경제의 결과로 빚어진 극심한 빈부격차를 적절하게 해결할 수 있는 길을 찾아야 한다. 일하지 않고 건물주가 되어 신나게 놀면서 살겠다는 것이 젊은이들의 꿈이 되어서는 안 된다. 전 세계의 경제 구조에서 천문학적인 재산을 가진 사람들이 누리는 초호화판 삶이 무언의 이상이 되게 더 이상 방치해서는 안 된다. 어떤 길을 찾아야 한다.

교회 공동체는 말씀의 선포로써 존재한다. 들리는 말씀인 설교와 보이는 말씀인 성례가 그 전통적인 구조다. 오늘날에도 이 근본 구조는 크게 다를 바 없다. 중요한 것은 말씀의 선포가 삶의 변화로 이어져야 한다는 것이다. 삼위일체 하나님의 유일하고 완결된 계시인 66권 성경 말씀이 인간 역사와 사회의 구체적인 현장에서 작동해야 한다. 그것이 하나님 나라다. 하나님의 뜻이며 하나님의 법인 말씀이 작동하는 그곳에 하나님의 나라가 있다.

그렇다면 문제는 어떻게 해서 말씀이 삶으로 이어지는가 하는 것이다. 말씀 묵상이 그 길이다. 말씀 묵상은 삼위일체 하나님의 임재와 현존 가운데서 살게 하는 훈련이다. 좁은 의미의 말씀과 좁은 의미의 기도가 하나 된 것이 말씀 묵상이다. 디모데전서 4장 5절이 말씀 묵상과 관련하여 중요하다.

하나님의 말씀과 기도로 거룩하여짐이라 딤전 4:5

세상을 변화시키는 힘은 거룩함이다. 예수 그리스도를 닮고 하나님의 성품에 참여한다는 것이 거룩해진다는 말이다. 그리스도 안에서 살며 성령과 동행하는 삶이 거룩해지는 과정이다. 중생 또는 칭의로써 그리스도인이 되고 그 후에 지속되는 성화의 과정이 거룩해지는 길이다. 그런데 거룩해지는 길이 말씀과 기도를 통해서다. 말씀과 기도가 하나로 어우러지는 것이 '말씀 묵상'이다.

예수님께서 승천하시면서 주신 명령이 마태복음 28장 18~20절에 나온다. 이 본문에 말씀 묵상의 문제가 나온다. 예수님의 지상명령至上命令이라고 말할 때 28장 19~20절만 얘기하는데, 문제가 있다. 문맥상으로

18~20절이 뗄 수 없는 한 덩어리다. 이 부분을 구조에 따라 셋으로 나눠서 묵상하자.

(1) ¹⁸예수께서 나아와 말씀하여 이르시되 하늘과 땅의 모든 권세를 내게 주셨으니

(2) ¹⁹그러므로 너희는 가서 모든 민족을 제자로 삼아 아버지와 아들과 성령의 이름으로 세례를 베풀고 내가 너희에게 분부한 모든 것을 가르쳐 지키게 하라

(3) ²⁰볼지어다, 내가 세상 끝날까지 너희와 항상 함께 있으리라 하시니라

가운데 부분이 사명이다. 굉장히 어려운 일이다. 그래서 (1)과 (3)에 그 사명을 수행하도록 하는 보장이 있다. 사명은 두 가지다. 그리스도인이 되게 하는 일과 그리스도인답게 살게 하는 일이다. 세례를 베푸는 것이 그리스도인이 되게 하는 일이다. '내가 너희에게 분부한 모든 것', 곧 말씀을 '가르쳐 지키게 하는' 것이 그리스도인답게 살게 하는 일이다. 말씀은 지키도록 가르쳐야 한다. 지킬 때까지 가르쳐야 한다. 말씀을 듣고 배우는 사람이 반드시 그 말씀대로 살게 한다는 목적을 결코 잊지 말고 말씀을 전하고 가르쳐야 한다. 여기에서 벗어나는 가르침은 기독교적인 가르침이 아니다. 말씀이 삶이 되는 것, 이것이 기독교요 복음이다.

요한복음 1장에 기록된 성육신이 기독교 신앙의 심장이다. 하나님이신 말씀이 사람이 되어 사람들 한가운데 사셨다. 말씀이 삶이 되셨다. 성육

신의 원형이다. 이 성육신이 교회와 그리스도인의 삶에서 지속된다. 기록된 말씀이 사람 삶에서, 곧 역사와 사회 한가운데서 성령의 역사로 작동하며 성취된다. 이로써 주기도문의 문구처럼 하나님의 나라가 사람 사는 세상에서 이루어진다. 교회와 그리스도인이 받은 사명이 이것이다.

말씀을 가르쳐 지키게 하는 방법이 말씀 묵상이다. 말씀 묵상은 기독교 신앙 또는 교회 사역의 어느 한 가지 프로그램이 아니다. 기독교 신앙의 근본 구조다. 말씀을 묵상하며 살게 하는 것이 목회요 기독교다. 말씀을 묵상하며 사는 사람은 삼위일체 하나님을 점점 더 깊이 알아가며 그분의 성품을 닮는다. 그래서 어려운 이웃을 불쌍히 여기며 사랑을 실천하며 산다. 공감과 연대의 사람이 되는 것이다.

말씀 묵상으로써 공감과 연대를 회복하는 것이 교회의 본질을 다시 세우는 일이다. 코로나19로 눈이 시리게 깨달은 문명사적 전환기의 한가운데서 공감과 연대의 교회가 주님의 명령을 감당할 것이다.

▌지형은 목사

서울신학대학교와 연세대학교 연합신학대학원을 거쳐 독일 보훔대학교에서 신학을 공부했다. 그곳에서 경건주의 창시자 필립야콥 스페너 연구로 신학박사(Dr.theol.) 학위를 받았다. 강원도 대관령 지역 오대산 자락에서 몇 년, 독일 도르트문트 한인선교교회와 귀국 후 서호교회를 거쳐 지금은 말씀삶공동체 성락성결교회에서 목회하고 있다. '말씀삶운동' 곧 말씀과 삶이 어우러지는 것이 기독교 신앙의 심장이라고 생각하며 묵상지 〈보시니 참 좋았더라〉를 펴내며 산다.

격차의 시대,
온정 있는 교회 공동체 만들기
시대 상황을 극복하는 사역

정의호 목사
기쁨의교회 담임

    지금 세계는 여러 가지 급변하는 상황으로 인해 혼란과 변화의 과정을 겪고 있습니다. 비단 팬데믹으로 인한 어려움뿐만 아니라 교회의 복음 사역에 대한 시대적인 저항이 증가하고 있기 때문입니다. 마지막 시대가 다가올수록 이 세상은 교회에 대해 호의적이기보다 비호감적이며, 열린 마음보다는 부정적인 마음으로 닫히고 있습니다. 디모데 후서 3:1-5에서 말세가 되면 사람들이 자기를 사랑하며, 돈을 사랑하고, 교만하며, 무정하며, 원통함을 풀지 않고, 모함하며, 사나우며, 선한 것을 좋아하지 않고, 배신하며, 하나님보다 쾌락을 더 사랑하는 시대가 될 것을 말씀하고 있습니다. 실제 이 세상은 갈수록 사람들이 악해지며, 음란하고, 하나님에 대해 적대적인 현상이 심해지고 있습니다.

    세계적으로 동성애를 합법화하기 위해 차별금지법 등으로 하나님의 창조 질서를 거스르는 일이 진행되고 있습니다. 또한 낙태법 개정을 통해 하나님이 주신 생명을 합법적으로 죽이는 법을 만들려고 합니다. 심지어 중국은 성경에서 공산당 사상에 저촉되는 내용을 삭제한 새로운 성경을 만드는 작업을 시도하고 있다고 합니다. 그뿐만 아니라 교회에서 전하는 설교가 중국 공산당 강령에 저촉되는 여부를 사전에 검열하기도 합니다. 그런 일에 불응하는 교회는 강제로 폐쇄하고 목회자를 국가 체제전복 혐의로 구속하는 상황입니다. 마지막 때가 될수록 사탄이 자기 때가 가까운 줄 알고 교회를 더 압박하고 있습니다.

교회에 대한 세상의 억압이 점점 심해지는 상황에 코로나19 같은 팬데믹이 오게 되면서 교회의 복음 사역이 더 제한을 받게 되었습니다. 전 성도가 한 공간에 모여서 예배드리는 것이 어려울 뿐 아니라 소그룹 모임을 대면으로 하는 것도 제한되고 있습니다.

이런 상황은 국내 사역뿐만 아니라 해외선교 사역에도 많은 제한을 줍니다. 선교지에 나가는 자체가 어렵게 되었습니다. 선교지로 가는 항공편이 닫히고 입국 비자가 막히고 지역 간 이동이 금지되며 사람을 만나는 대인 접촉이 금지되기도 합니다.

이러한 특별한 상황에서는 기존의 사역 방식을 초월하는 하나님의 특별한 방법으로 사역할 수밖에 없습니다. 이 땅에서 일어나는 상황이 막히면, 이 땅을 통치하시는 하늘에 계신 하나님의 방법으로 열어가야 합니다. 보이는 시공간에 제약받는 이 땅의 문제는 시공간을 초월하는 하나님의 방법으로 사역하면 됩니다. 사람은 시공간에 제한당하지만, 천지를 창조하시고 이 세상을 주관하시는 하나님은 어떤 상황에서도 자기 일을 결코 방해받지 않기 때문입니다. 그리고 아무리 사단의 방해가 심하고 시대 상황이 암울해도 그 모든 것은 하나님의 주권 안에서 하나님의 뜻대로 이루어지고 있을 뿐입니다.

이러한 팬데믹 상황에서 교회가 어떤 방법으로 사역해야 하는가에 대해 나누고자 합니다. 몇 년 전 OO국 정부의 교회에 대한 핍박이 심각한 단계로 증가하기 시작했습니다. 그때 우리가 돕고 있는 그 나라의 몇 교회에 장차 그 나라에서 교회가 생존하기 위한 대비책을 세울 필요성에 대해 제안했습니다. 기존의 예배 중심의 전통적인 사역으로는 앞으로 주어질 정부의 압박을 견디지 못하여 교회는 해체되고, 성도들은 뿔뿔이 흩어질 수밖에 없는 상황이 예상되었기 때문입니다.

이런 문제에 대한 대비책으로 저는 중보기도 사역, 영상 미디어 사역, 소그룹 제자훈련 사역, 그리고 성령 사역, 이 네 가지 사역으로 대처하기로 했습니다. 먼저 각 교회 안에 준비된 사람들을 중심으로 그들을 훈련하여 제자를 세우는 일을 했습니다.

> [9]그 때에 사람들이 너희를 환난에 넘겨주겠으며 너희를 죽이리니 너희가 내 이름 때문에 모든 민족에게 미움을 받으리라 [10]그 때에 많은 사람이 실족하게 되어 서로 잡아 주고 서로 미워하겠으며 마 24:9-10

> 그러나 끝까지 견디는 자는 구원을 얻으리라 마 24:13

마지막 때에 믿는 자들이 모든 민족으로부터 미움을 받고 환난을 받으나 끝까지 견디는 자가 구원을 얻는다고 했습니다. 교회는 마지막 때 환난이 없기를 바라기보다 끝까지 그 환난을 견딜 수 있는 믿음의 제자를 세워야 합니다. 현재 많은 교회가 주일 예배 중심으로 사역하고 있습니다. 그런 사역은 팬데믹 같은 문제를 만날 때 끝까지 견디기 어려울 것입니다. 예배 자체를 드릴 수 없는 상황이 될 때 교회는 아무 대책이 없기 때문입니다.

중보기도 사역

기도는 어려운 상황에서 시공간을 초월하는 탁월한 사역 방법입니다. 사람이 하는 어떤 방법보다 가장 완벽한 하나님의 사역 방법입니다.

1. 우리가 할 수 없는 일을 할 수 있습니다

우리가 기도할 때 하나님께서 그 기도를 통해 자기 일을 하십니다. 하나님은 우리가 하나님을 믿고 의지하며 구하는 방법으로 일하기 원하십니다.

> [7]구하라 그리하면 너희에게 주실 것이요 찾으라 그리하면 찾아낼 것이요 문을 두드리라 그리하면 너희에게 열릴 것이니 [8]구하는 이마다 받을 것이요 찾는 이는 찾아낼 것이요 두드리는 이에게는 열릴 것이니라 마 7:7-8

하나님은 우리 힘으로 할 수 있는 일이 없다는 것을 아십니다. 그래서 우리에게 기도하는 방법을 알려 주시고 그 힘으로 하나님의 일을 하게 하셨습니다. 우리 힘으로 할 수 있는 것은 매우 제한적이지만 기도는 우리가 할 수 없는 그 한계를 뛰어넘는 사역을 하게 합니다. 기도는 지금과 같은 팬데믹으로 꽉 막힌 상황이라 해도 전혀 방해받지 않고 그것을 초월하여 사역할 수 있습니다.

한 영혼을 전도하여 양육하는 것은 우리 힘만으로 할 수 없습니다. 아무리 많은 성경 지식과 열정이 있어도 한 영혼을 변화시키는 것은 하나님께 속한 영적인 영역이기 때문입니다. 내 힘으로는 도울 능력이 없어도 내가 그 영혼을 위해 하나님께 기도할 수는 있습니다. 그러면 내가 직접 하는 것보다 하나님께서 더 놀라운 일을 행하십니다. 자신의 힘으로 도저히 도울 수 없는 사람을 내 힘이 아닌 하나님의 능력으로 도울 수 있습니다.

아무리 시대가 어렵고 상황이 나빠도 기도하는 것을 막을 수는 없습니다. 비록 몸은 거동이 불편한 상태가 되어도 그 상황에서 기도는 할 수 있습니다. 내 몸은 병원에 입원한 상태가 되고 감옥에 갇혀있는 상황일지라도, 기도하는 것을 통해 내가 직접 하는 것보다 하나님께서 더 큰 일을 하십니다.

자신이 아무리 열심히 영혼들을 만나서 돕는다고 해도 많은 사람을 만날 수 없습니다. 그러나 매일 중보기도를 통해 수많은 사람을 만날 수 있습니다. 기도로 많은 영혼을 하나님께 올려드릴 때 자신이 직접 도울 때보다 훨씬 더 열매가 많습니다. 마치 적군을 향해 쏘는 큰 미사일을 자기 힘으로 날려 보낼 수는 없지만, 간단한 리모컨 스위치 하나만 누르면 원격조정의 힘으로 무거운 미사일을 먼 지역에 있는 곳까지 쉽게 날려 보낼 수 있는 것과 같습니다. 내 힘으로 하는 것이 아닙니다. 내가 한 일은 단지 리모컨의 위력을 믿고 그 스위치를 누르는 것뿐입니다. 이것이 하나님의 능력을 발휘하게 하는 중보기도 사역의 원리입니다.

2. 우리가 갈 수 없는 곳에 갈 수 있습니다

중보기도는 자신이 갈 수 없는 지역에 원격으로 사역할 수 있는 하나님의 방법입니다. 사람은 시공간의 제한을 받기 때문에 우리가 할 수 있는 일은 매우 제한적일 수밖에 없습니다. 우리는 다른 국가나 떨어진 지역에 있는 사람을 돕기 위해서는 그 사람이 있는 곳으로 가야만 합니다. 그런데 중보기도는 자기가 있는 공간에서, 자기가 원하는 시간에, 모든 상황을 초월해서, 모든 지역을 상대로 일할 수 있습니다. 우리가 만날 수 없는 지역에 있는 사람을 돕기 위해 기도라는 방법으로, 영으로 갈 수 있습니다.

팬데믹 같은 상황에서 시공간을 초월해서 사역할 수 있는 중보기도는 이 시대에 하나님이 내신 탁월한 사역 방법입니다. 선교지에 들어갈 형편이 못 되고 선교지 영혼을 만날 수 없는 이때 중보기도는 우리가 꼭 선교지에 가지 않고도 선교하는 방법입니다. 자신이 직접 선교지를 다니면서 사역하려면 몇 달, 몇 년이 걸려도 몇 나라를 다닐 수 없습니다. 중보기도를 통해 오대양 육대주를 다니면서 자기가 가지 못하고, 만나지도 못하고, 할 수도 없는 일을 할 수 있습니다. 많은 시간과 비용, 그리고 많은 에너지를 들이지 않고도 골방 기도를 통해 온 세계에 있는 선교사와 모든 선교지 국가를 위해 사역할 수 있습니다. 중보기도는 한 교회의 사역을 넘어, 열방을 다니며 세계적인 사역을 할 수 있게 합니다.

⁹내가 그의 아들의 복음 안에서 내 심령으로 섬기는 하나님이 나의 증인이 되시거니와 항상 내 기도에 쉬지 않고 너희를 말하며 ¹⁰어떻게 하든지 이제 하나님의 뜻 안에서 너희에게로 나아갈 좋은 길 얻기를 구하노라 롬 1:9-10

바울은 로마에 가고자 했으나 갈 수 없는 상황에서 기도를 통해 로마에 있는 교회를 돕는 사역을 했습니다. 바울은 몸은 고린도에 있으면서도 기도를 통해 영으로는 로마 교회에 가서 사역할 수 있었습니다. 로마에 갈 수 없는 상황에서 바울이 할 수 있는 최선의 사역 방법은 그 교회를 위해 중보기도 하는 것이었습니다. 이를 통해 바울은 로마 옥중에 있으면서도 기도를 통해 여러 교회를 사역할 수 있었습니다.

내가 기도할 때에 기억하며 너희로 말미암아 감사하기를 그치지 아니하고 엡 1:16

³내가 너희를 생각할 때마다 나의 하나님께 감사하며 ⁴간구할 때마다 너희 무리를 위하여 기쁨으로 항상 간구함은 빌 1:3-4

우리가 너희를 위하여 기도할 때마다 하나님 곧 우리 주 예수 그리스도의 아버지께 감사하노라 골 1:3

바울은 로마 감옥에 갇혀 몸으로는 아무것도 할 수 없는 상태입니다. 그런 가운데도 그가 감옥 안에서 중보기도를 통해 에베소, 빌립보, 골로

새 교회의 목회자와 성도들을 도왔습니다. 이렇게 기도는 어떤 핍박이나 환난 중에도 전혀 방해받지 않고, 시공간을 초월하여 사역할 수 있게 합니다.

저도 팬데믹으로 인해 성도들을 만나지 못하며, 여러 국내외 사역이 제한받는 상황에서 기도 노트를 만들어 중보기도 사역을 시작했습니다. 상황의 변화에 따라 수시로 기도 제목을 업그레이드하면서 기도할 때 내 교회와 성도들을 돕는 차원을 넘어 온 세계 교회와 선교사와 선교지의 나라로 확장되어 갔습니다. 제 몸으로는 한 교회밖에 돌볼 여력이 없지만, 팬데믹 상황임에도 기도를 통해 오히려 교회 밖으로 사역이 확장되어 가는 경험을 했습니다.

인터넷 미디어 사역

사도 바울은 다른 지역에 있으면서도 아시아와 유럽 여러 곳에 있는 교회에 기도뿐만 아니라 편지라는 매개체를 사용하여 복음 전파 사역을 했습니다. 바울이 여러 교회에 쓴 서신이 오늘날 신약 성경이 되었습니다.

> 나 바울은 친필로 문안하노니 이는 편지마다 표시로서 이렇게 쓰노라
>
> 살후 3:17

바울 시대는 로마가 식민지역으로 가기 위해 만든 교통수단인 도로망

이 잘 준비되어 있었습니다. 로마가 만든 이 도로를 통해 복음이 급속히 전파되는 수단으로 사용될 수 있었습니다. 로마가 잘 만들어 놓은 도로 망과 같이 이 시대는 전 세계로 통하는 공중 도로망인 인터넷망이 잘 준비되어 있습니다. 오늘날은 이러한 인터넷망을 복음 전파의 유용한 수단으로 사용할 수 있게 되었습니다. 팬데믹 상황에서도 인터넷과 유튜브 영상 등을 통해 전 세계 어디든 복음을 전할 수 있습니다.

감옥에 갇힌 바울이 직접 가서 만날 수 없는 사람에게는 편지를 통해 복음을 전했듯이 오늘날에도 복음이 닫혀있는 지역에 인터넷을 통해 복음 메시지를 전할 수 있습니다. 특별히 이 시대의 젊은이들은 인터넷 미디어 세대입니다. 그들은 손으로 쓰는 옛날의 편지 시대가 아니라 SNS로 소통하는 시대입니다. 교회가 다음 세대와 소통하려면 그들의 소통 도구로 문을 열어야 합니다.

교회가 다음 세대를 세상에 빼앗기는 주요 원인은 세상의 죄를 전파하는 인터넷 미디어의 영향이 큽니다. 사탄은 세상 인터넷망을 통해 세상 죄를 전파하고 있습니다. 이러한 상황에서 교회는 다음 세대가 볼 수 있는 영적인 메시지를 전할 복음적인 콘텐츠를 준비해야 합니다. 세상이 결코 줄 수 없고 세상에서는 보고 들을 수 없는, 세상과 차별화된 콘텐츠를 만들어 세상에 빼앗긴 다음 세대를 주님께로 돌아오게 해야 합니다. 영상 미디어 세대인 다음 세대를 전도하는 데는 영상 매개체를 사용하는 것이 효과적이기 때문입니다.

우리 교회도 팬데믹을 맞아 모든 예배는 물론 소그룹 모임, 일대일 제자훈련 등을 영상을 겸하여 할 수밖에 없었습니다. 해외 선교지에 갈 수 없는 상황에서 선교지에 있는 교회들도 한국의 본 교회 예배를 영상으로 드리게 했습니다. 그리고 현지 교회 리더들을 세우기 위한 제자훈련 세미나도 이곳에서 영상으로 진행했습니다. 또한 해외 선교지의 특별 집회나 수련회도 그곳에 있는 몇 지역 교회가 연합하여 본 교회에서 영상으로 진행했습니다.

갈수록 선교지에서 입국 비자를 거부당하는 일이 많아지고 있습니다. 이런 상황에서는 인터넷 미디어로 제자훈련 세미나와 특별 수련회를 하는 것이 더 효과적일 수 있습니다. 더구나 기독교 집회 자체가 어려운 나라에서는 오히려 이런 영상 사역이 더 안전하고 효과적입니다.

소그룹 제자훈련 사역

마지막 시대가 될수록 급박한 재난이나 국가적인 핍박 등으로 인해 전체 성도가 모이는 공 예배를 드리는 것이 어려운 상황이 올 수 있습니다. 저도 수년 전부터 돕고 있는 선교지 교회가 정부의 박해로 인해 점점 활동이 제한되기 시작했습니다. 이런 상태라면 얼마 지나지 않아 예배 등 정상적인 신앙 활동을 하기가 불가능해지리라는 예측이 되었습니다. 그 나라 교회 지도자들과 상의하여 더 심각한 상황이 오기 전에 각 교회에 지도자들을 세우는 제자훈련 사역을 시작했습니다. 당국의 시선을 피할 수 있는 외곽 지역에서 며칠간 숙박하며 비밀리에 리더 훈련을 했습니다. 그 이후 후속 관리를 위해 한국에서 영상을 통해 그 나라의 몇 지역의 교회 리더들을 상대로 제자훈련 세미나를 진행했습니다.

예상대로 그 나라의 상황은 기독교에 대한 정부의 탄압 정책으로 인해 정상적인 예배를 드릴 수 없는 상황이 되었습니다. 연이어 코로나19로 인해 예배 자체가 금지되었습니다. 그때 세워진 훈련받은 제자들 중심으로 각 가정으로 흩어져 비밀리에 예배를 드리며 소그룹 모임을 이루게 되었습니다. 지금도 교회 전체 예배나 활동은 하지 못해도, 세워진 제자들 중심으로 가정 교회 형식으로 예배가 이루어지며 소그룹 활동이 이어지고 있습니다. 세계적인 위기 상황이 올 것을 대비하기 위해서는 예수님과 같이 제자를 훈련하여 세우는 전략이 필요합니다.

> 또 네가 많은 증인 앞에서 내게 들은 바를 충성된 사람들에게 부탁하라 그들이 또 다른 사람들을 가르칠 수 있으리라 딤후 2:2

비상시에는 훈련된 리더 중심으로 각 가정이 교회가 되어 신앙 공동체를 지켜나가야 합니다. 그때는 모든 사람이 예배를 인도할 수 있는 제자가 되어 있어야 합니다. 위기 상황에서는 군중 신앙으로는 견딜 수 없어 무너집니다. 군중은 떡을 위해 예수님을 따르다가, 떡이 없으면 신앙도 떠나기 때문입니다. 어려운 환난의 때에는 오직 예수님의 말씀으로 훈련된 제자만 남게 됩니다.

> 66그 때부터 그의 제자 중에서 많은 사람이 떠나가고 다시 그와 함께 다니지 아니하더라 67예수께서 열두 제자에게 이르시되 너희도 가려느냐 68시몬 베드로가 대답하되 주여 영생의 말씀이 주께 있사오니 우리가 누구에게로 가오리이까 요 6:66-68

예수님 자신은 십자가에 돌아가신 후 부활 승천하시어 이 땅을 떠났습니다. 그러나 이 땅에는 예수님이 계시지 않았음에도 그동안 훈련한 열한 제자를 통해 그 복음 사역이 계속 이어질 수 있었습니다. 사도 바울도 많은 제자를 세워 자신이 개척한 교회를 제자들에게 맡기고 자신은 다른 지역을 다니면서 또 다른 개척 사역을 할 수 있었습니다. 제자는 대중이나 전체로는 훈련될 수 없습니다. 예수님과 같이 소그룹을 통해 인격적인 관계성으로 훈련될 수 있습니다.

> 42그들이 사도의 가르침을 받아 서로 교제하고 떡을 떼며 오로지 기도하기를 힘쓰니라 43사람마다 두려워하는데 사도들로 말미암아 기사와 표적이 많이 나타나니 행 2:42-43

> 46날마다 마음을 같이하여 성전에 모이기를 힘쓰고 집에서 떡을 떼며 기쁨과 순전한 마음으로 음식을 먹고 47하나님을 찬미하며 또 온 백성에게 칭송을 받으니 주께서 구원 받는 사람을 날마다 더하게 하시니라 행 2:46-47

초대교회는 예수를 믿고 성령을 받은 후 성전과 각 가정에서 소그룹으로 모였습니다. 그곳에서 날마다 영적 교제를 통한 양육이 이루어졌습니다. 이를 통해 초대교회의 소그룹 신앙 공동체가 어떻게 이루어졌는지를 배울 수 있습니다.

1. 사도를 통한 말씀의 가르침을 받았습니다

성도들의 모임에 있어야 할 가장 중요한 것은 하나님의 말씀입니다. 초대교회는 그 말씀을 하나님이 세우신 사도에게 배웠습니다. 예수님의 제자로 훈련하는 핵심 도구는 살아 있는 하나님의 말씀입니다. 사람은 사람의 말로 변화되지 않고 오직 살아계신 하나님의 말씀으로만 변화시킬 수 있기 때문입니다.

> 하나님의 말씀은 살아 있고 활력이 있어 좌우에 날선 어떤 검보다도 예리하여 혼과 영과 및 관절과 골수를 찔러 쪼개기까지 하며 또 마음의 생각과 뜻을 판단하나니 히 4:12

하나님의 말씀 없이 사람의 이론과 지식으로 하는 훈련은 그 사람 개인의 제자로 만들 뿐입니다. 오직 하나님의 말씀으로 양육된 사람만이 예수님의 제자가 될 수 있습니다.

2. 성도 간에 교제가 있었습니다

초대교회 성도들은 소그룹을 통해 사도로부터 받은 말씀을 중심으로 영적인 교제를 나누었습니다. 이때 서로 떡을 떼면서 성도의 사귐을 가졌습니다. 하나님의 말씀을 이론적인 지식으로만 듣고 배우면 예수님의 제자가 아니라 바리새인과 같은 종교인이 됩니다. 바리새인은 율법에 대한 지식은 많았지만, 그 지식을 삶으로 살아내는 인격적인 훈련은 없었습니다. 그래서 삶이 따라가지 않는 지식으로 외식하는 종교 생활을 할 수밖에 없었습니다.

사도로부터 가르침 받은 말씀을 아는 지식에 머무는 것이 아니라 그것을 실제 삶에 적용하여 살아내는 것이 중요합니다. 여러 사람이 한 장소에서 같은 사도의 가르침을 받아도 그 전해진 말씀이 각 사람에게 적용되는 것은 다 다를 수 있습니다. 하나님은 같은 말씀으로 각 사람의 형편과 특성과 상황에 따라 다르게 역사하시기 때문입니다.

초대교회 성도들이 날마다 집에 모여서 그 말씀이 각자에게 어떻게 역사했는지 그 삶을 나누는 영적인 교제를 통해 실제적인 삶의 훈련을 했습니다. 그들은 그 교제를 통해 각 사람을 통해 일하시는 하나님의 은혜와 사랑과 능력을 찬미했습니다.

> 그가 빛 가운데 계신 것 같이 우리도 빛 가운데 행하면 우리가 서로 사귐이 있고 그 아들 예수의 피가 우리를 모든 죄에서 깨끗하게 하실 것이요 요일 1:7

서로 빛 가운데 자기 죄를 고백하는 교제를 통해 모든 죄에서 깨끗하게 되는 역사가 일어납니다. 그리고 모든 묶임과 결박에서 풀어지면서 서로 떡을 떼며 음식을 나누면서 친밀한 관계가 형성됩니다.

3. 오로지 기도하기를 힘썼습니다

성도들은 모여서 사도의 가르침을 받고, 교제한 후 오직 기도에 전념했습니다. 성도들이 함께 나라와 민족을 위해 기도하고, 교회와 성도들을 위해 기도하며, 어려운 사람들을 위해 기도하는 등 기도하는 데 전념할 때 하나님의 역사가 일어납니다. 그리고 기도는 사도로부터 받은 말씀대로 살 수 있는 능력을 줍니다. 특별히 믿지 않는 자기 가족과 이웃의 구원을 위해 많은 중보기도를 해야 합니다. 이렇게 했을 때 주께서 구원받는 사람을 날마다 더하시는 하나님의 역사가 있었습니다.

성령 사역

모든 시대와 상황을 초월하는 최고의 사역은 성령 사역입니다. 우리가 하는 사역의 씨름은 보이는 혈과 육에 관한 것이 아니라 보이지 않는 하늘에 있는 악한 영과의 싸움이기 때문입니다. 그런 악한 영과의 싸움은 오직 성령의 능력으로만 할 수 있습니다.

예수님이 이 땅에 오신 것은 하나님의 나라를 세우시기 위함입니다. 하나님 나라는 이 땅을 지배하고 있는 마귀를 쫓아내므로 세워질 수 있습니다. 그래서 하나님의 아들이신 예수님이 이 땅에 오신 것은 마귀의 일을 멸하시기 위해서라고 했습니다요한일서 3:8. 이 마귀를 쫓아내는 것은 오직 성령의 능력으로 됩니다. 이 일을 하시기 위해 예수님도 공생애 사역을 시작하시기 전에 먼저 성령의 기름 부음을 받으셨습니다누가복음 4:18. 그 예수님은 성령으로 귀신을 쫓아내심으로 우리 안에 하나님 나라가 임하는 사역을 하셨습니다.

그러나 내가 하나님의 성령을 힘입어 귀신을 쫓아내는 것이면 하나님의 나라가 이미 너희에게 임하였느니라 마 12:28

이 예수님이 하신 사역이 이 땅에서 교회가 해야 할 본질적인 사역입니다. 이 세상은 마귀가 지배하고 있기에 그 귀신을 쫓아냄으로 하나님 나라가 임할 수 있습니다. 그런데 이런 사역은 성령으로만 할 수 있습니다. 이런 영적 사역은 시공간을 초월하는 것이기에 이 땅에서 일어나는 상황에 영향을 받지 않고 할 수 있습니다.

1. 영적 싸움

마지막 시대에는 사람들이 점점 더 악해지면서 교회에 대한 세상의 적대적인 행위가 더 심해질 것입니다. 용의 권세를 받은 짐승이 이 세상을 미혹하며 공격하기 때문입니다. 교회는 이런 마귀와의 영적 싸움을 하는 사역을 해야 합니다.

> 12우리의 씨름은 혈과 육을 상대하는 것이 아니요 통치자들과 권세들과 이 어둠의 세상 주관자들과 하늘에 있는 악의 영들을 상대함이라 13그러므로 하나님의 전신 갑주를 취하라 이는 악한 날에 너희가 능히 대적하고 모든 일을 행한 후에 서기 위함이라 엡 6:12-13

이 땅에서 일어나는 모든 것은 이미 하늘에서 일어나는 것들의 결과입니다. 하늘에 속한 악한 영과 싸워 이기면 이 땅에서의 싸움은 이긴 것입니다. 악한 영과의 싸움은 어떤 성경 지식이나 교회 크기나 좋은 교육 프로그램 같은 이 땅에 속한 물리적인 것으로 이길 수 없습니다. 오직 하나님의 영이신 성령으로만 이길 수 있습니다.

²⁸집에 들어가시매 제자들이 조용히 묻자오되 우리는 어찌하여 능히 그 귀신을 쫓아내지 못하였나이까 ²⁹이르시되 기도 외에 다른 것으로는 이런 종류가 나갈 수 없느니라 하시니라 막 9:28-29

악한 영을 쫓아내는 이러한 종류의 사역은 오직 기도 외에는 할 수 없다고 했습니다. 기도를 통해 성령의 능력이 주어지기 때문입니다.

2. 영혼 구원

오순절에 마가의 다락방에서 기도하던 백이십 성도들에게 성령이 임했을 때 각국에서 온 유대 종교인들이 그것을 조롱하고 비난했습니다. 그때 베드로가 그것을 설명하기 위해 요엘서 말씀을 전했을 때 그 말씀을 듣고 회개함으로 삼천 명이 믿고 세례를 받는 역사가 일어났습니다.

그 말을 받은 사람들은 세례를 받으매 이 날에 신도의 수가 삼천이나 더하더라 행 2:41

이런 일은 사람이 할 수 없는, 전적으로 성령으로만 하실 수 있는 역사입니다. 사람이 회개하고 예수님을 믿고 세례를 받는 일은 성령이 하시는 일이기 때문입니다. 율법 학자도 아닌 어부 출신인 베드로가 율법의 지식으로 무장한 완고한 유대인들을 변화시키는 것은 사람의 힘이 아니라 그에게 임하신 성령의 능력으로 된 것입니다. 마지막 때가 되면 복음에 대한 사람들의 마음이 완고하여 전도하는 것이 더 어려운 상황이 될 것입니다. 이런 사람들의 마음을 움직이고 변화시킬 수 있는 것은 오직 성령의 능력으로만 할 수 있습니다.

사도 바울이 에베소에서 성령의 능력으로 많은 귀신을 쫓아내고, 바울의 손수건만 대어도 귀신이 나가고 병이 낫는 역사가 일어났습니다. 우상을 섬기는 지역인 에베소 사람들이 그런 성령의 능력을 보고 주님께 굴복하고 나왔습니다. 마술을 행하던 많은 사람이 마술책을 불사르는 일들이 일어났습니다. 하나님을 대적하는 강퍅한 사람들이나, 마귀를 좇는 자들은 오직 성령의 능력으로만 변화될 수 있습니다.

하나님의 나라는 말에 있지 아니하고 오직 능력에 있음이라 고전 4:20

하나님은 어떤 상황에서도 우리가 감당치 못할 시험을 주시지 않고 피할 길을 주십니다. 오히려 이런 위기의 때에 자기 일을 멈추고 하나님의 방법으로 나갈 때 하나님께서 새로운 일을 행하실 기회가 됩니다.

▎정의호 목사

▎한양대학교와 합동신학대학원(M.Div), 그리고 Fuller Theological Seminary(D.Min)를 졸업했다. 삼성에서 5년간 근무하다가 부르심을 받아 1984년부터 1996년까지 대학 캠퍼스 선교단체인 한국기독대학인회(ESF)에서 12년간 사역하며 대표를 역임했다. 1996년 용인에 기쁨의교회를 개척하여 담임으로 섬기고 있으며, 1997년 대학 캠퍼스 선교단체인 JYM 선교회를 창립해 대표로 섬기고 있다.

격차의 시대,
온정을 나누는 교회와 목회

곽승현 목사
거룩한빛광성교회 담임

들어가는 말

코로나 이후 변화된 세상을 논하는 것은 더 이상 새롭지 않다. 우린 이미 뉴노멀 시대에 진입했고 적응했다. 이 과정에서 세계는 상당한 고통과 피해로 몸살을 앓았다. 코로나가 할퀴고 간 상처는 헤아릴 수 없을 만큼 광범위했다. 그중 사회 전반적으로 벌어진 격차는 간과할 수 없는 좌절과 절망을 안겨주었다.

1. 격차의 시대

먼저 빈부의 격차다. 신한은행은 2022년 4월에 '2022 보통 사람 금융 생활 보고서'를 공개했다. 보고서에 따르면 상위 20%의 월평균 소득은

948만 원, 하위 20%의 월평균 소득은 181만 원으로 나타났다. 5배가 넘는 격차로, 이는 2016년 조사가 시작된 이래 최고치다.*

빈부의 격차는 고스란히 교육의 격차로 이어졌다. 류방란 한국교육개발원장은 '교육복지 정책의 발전 방향'이란 기조 강연에서 "코로나19 시기에 부유층이나 유리한 집단은 오히려 성적이 올랐지만 반대의 경우 성적이 더 많이 떨어졌다"라며 "계층 간 교육 양극화가 분명하게 드러나는 양상"이라고 밝혔다.**

빈부의 격차, 교육의 격차보다 가슴 아픈 격차가 있다. 기독교에 대한 신뢰의 격차다. 코로나19 팬데믹 기간에 한국교회에 대한 호감과 신뢰도는 곤두박질쳤다. 2020년 1월에 측정한 한국교회 신뢰도는 32%였으나 2021년 1월 조사에 따르면 21%로, 1년간 무려 11%가 하락했다. 개신교인 70%는 한국교회를 신뢰하지만, 전도의 대상이 되는 비 개신교인들의 한국교회 신뢰도는 9%로 나타났다.*** 개신교인과 비 개신교인들의 기독교에 대한 신뢰도의 격차는 믿기 어려울 정도다.

코로나19가 한창인 2020년 8월에만 약 1만 5천 건이 넘는 기독교의 부정적인 뉴스가 쏟아졌다. 사실 코로나 이전부터 교회의 부정부패, 권위적 리더십, 사회적 물의를 빚은 수많은 사건이 매스컴을 탔다. 대중은 실망을 감추지 않았고 사회는 분노했다. 사회 곳곳에서 약자를 돌보며

---

* 신지환, "저소득층 덜 벌고, 고소득층 더 벌었다…코로나 이후 더 커진 빈부격차", 〈동아일보〉, 2022년 4월 5일.
** 신하은, "계층 간 교육 격차 심화…지역사회 내 교육 생태계 강화 필요", 〈메트로〉, 2022년 7월 13일.
*** 목회데이터연구소, 〈목회데이터연구소 주간리포트〉 '2021 한국교회에 대한 국민인식', p. 3.

정의와 공익을 수호했던 교회는 혐오 시설로 전락했다. 교회의 신뢰도는 이미 추락 중이었으나 코로나로 인해 급격히 가속화된 것이다.

교회의 더 큰 문제는 사회가 공익에 얼마나 큰 관심을 두는지 모른다는 점이다.

2. 전 세계적인 메가트렌드 : ESG

코로나 팬데믹 이후 전 세계적으로 ESG[*]가 기업 경영전략의 핵심 키워드로 떠올랐다. ESG를 고려하지 않는 기업은 성장할 수 없는 상황에 이른 지 오래다. 2021년 4월 산업통상자원부는 'K-ESG 지표 업계 간담회'를 개최하여 ESG 평가 표준화를 통해 2021년을 ESG 경영 확산의 원년으로 만들겠다고 선언하였다. 정부 기관뿐만 아니라 삼성, SK, 현대, 한화, 포스코 등 국내 대기업들도 ESG 경영을 생존전략으로 내세우고 있다.

최근 ESG 경영이 화두가 되기 이전부터 지난 수십 년간 기업의 사회적 책임Corporate Social Responsibility : CSR 확대와 함께 지속 가능하며 책임 있는 투자에 대한 관심은 크게 증가해 왔다.[**] 이런 사회적 분위기를 읽지 못한 기업은 크게 낭패를 보았다.

---

[*] 매일경제용어사전에 따르면 ESG는 'Environment Social Governance'의 머리글자를 딴 단어로 기업 활동에 친환경, 사회적 책임 경영, 지배구조 개선 등 투명한 경영을 고려해야 지속 가능한 발전을 할 수 있다는 철학이 담긴 뜻으로 볼 수 있다. 현재 ESG는 개별 기업을 넘어 자본시장과 한 국가의 성패를 가를 키워드로 부상하고 있다.

[**] 고희경, "기업의 ESG 활동이 구매 의도에 미치는 영향: 브랜드 신뢰도, 브랜드 이미지, 지각된 품질의 매개 효과를 중심으로", (서울: 숙명여자대학교 대학원 박사학위 논문, 2021년), p. 2.

미스터피자는 창업주의 갑질과 배임, 횡령으로 회사를 매각했다. 남양유업은 불가리스가 코로나바이러스 사멸에 효과적이라는 발표 논란으로 주가 폭락과 불매운동의 직격탄을 맞았다. 생산의 차질이나 품질의 문제가 아니다. 사회가 요구하는 ESG 경영을 간과했던 결과다.

ESG 경영은 신선한 혁신이 아니다. 이제 기업의 생존을 위해 당연히 고려해야 할 사항이다. 현재 우리는 이윤을 추구하는 기업에조차 사회적 책임을 묻는 시대에 살고 있다. 하물며 교회를 향한 세상의 잣대는 어떠할까. 교회가 이와 같은 거대한 시대적 흐름을 읽지도 못한 채 세상을 변화시키려 한다면 세상의 조소와 냉소의 파도를 막아낼 도리가 없다.

2021년 목회데이터 연구소에 따르면 비 개신교인들이 개신교인에게 바라는 이미지로 윤리성과 공익성을 꼽았다.[*] 교회가 세상을 향해 윤리와 공익을 호소해야 하지만 도리어 세상이 교회에 윤리와 공익을 요구하는 모양새다. 구체적인 연구자료가 아닌 기독교 관련 뉴스 댓글만 봐도 대중이 교회에 요구하는 사회적 책임의 수준을 충분히 느낄 수 있다. 단연코 우리가 생각하는 수준 이상이다.

트렌드를 떠나 교회의 사회적 책임은 사명이다. 교회는 이웃을 섬겨야 한다. 정의와 공의를 행하므로 세상의 빛과 소금이 돼야 한다. 굶주린 이웃과 죽어가는 이웃을 위해 선한 사마리아인이 되어야 한다. 교회의 나눔과 섬김이 기업보다 따뜻할 수 있다면, 교회의 인심이 기업보다 포근하다면 추락하는 기독교 신뢰도를 조금이라도 붙잡을 수 있지 않을까 기대해 본다.

---

[*] 목회데이터연구소, 〈목회데이터연구소 주간리포트〉 '2021 한국교회에 대한 국민인식', p. 9.

본론

사도행전 2장 47절을 보면 '온 백성에게 칭송을 받으니'라는 구절이 있다. 지금의 교회와는 상당한 온도 차가 있다. 그 이유는 성령으로 충만한 사람들이 서로 물건을 통용하며 기쁨으로 교제를 나눴기 때문이다. 만약 이들의 나눔이 교회 공동체 안에서만 이루어졌다면 온 백성에게 칭송보다는 비난만 받았을 것이다. 그들은 소유를 팔아 믿음의 형제와 자매뿐만 아니라 이웃을 위해서도 사용했음이 분명하다. 초대교회부터 이웃을 위한 사회복지를 실천했다 해도 과언이 아니다.

1. 온정을 나눠왔던 교회 역사

1) 초대교회

예루살렘 교회는 물론 로마 교회에서도 사회적 약자를 위한 온정 나눔은 계속됐다. 로마에서는 과부들이 구제의 대상이 되므로 사도들은 특별한 관심을 두고 빈민구제를 위해서 집사제도를 제정하였고, 과부들을 교회 명부에 등록하였다. 사도행전 9장에서는 욥바의 다비다가 '선행과 구제하는 일이 심히 많으므로' 많은 과부에게 사랑과 칭송을 받으며 그로 인해 교회가 성장하는 사역이 소개되고 있다행 9:36-42.

사도 바울은 가난한 이들을 돕는 것은 당연함을 강조하였으며갈2:10, "도둑질하는 자는 다시 도둑질하지 말고 돌이켜 가난한 자에게 구제할 수 있도록 자기 손으로 수고하여 선한 일을 하라"고 가르쳤다엡 4:28. 초대교회의 역동적인 복음 전파와 적극적인 구제는 부정할 수 없는 사실이다.

2) 중세교회

567년의 토어 회의The Council of Tours는 각 교구의 걸인 및 부랑자를 방지하기 위하여 자기 교구의 주민들을 구제할 필요가 있다고 결의하였고, 이때부터 교구는 구호 대상자를 보호하고 구제하는 책임을 맡게 되었다. 이에 필요한 재원은 헌금, 영지 수입, 십일조 등의 헌납으로 충당하였다.*

종교개혁 시기 루터의 영향을 받아 교회는 병자와 임신부, 미망인, 고아들에게 관심을 가졌다. 교회는 일시적인 구제에 그치지 않고 매주 구제금을 이들에게 지급하였으며 고아들의 교육 문제에는 특별한 관심을 가졌다.

웨슬리는 "기독교인은 그 자신과 가족의 욕구를 충족시킬 권리를 우선한 다음 그 이외의 돈은 다른 사람을 돕는 데 써야 하며, 만일 그렇지 않으면 자신을 해치는 데 쓰게 된다."라고 말하며 교회와 성도들에게 가난한 자, 고아, 과부, 실직자들을 섬길 것을 외쳤다. 웨슬리는 구제사업뿐만 아니라, 조직적인 자활 구제사업까지 전개하였다. 그는 영국 런던에 최초의 무료 병원진료소를 개설하였고 빈민들에게 소액 자본을 대부하기 위한 자금 유통 계획을 시작하여 큰 성과를 올렸다. 또 노예제도에 반대하여 노예 폐지 결의와 링컨 대통령의 노예 해방령을 가져올 수 있는 기틀을 마련했다.**

---

* 노용환, "섬김과 나눔의 장으로서 교회의 역할", (광주: 호남신대 석사 논문, 2002), p. 25. 재인용.
** 위의 논문, p. 27.

3) 한국교회

한국 초기 교회는 개인적 영혼만의 구원을 부르짖거나 교회의 성장만을 꾀하였던 것이 아니라 만인 평등과 자유 인권 사상을 삶의 대안으로 제시하였고 따라서 개화를 자각했던 인사들이 기독교 영향을 받거나 선교사의 도움을 받아 복지 시설로서의 병원을 건립하고 학교를 세워 사회사업을 펼쳐갔다.*

우리나라 최초의 국립병원인 광혜원이 1885년 알렌 선교사에 의해 설립되었고, 제중원으로 개칭된 후 장로교 선교회의 기관이 주도하여 복음 전파와 함께 빈민 의료기관의 역할을 감당한다. 같은 해 아펜젤러는 배재학당을 세웠고 1886년 언더우드는 고아원을 세워 고아 보육과 함께 연세대학교의 전신인 경신학교를 세웠다.

1886년 스크랜튼 부인은 고아와 과부들을 모아 이화학당을 세웠다. 교육기관에 대한 초기 선교사들의 기여는 1910년 이전에 전국적으로 1,000여 개에 달하는 기독교 교육 기관들이 생길 정도로 사회계도에 주요한 역할을 한다.

또 여성을 위한 인권운동과 복지사업도 전개되는데 감리교의 태화관, 구세군의 매매춘 여성을 위한 여자관1926년 등이 세워졌다.**

초기 한국교회는 개인 구원과 사회구원의 조화로운 행보로 피폐한 한국 사회의 빛과 소금이 되었다. 사회를 향해 뻗어 나온 교회의 온정의 손길은

---

* 이은수, "성경과 교회사를 통한 기독교 복지의 개념에 대한 연구", (고신대 박사 논문, 2021), p. 138. 재인용.
** 위의 논문, p. 140. 재인용.

100년 전부터 지금까지도 한국교회의 중요한 사역으로 자리매김하였다.

현재 한국교회는 많은 비난과 비판을 받고 있다. 하지만 이것과는 별개로 교회는 사회선교와 사회구원을 위한 온정의 발걸음을 멈춰서는 안 된다. 초대교회부터 이어진 구제 사역을 통해 알 수 있듯, 사회구원은 교회가 결코 외면할 수 없는 중요한 사명이기 때문이다.

2. 온정을 나누는 거룩한빛광성교회 3대목표/5대비전

1) 설립 배경 및 방향성

1997년 1월 정성진 목사는 거룩한빛광성교회를 개척했다. 개척 이후 한국교회의 개혁모델이 되기 위해 노력을 아끼지 않았다. 원로목사제를 없애고 담임목사와 시무장로의 정년을 65세로 제한하는 등 교회 리더십이 먼저 자신의 권리를 포기하는 모범을 보였다. 당회에는 여전도회, 남선교회, 안수집사 회장은 물론 청년부 회장도 참여한다.

지역의 작은 교회를 살리기 위해 작은 교회 전도팀을 편성하고, 대형 전도 집회를 하지 않는다. 최근에는 교육부 및 교회 학교 운영이 어려운 미자립교회 2곳을 선정해 사역자와 봉사자를 파송했다.

코로나 기간 중 어려움을 겪는 어린이들을 위해 고양과 파주 지역 5개 학교에 각각 3백만 원의 장학금을 전달했다. 그 외 장애인과 새터민을 위한 사역, 다문화가정을 위한 센터 운영, 광성 평생 배움터 등 사회적 약자와 공익을 위한 다양한 사역과 위원회가 있다. 거룩한빛광성교회는 3

대 목표와 5대 비전[*]에 따라 움직이기 때문이다.

그중 섬기는 교회라는 목표를 위한 구체적인 사역을 소개하고자 한다.

2) 온정을 나누는 사역 소개

거룩한빛광성교회는 사회구원을 위한 여러 사역이 펼쳐진다. '천사가게'는 성도들의 기증 물품을 받아 저렴하게 판매한다. 여기서 나온 수익금 전액은 일산, 파주지역의 이웃을 위해 사용된다. 의료혜택의 사각지대에 놓인 차상위계층이나 외국인 근로자들, 새터민들을 진료하는 '쿰치유센터', 지역의 열악한 주택을 수리하는 '광성해비타트', 자살 예방 운동을 펼치는 '광성라이프호프', 지역주민들을 위해 약 100여 개의 강좌를 저렴하게 오픈하는 '광성평생배움터'등 다양한 사역이 있다. 그중 몇 가지를 꼽아 소개해본다.

① 사회적 협동조합 '장터'

우리 교회는 사회적 협동조합 '장터'가 있다. 2014년 고양 파주 지역의 첫 번째 사회적 협동조합으로 조합 인가를 받았다. 장터는 장애인의 '장', 새터민의 '터'를 따 장애인과 새터민의 일자리를 창출하기 위한 목적으로 세워진 조합이다. 교회의 카페에서 일하는 직원, 카페에서 판매되는 빵과 쿠키를 만드는 직원 모두 장터에 소속된 장애인과 새터민들이다.

---

[*] 거룩한빛광성교회의 3대 목표: 섬기는 교회, 인재를 양성하는 교회, 상식이 통하는 교회

※ 5대 비전: 지역사회 문화중심, 고양 파주 성시 본부, 한국교회 개혁모델, 북한선교 전초기지, 세계선교 중심센터

최근에는 온라인으로 농산물 판매를 시작했다. 네이버 밴드로 생산자가 물품을 올리면 성도들은 저렴한 가격에 신선한 농산물을 구매할 수 있다. 수익금은 생산자와 장터가 일정 비율로 나눠 장터 직원들의 급여로 사용한다.

교회는 장애인과 새터민들을 한시적으로 돕는 것은 물론, 자립을 위한 일자리와 지속적인 도움을 주고자 이들을 직원으로 고용했다. 수익이 충분하지 않을 때는 교회 예산으로 급여를 지급한다. 수익이 목적이 아니라 이들의 자립이 목적이기 때문이다.

② 해피월드 복지재단

2007년 사회복지법인 '광성복지재단' 설립을 시작으로 현재까지 사회복지 센터를 운영하고 있다. '해피월드 복지재단'은 현재 파주시의 노인복지관, 문산 종합사회복지관, 시니어클럽을 수탁 운영하고 있으며, 고양시의 덕양노인종합복지관, 다문화가족지원센터, 원당 종합사회복지관을 수탁 운영 중이다. 직영으로는 탈북민들의 자녀를 위한 '새꿈터지역아동센터', '해피뱅크', '해피천사운동본부'를 운영한다.

'해피천사'는 고양, 파주시에 거주하는 이웃 중 생계 위기에 처한 모든 사람을 대상으로 긴급지원비를 제공하는 사역이다. '해피뱅크'는 금융권에서 도움을 받을 수 없는 저신용자들을 위한 대출 및 영세자의 창업컨설팅 등을 돕는다. 해피천사와 뱅크 모두 절차와 기준에 따라 지원 중이다. 해피천사가 생계를 위한 긴급자금을 위한 도움이라면, 해피뱅크는 취약계층의 사업 운영의 전반적인 애로 사항을 청취하고 지원하는 수탁 사업이다.

③ 긍휼 사역

'긍휼 사역'은 교회 내 경제적 어려움을 겪는 성도들을 위한 사역이다. 사회선교위원회의 긍휼팀과 교구 목사가 상·하반기를 기준으로 대상자들을 선별한다. 교구 목사는 대상자들에게 매년 매월 1회, 교회에서 지급된 생필품을 직접 전달한다. 쌀, 김치가 기본 구성이며 여기에 밑반찬과 샴푸, 휴지, 칫솔 등이 포함된다. 2022년 긍휼 사역은 교인 224명과 고아, 독거노인, 작은 교회 목회자와 성도 76명을 선별하여 총 300명을 대상으로 진행되고 있다.

④ 선한 사마리아인 프로젝트 :
플로잉데이 '주님의 사랑 나를 통해 흐르리'

2020년 4월, 코로나 창궐로 경제적인 타격을 입은 성도와 이웃이 속출하였다. 이에 당회는 교회 내외부에 긴급지원을 결정하였다. 부활절을 기념하여 한국교회 봉사단 3천만 원, 고양시 1천만 원, 파주시 1천만 원 등 5천만 원은 외부로, 5천만 원은 어려움에 처한 성도들을 위해 사용하였다.

코로나는 잦아들 기미를 보이지 않았고, 사회적 거리 두기 단계는 더욱 격상되었다. 이로 인한 성도들의 경제활동은 더더욱 힘겨워졌다. 교회는 '9월의 크리스마스'라는 이름으로 사업장을 운영하는 성도와 일반성도 56명을 추천받아 총 8,900만 원을 흘려보냈다.

연말에도 여전히 코로나는 기승이었다. 그 여파로 전국의 작은 교회들은 큰 어려움을 겪었다. 교회는 11월의 선한 사마리아인 프로젝트로 고양 파주 지역 82개 교회, 지방 56개 교회 등 총 138개 교회로 3,450만

원을 지원하였다. 이후로도 서울서북노회 교회 83개와 지방 교회 17개 교회로 1억, 12월 연말 환우를 위한 지원으로 5천만 원을 사용했다.

2021년에는 본격적인 선한 사마리아인 프로젝트가 실행되었다. 부활절을 맞아 헌금이 조금 더 뜻깊게 쓰일 방안을 모색했다. 헌금 봉투에 내가 지정한 성도를 기재하면 내 헌금은 그대로 대상자에게 보내는 형식이었다. 만약 대상자를 기재하지 않으면 교회가 지정한 54명의 성도에게 전달한다. 이는 폭발적인 반응을 불러왔다. 코로나로 인해 모두가 힘겨운 상황이었지만 성도들은 자기보다 힘겨운 성도를 위해 기꺼이 헌금을 내놓았다. 그 결과 부활절 헌금은 약 1억 2천5백만 원이 넘게 모였다. 성도가 지정한 129명, 교회가 지정한 54명 외에 고양시와 파주시에도 각각 1천만 원의 헌금을 전달했다. 가을 추수감사절을 기념한 프로젝트에서는 1억 6천3백만 원이 넘는 헌금이 모여 303명의 대상자, 103가정, 26개 교회, 고양시 기독교총연합회로 물질이 사용됐다.

선한 사마리아인 프로젝트는 모두가 힘든 상황 속에서도 성도들의 자발적인 참여로 놀라운 열매들을 맺어갔다. 말 그대로 주님의 사랑이 나를 통해 흘러가는 경험과 기쁨을 누렸다. 성도들 자신도 자부심을 품게 되는 프로젝트이자 우리 교회의 개척정신을 가시적으로 보여주는 대표적인 사역이다. 교회 안팎으로 감사 편지와 나눔들이 흘러넘쳤으며 성도들의 간증이 줄을 이었다.

2022년 선한 사마리아인 프로젝트는 부활절과 맥추감사절에 진행됐다. 놀라운 일이 일어났다. 2022년 부활절 헌금자는 2,192명이었고, 1억

8천만 원의 헌금이 모였다. 2021년에 비해 참여자는 약 600명이 증가했고, 헌금은 약 6천만 원이 증가했다. 이번 헌금은 성도나 환우는 물론 사회적 약자인 한 부모 가정, 장애인, 다문화가정, 노인, 노숙인, 청년, 강원도 산불피해, 기독교 환경센터, 우크라이나 난민 선교사역까지 확장하여 사용됐다.

성도들의 적극적인 참여로 인해 선한 사마리아인 프로젝트는 온 교인들의 축제가 되었다. 어린아이들도 동전 가득한 저금통을 기꺼이 기쁨으로 내어놓았고, 게임기를 사기 위해 모은 용돈까지도 우크라이나의 어린이들을 위해 헌금했다. 아이들의 동참에 어른들의 가슴도 뭉클해졌다. 사회와 이웃을 위한 재정의 나눔은 부담이 아닌 기쁨과 감사로 채워졌다.

결론 및 제언

거룩한빛광성교회는 개인 구원과 사회구원의 두 기둥을 중심으로 사역한다. 사회구원을 위한 예산편성이나 다양한 사역과 위원회 사역은 결코 교세의 확장을 위한 사역이 아니다. ESG 경영이라는 메가트렌드에 발맞춰 움직이는 것은 더더욱 아니다. ESG 경영이 이슈화되기 20년 전부터 지켜왔던 철칙이었을 뿐이다.

1. 경영의 원리가 아닌 성령의 감동에 따른 온정

만약 교회가 교세 확장을 목적으로 구제 사역을 한다면 성도들은 금방 알아챌 것이다. 추진 과정에서 희박한 진정성이 노출될 것이며 당회원의 동의를 얻기는 더더욱 어려울 것이다. 무엇보다 하나님 앞에서 부끄러운 짓이다.

모든 사역은 경영의 원리가 아닌 치열하게 성령의 인도하심을 간구하며 성경의 진리를 실천하고자 하는 몸부림의 결과물이다. 초대교회부터 이어진 사회를 향한 온정의 전통을 현재 지역과 성도와 자원에 맞게 적용할 뿐이다.

사회를 향한 관심을 두고 사역을 진행할 때 예기치 않은 두 가지 유익이 있었다.

먼저는, 성도들의 영적 성숙과 교회에 대한 자부심이다.

사회적 약자를 위해 기도하는 것 자체, 도울 수 있는 환경에 대한 감사, 소외된 이웃을 돌아보는 시간 등이 녹아져 성도들의 영적 성숙을 한 단계 도약시켰다. 동시에 사회적 책임을 다하는 교회의 성도로 자부심을 느끼게 하였다.

두 번째는, 지역사회의 긍정적 평판이다.

코로나 이전 연간 천명에 가까운 새신자들이 등록했다. 등록 이유를 물어보니 상당수는 좋은 일 많이 하는 교회라는 소문에 등록했다고 답했다. 코로나 이후도 마찬가지다. 지역사회에서 교회의 평판은 사회적 책임 활동에 비례함을 엿볼 수 있다. 지역사회의 평판 좋은 교회가 건강한 교회, 진리로 바로 선 교회라는 유일한 지표는 결코 될 수 없다. 되어서도 안 된다. 하지만 지역사회의 긍정적인 교회 평판은 복음 전도에 매우 중요한 요소임은 자명한 사실이다.

2. 제언

교회가 사회구원에 대한 의지가 열려있다면 사회구원 사역은 교회 규모를 떠나 얼마든지 다양한 모양으로 실현할 수 있다. 먼저는 공동체의 공감과 동의가 필요하다. 아무리 선한 의도라도 목적과 방향이 충분히 공유되지 않고 공감되지 않는다면 어떤 사역이든 동력을 얻기 어렵다.

다음으로는 당회의 논의와 결의가 필요하다. 적절한 시기 및 자원 배분을 위해 당회원들의 마음과 지혜를 모은 뒤 적임자를 찾아 사역을 위임한다. 적임자는 위원회를 구성해 일을 추진한다. 선한 사마리아인 프로젝트도 이런 과정을 거쳐 실행되었다.

1) 당회에서 코로나로 인한 어려움을 겪는 성도들의 경제 문제 대두.

2) 선한 사마리아인 프로젝트로 성도들을 돕자는 의견 논의.

3) 당회원들의 동의로 절기 헌금을 지정 대상자들에게 100% 전달하기로 결정.

4) 담당 위원회 조직 후 공정하고 효과적으로 헌금이 사용될 수 있는 구체적인 방안 모색.
 - 포스터, 주보 안내 디자인 / 미디어팀과 조율 / 재정부 및 위임목사와 협의 등
 - 교인 지정 시 대상자 정보이름/연락처 헌금 봉투에 기재
 - 교인 대신 사회적 약자 계층 체크 ①한 부모 ②장애인 ③다문화 ④노인 ⑤노숙인 ⑥청년
 - 또는 미지정 시 교회에서 선별한 교인에게 헌금

5) 목회자는 성도들에게 프로젝트의 목적과 방식을 설명했고 미디어

팀에서는 세세한 안내와 프로젝트의 필요성을 영상으로 제작.

6) 광고 시간에 헌금의 총액 및 사용처를 분명하게 밝힘.

7) 예상을 뛰어넘는 성도들의 적극적인 참여로 당회를 비롯한 온 교회가 고양됨(가정예배를 드리는 아이들의 헌금과 사연, 간증이 홈페이지를 통해 소개되었고 소그룹 안에서 자연스럽게 프로젝트의 성과 공유).

8) 성도를 위한 프로젝트에서 시작되어 지역사회, 나라, 세계까지 확장.

문제 제기와 해결방안이 공동체의 공감과 동의를 얻은 뒤 중요한 작업은 위원회 구성이다. 위원회는 담당 교역자와 평신도로 구성된다. 위원회는 사역의 구체적인 방안을 모색하고 필요기관과 협조해야 한다. 또한, 담임목사와 긴밀하게 현황 공유 및 이견을 조율해야 하므로 위원회 구성은 대단히 중요하다.

정리하자면,

첫째, 공동체의 공감과 동의가 전제조건이다.

아무리 공동체를 위한 좋은 의견도 공동체의 공감과 동의를 얻어내지 못하면 어떤 일도 일어나지 않는다. 따라서 사회구원을 위한 사역을 추진하기 전에 교회의 방향성 및 영적 토양을 점검해야 한다.

둘째, 위원회의 구성과 소통이다.

아무리 선한 사역이라도 모든 사역을 담임 목회자가 감당할 수 없다. 담임 목회자는 적임자를 찾아 위임하고, 위원회의 활동 범위 및 역할을 지정해야 한다. 아울러 소통을 위한 장치 또한 반드시 마련해두어야 한다.

목회자 없이 위원회의 사역이 진행되면 추진 과정에서 교회의 상황과 여건이 무시되고 방향성의 상실로 이어지기 쉽다. 이 또한 공동체의 특성과 토양을 살펴야 한다. 목회자가 전적으로 주도권을 잡고 진행하는 것이 전혀 무리 없다면 문제가 되지 않으나, 평신도의 자율성과 자발성이 교회의 역동이 되는 교회라면 적절히 위임할 필요가 있다.

사회보장 제도는 수많은 이의 생명줄이다. 하지만 국가의 도움만으로는 인간다운 삶을 영위하기엔 부족하다. 아직도 복지의 사각지대에서 신음하는 이웃들이 적지 않다. 국가의 손길이 닿지 않은 곳에 교회의 온기가 흘러가야 한다. 교회의 온기를 타고 복음이 흘러가야 한다. 영혼을 살리는 생명의 복음이 육신을 살리는 젖줄을 타고 지역 곳곳으로 흘러갈 때 생기 넘치는 하나님의 나라가 꽃필 것이다. 그때 교회는 세상의 빛이 될 것이며 살맛을 잃어버린 세상은 교회를 통해 세상 사는 맛을 되찾을 것이다.

한국교회 신뢰도는 초대교회와 비교할 수 없을 정도의 격차가 있다. 이 간격을 좁히는 것은 불가능해 보인다. 그래도 교회는 실망과 탄식으로 깊이 파인 불신의 골짜기를 복음과 온정으로 채워가야 한다. 이웃과 사회를 향한 교회의 끈질긴 사랑으로 불신의 골짜기를 메우고 다져 간다면 이 땅은 결국 모두가 얼싸안고 하나님을 찬양하는 거룩한 평지, 거룩한 예배의 터전이 되리라 믿는다.

▌ 곽승현 목사

서울장신대학교와 장로회신학대학원을 졸업하고 에스라성경대학원대학교에서 신학
석사(Th.M.)와 성경학박사(D.Litt) 과정을 수료했다. 서울영암교회 부목사, 충주충일교
회 담임목사로 섬기다 2018년 12월부터 거룩한빛광성교회 위임목사로 섬기고 있다.

격차의 시대,

사람을 세우는 온정의 목회
격차의 시대, 상처를 치유하시는 하나님

국명호 목사
여의도침례교회 담임

　정호승 시인의 〈풀잎에도 상처가 있다〉라는 시처럼 풀잎에도 상처가 있는데, 하물며 상처가 없는 사람이 있겠습니까! 'Trauma'가 헬라어로 상처라는 뜻인데, 사람이라면 누구나 아픈 상처를 갖고 있습니다. 간혹 아파서 병원에 갔는데 옛날에 다친 상처를 잘 치료하지 않아서 문제가 생기는 경우가 있습니다. 우리의 마음도 마찬가지입니다. 과거의 상처가 해결되지 않아서 지금도 마음이 아프다면 더 이상 과거의 문제가 아닌 지금 현재의 문제라는 것입니다.

　그렇다면 인간은 왜 상처를 받을까요? 근본적으로 인간이 죄인이기 때문입니다. 죄로 인해 하나님의 형상을 잃어버린 인간은 자신의 의지와 상관없이 사람들로부터 상처를 받고, 다른 사람에게 상처를 주면서 살게 됩니다. 죄로 인한 영혼의 상처는 죄의 후유증으로 범죄한 아담과 하와가 부끄러워 숨은 것처럼, 죄책감과 수치심과 양심의 가책 등으로 나타납니다. 이러한 것들이 잠재의식 속에서 정신적 질환을 야기하기도 하고 심지어 육신의 질병을 일으키는 원인이 되기도 합니다. "설망어검"舌芒於劍 : 허가 칼보다 날카롭다는 뜻으로, 입에서 나오는 말이 칼보다 무섭다는 말이라는 말이 있듯이, 육신의 상처는 약을 바르고 시간이 지나면 낫지만 마음의 상처는 세월이 지나도 낫지를 않습니다.

정신분석학자 프로이드Sigmund Freud는 아기가 엄마 젖을 빨다가 깨무는 구강 공격성이 성인이 되면 타인에 대해 말로 비난하고 공격하는 성향으로 나타날 수 있다고 말했습니다. 간혹 인터넷의 악성 댓글 때문에 극단적인 선택을 하는 안타까운 사례들을 보면 "개인에게는 양심이 있지만, 집단에게는 양심이 없다"라는 키르케고르S. Kierkegaard의 말이 생각납니다. 인터넷은 군중심리와 같은 것입니다. 그러므로 이런 말에 상처받으면 나만 손해일 뿐만 아니라, 상처가 잠재된 의식 속에서 나도 의식하지 못하는 사이에 성격과 인격에 영향을 미치게 됩니다. 그러므로 이 상처를 극복하는 것이 중요합니다.

여러분은 어떤 상처를 갖고 계십니까? 지금까지 목회하면서 받은 상처로 인해 어려움 가운데 계신 분들도 있으신 줄로 압니다. 이 시간 여러분 개인의 상처뿐만 아니라, 코로나 팬데믹이 가져다준 교회의 상처들이 치유되는 회복의 은혜가 함께하시기를 축복합니다. 오늘 본문의 예레미야 선지자를 통하여 이스라엘 백성들의 상처를 치유하시는 하나님의 은혜로 여러분의 상처가 치유되시기를 축복합니다.

오늘 본문의 예레미야는 주전 626년부터 주전 586년까지 약 40년 동안 활동한 '눈물의 선지자'였습니다. 예레미야는 하나님을 떠나 우상을 숭배하는 이스라엘 백성들을 향해 하나님의 심판을 외친, 상처가 많은 선지자였습니다. 총 52장으로 구성된 예레미야 1장부터 29장까지가 심판에 대한 경고의 말씀이라면 오늘 본문 30장부터 33장까지는 구원과 회복에 관한 위로의 말씀입니다.

30장 1, 2절의 "여호와께로부터 말씀이 예레미야에게 임하여 이르시니라. 이스라엘의 하나님 여호와께서 이와 같이 말씀하여 이르시기를 내가 네게 일러 준 모든 말을 책에 기록하라"는 말씀은 후대 사람들에게도 하나님의 진리의 말씀은 반드시 이루어진다는 사실을 깨닫도록 분명하게 기록으로 남기라는 말씀입니다. 3절에서는 "여호와의 말씀이니라 보라 내가 내 백성 이스라엘과 유다의 포로를 돌아가게 할 날이 오리니 내가 그들을 그 조상들에게 준 땅으로 돌아오게 할 것이니 그들이 그 땅을 차지하리라 여호와께서 말씀하시니라"라고, 회복의 날을 약속하신 하나님의 말씀이 반드시 성취될 것을 말씀하고 있습니다.

계속해서 10절에서 "여호와의 말씀이니라 그러므로 나의 종 야곱아 너는 두려워하지 말라 이스라엘아 놀라지 말라 내가 너를 먼 곳으로부터 구원하고 네 자손을 잡혀가 있는 땅에서 구원하리니 야곱이 돌아와서 태평과 안락을 누릴 것이며 두렵게 할 자가 없으리라"라고, 우리 하나님은 심판하시는 공의의 하나님만이 아니라, 구원과 회복을 베푸시는 사랑의 하나님이심을 말씀하고 있습니다. 17절에서는 "여호와의 말씀이니라 그들이 쫓겨난 자라 하매 시온을 찾는 자가 없은즉 내가 너의 상처로부터 새 살이 돋아나게 하여 너를 고쳐 주리라"라고, 여호와 라파, 치료의 하나님께서 오늘 우리의 모든 상처를 치유하시고 회복시켜주시는 분이

심을 말씀합니다. 이 시간 신실하신 하나님께서 약속하신 치유와 회복과 구원의 은혜가 충만하시기를 축복합니다.

구약의 대표적인 선지자 엘리야도 갈멜산에서 바알과 아세라의 거짓 선지자 850명과의 대결에서 승리한 후에 이세벨의 협박에 상처를 받고 브엘세바 남단의 광야까지 도망을 갑니다. 능력의 종 엘리야도 우리와 같은 연약한 인간이었음을 알 수가 있습니다. 만약에 이세벨이 정말로 엘리야를 죽이려고 했다면 자객이나 군대를 보냈을 텐데, 사신을 보낸 것은 단지 협박용이었음을 알 수 있습니다. 그런데도 엘리야가 두려워 도망을 간 것입니다. 이것은 이세벨의 문제라기보다는 엘리야 자신의 내면의 문제였습니다. 엘리야가 갈멜산에서 850명의 거짓 선지자들과 싸우기 전에 얼마나 긴장을 했겠습니까! 갈멜산은 우상숭배의 근거지로, 엘리야가 혼자서 적진에 들어가기 전에 금식 기도를 하고 긴장하느라 아마 잠도 제대로 자지 못한 상태였을 것입니다. 그러다 보니 엘리야가 승리는 했어도 얼마나 힘들었겠습니까! 몸이 힘들면 마음도 힘들어지는 법입니다.

또한, 열왕기하 20장에 보면, 구약의 선한 왕으로 소개되는 히스기야가 병들어 죽게 되었을 때 얼굴을 벽으로 향하고 통곡하며 기도하여 15년의 생명을 연장받게 됩니다. 그런데 이 히스기야가 교만해지자 이사야 선지자를 통하여 자신의 자손들이 바벨론에 포로로 잡혀가게 될 것을 듣게 됩니다. 이때 히스기야가 어떻게 반응합니까? 열왕기하 20장 16-19절에서 "이사야가 히스기야에게 이르되 여호와의 말씀을 들으소서 여호와의 말씀이 날이 이르리니 왕궁의 모든 것과 왕의 조상들이 오늘까지 쌓아 두었던 것이 바벨론으로 옮긴 바 되고 하나도 남지 아니할 것이요 또 왕의 몸에서 날 아들 중에서 사로잡혀 바벨론 왕궁의 환관이 되리라 하셨나이다 하니 히스기야가 이사야에게 이르되 당신이 전한 바 여호와의 말씀이 선하니이다 하고 또 이르되 만일 내가 사는 날에 태평과 진실이 있을진대 어찌 선하지 아니하리요 하니라"라고 대답합니다. 자식들이야 어떻게 되든 말든 나만 평안하면 된다는 식입니다. 히스기야가 어쩌다 이렇게까지 되었을까요? 탈진 상태가 되면 이렇게 자포자기와 무기력한 모습으로 가까운 가족에게도 상처를 주게 됩니다.

중요한 사실은, 믿음의 사람인 엘리야도, 히스기야도 인간이기에 탈진 상태가 될 수 있다는 사실입니다. 탈진은 더 이상 쏟아 놓을 게 없는 상태에서 나타나는 탈수 증상입니다. 탈진의 증상이 무기력인데, Burn out과 우울증의 차이가 무엇일까요? Burn out은 에너지가 완전히 바닥난 상태로 어떤 한정된 일에 영향을 미친다면, 우울증은 Burn out 상태가 지속될 때 나타나는 증상으로 삶의 모든 면에 영향을 미친다는 차이가 있습니다. 이렇게 믿음의 사람들도 Burn out과 우울증에 빠질 수 있음을 알아야 합니다. 이렇게 우울증에 걸리면 만사가 귀찮아집니다. 아무리 목회자라도 교회에 가기 싫어질 수가 있습니다.

엘리야도 마찬가지였습니다. 열왕기상 19장 3-4절의 엘리야가 로뎀나무 밑에 앉아서 죽기를 토로하는 모습에서 그의 복잡한 심경을 읽을 수가 있습니다. "그가 이 형편을 보고 일어나 자기의 생명을 위해 도망하여 유다에 속한 브엘세바에 이르러 자기의 사환을 그곳에 머물게 하고 자기 자신은 광야로 들어가 하룻길쯤 가서 한 로뎀 나무 아래에 앉아서 자기가 죽기를 원하여 이르되 여호와여 넉넉하오니 지금 내 생명을 거두시옵소서 나는 내 조상들보다 낫지 못 하니이다 하고"에서 지금 엘리야의 심정에 두려움과 절망감과 자책감 등 여러 가지 감정이 한꺼번에 몰려온 자체가 Burn out이 왔다는 증거입니다.

대부분 이 경우에 지금 엘리야가 조상들과 비교한 것처럼 다른 사람들과 비교하게 됩니다. 바둑에서 복기할 때 하수는 잘 둔 수를 기억하고 고수는 잘 못둔 수를 기억하는 것처럼, 우리도 인생의 고수가 되려면 자신의 부족함을 복기해야 합니다. 그런데 이 과정에서 자신의 실수를 자책하고 자괴감에 빠져 항상 우울한 상태가 되는 것입니다. 열왕기상 19장 10절의 "그가 대답하되 내가 만군의 하나님 여호와께 열심이 유별하오니 이는 이스라엘 자손이 주의 언약을 버리고 주의 제단을 헐며 칼로 주의 선지자들을 죽였음이오며 오직 나만 남았거늘 그들이 내 생명을 찾아 빼앗으려 하나이다"에서도 엘리야의 분노와 고독한 심정을 느낄 수가 있습니다. 일명 '엘리야 증후군'이라고, 아무도 내 편이 없다고, 나 혼자라고 생각한다는 것입니다.

이렇게 Burn out이 되면 사실보다 감정에 빠지게 됩니다. 이것을 '감정적 추리'라고 하는데 우리가 기억해야 할 것이 감정은 믿을만한 게 못된다는 사실입니다. 그러므로 어떤 중요한 일을 감정으로 결론을 내리면 반드시 실수하고 후회할 수밖에 없습니다. 본의 아니게 상처를 주고받을 수밖에 없습니다. 그렇다면 하나님께서 이런 문제들을 어떻게 치유하시고 회복시키시는지, 하나님의 치유 방법에 대해서 함께 은혜를 나누고자 합니다.

먼저, 하나님께서 Burn out 된 엘리야를 천사를 통해서 어루만지십니다.

열왕기상 19장 5-6절의 "로뎀 나무 아래에 누워 자더니 천사가 그를 어루만지며 그에게 이르되 일어나서 먹으라 하는지라. 본즉 머리맡에 숯불에 구운 떡과 한 병 물이 있더라 이에 먹고 마시고 다시 누웠더니"에서 로뎀나무 밑에 누워있는 엘리야에게 음식과 휴식을 통한 안식을 주십니다. 이것이 하나님의 첫 번째 해결 방법입니다. 여기서 로뎀나무는 싸리나무 과로 주로 빗자루 만들 때 사용하는 나무로, 그늘을 만들 수 없는 나무입니다. 이스라엘에서 로뎀나무는 광야와 같은 인생에서 더 이상 떨어질 수 없는 나락을 상징합니다. 그러므로 로뎀나무는 엘리야의 비참함을 상징하는 것으로, 위로가 될 수 없다는 사실입니다. 또 한 가지는 하나님은 우리 주변에 천사들을 통해서 우리를 위로하십니다. 이 천사가 우리의 가족일 수도 있고 성도일 수도 있습니다. 나아가 오늘 우리가 다른 사람들의 천사가 될 수도 있습니다.

이처럼 하나님께서 엘리야를 먼저 육신적으로 회복시키시는 과정을 통해서 무엇보다도 안식의 중요성을 깨달아야 합니다. 하나님께서 태초에 천지를 창조하실 때, 육 일 동안 일하시고 칠 일째 쉬신 것은 하나님의 창조 법칙입니다. 그러므로 이 창조의 법칙을 무시하면 경고등이 들어오게 됩니다. 과도한 스트레스를 무시하면 결국 Burn out이 되고 그런데도 계속 무시하게 되면 우울증 증상이 나타나게 되는 것입니다.

만약에 여러분에게 이 Burn out이나 우울증 증상이 나타났다면 제일 먼저 육신적인 건강의 필요를 잘 돌봐야 합니다. 악한 사단은 하나님의 안식을 훼방하는 자입니다. 마귀는 Burn out된 사람들에게 오히려 '성령 충만하지 않아서 그렇다', '기도하지 않았기 때문이다'라고 하면서 더 쉬지 못하고 계속 일하게 만들어 완전히 무너뜨리는 것이 바로 마귀의 계략입니다. 그러므로 우리는 이 마귀의 악한 계략에 속지 말아야 합니다.

우리 목회자들이 현실적으로 안식년을 갖는 게 쉽지 않습니다. 성도들이 어려운데 목회자들이 안식년을 마치 노는 것으로 생각하기가 쉬워 이래저래 눈치만 보다가 타이밍을 놓치고 회복하지 못하는 경우도 있습니다. 그래서 요즘은 연구월이라는 이름으로 1년에 두세 달을 쉬는 목회자들이 늘고 있습니다. 어떻게 해서든 우리 목회자들도 잘 쉬는 것이 목회를 위한 것이며 교회를 위한 것임을 잊지 말아야 합니다.

창의적 사고에 선구적 학자인 영국 사회심리학자 Graham Wallas는 창의적 아이디어가 한순간에 나오는 것이 아니라고 했습니다. 창의성을 위해 중요한 것이 'Time off'라고 했습니다. 창의적인 아이디어는 피곤한 상태에서 떠오르지 않기 때문입니다. 잘 쉰다는 것은 아무것도 안 하는 게 아니라 다른 일을 하는 것을 말합니다. 좋은 쉼은 지금 하는 일과 거리두기를 하는 것입니다. 《성공하는 사람들의 7가지 습관》의 저자 'Stephen Richards Covey'는 세계의 손꼽히는 CEO들에게 가장 어려웠던 일이 무엇이냐고 물었을 때 한결같이 통제를 포기하는 게 가장 어려웠다고 대답했다고 합니다.

여러분도 혹 내가 없으면 안 된다고 생각하십니까? 그런 사람들에게 휴식이 필요합니다. 휴식이란 통제를 내려놓는 시간입니다. 신앙도 마찬가지입니다. 내려놓는 훈련이 필요합니다. 주일마다 하나님께 예배드리는 것이 우리에게는 바로 내려놓는 시간입니다. 그러므로 주일이 온전한 예배가 되도록 구별해야 하는 것과 함께 영육 간에 안식이 되도록 힘써야 합니다. 특별히 우리 목회자들이 주님의 일을 한다고 육신이 피곤하여 무리하는 것은 결과적으로 Burn out이 될 수 있는 문제이기에 육신의 건강을 잘 챙기는 것도 거룩한 일임을 잊지 말아야 합니다.

한 가지 기억해야 할 것이 열왕기상 19장 8절의 "이에 일어나 먹고 마시고 그 음식물의 힘을 의지하여 사십 주 사십 야를 가서 하나님의 산 호렙에 이르니라"에서 엘리야가 40일을 매일 걸었다는 것입니다. 우울증 치료에는 햇빛을 받으며 걷는 운동이 좋다는 사실은 이미 의학적으로도 증명이 되었습니다. 그러므로 힘들다고 방안에만 누워있지 말고 그럴수록 밖으로 나와서 걸어야 합니다. 운동이 회복의 가장 좋은 방법이라는 것을 알아야 합니다. 우리 목회가 단거리가 아니라 장거리 경주이기 때문에 영성 관리와 함께 체력관리도 필수 사항임을 잊지 말아야 합니다.

이어서, 하나님께서 엘리야를 어떻게 회복시키셨습니까? 열왕기상 19장 11-12절은 "여호와께서 이르시되 너는 나가서 여호와 앞에서 산에 서라 하시더니 여호와께서 지나가시는데 여호와 앞에 크고 강한 바람이 산을 가르고 바위를 부수나 바람 가운데에 여호와께서 계시지 아니하며 바람 후에 지진이 있으나 지진 가운데에도 여호와께서 계시지 아니하며 또 지진 후에 불이 있으나 불 가운데에도 여호와께서 계시지 아니하더니 불 후에 세미한 소리가 있는지라"라고 말합니다. 지금 굴속에 숨어있는 엘리야에게 나타나신 하나님께서 크고 강한 바람이나 지진이나 불 가운데 계시지 않으시고, 세미한 소리 가운데 말씀하십니다. 하나님께서 이 사건을 통해서 엘리야가 Burn out 된 근본적인 이유를 가르쳐 주고 계십니다.

일반적으로 크고 강한 바람과 지진과 불은 하나님의 임재를 상징합니다. 그런데 그 가운데 계시지 않았다는 것입니다. 이것이 엘리야에게 주는 교훈이 무엇일까요? 사실 엘리야가 우울증에 빠진 근본 원인을 생각해보면 자신의 기대와는 다른 응답에 그만 낙심한 것에서 비롯되었음을 알 수 있습니다. 갈멜산에서 대승리를 경험한 엘리야의 기도로 3년 6개월이나 기다렸던 비를 주셨을 때 엘리야는 악한 아합왕과 이세벨이 이제는 악한 길에서 돌이키리라 기대했을 것입니다. 그런데 회개는커녕 오히려 자기를 죽이려고 협박하는 이세벨의 모습에 그만 낙심하였기에 도망가게 된 것입니다. 엘리야가 자신의 기대와는 정반대의 결과를 보고 절망하여 "나 혼자 남았구나!"라는 허탈감에 빠진 것입니다.

그런 엘리야에게 하나님께서 큰바람과 지진과 불이 아닌 세미한 음성 가운데 계셨다는 것은 무엇을 말씀하시는 것입니까? 바로 하나님은 우리가 기대하는 큰일에만 함께하시는 것이 아니라 작은 일에도 함께하신다는 사실입니다. 그렇습니다. 우리의 생각과 하나님의 생각이 다릅니다. 그러므로 여러분도 비록 기도하는 대로 기대대로 되지 않았다고 낙심하지 마시기를 바랍니다. 사랑하는 목회자 여러분! 우리의 인생에서 엘리야의 갈멜산 같은 하이라이트가 몇 번이나 될까요? 연예인들의 화려함도 인생에서 잠깐의 순간입니다. 무대에서 내려오면 고독한 것이 현실입니다. 이때 조심해야 합니다. 주님께 나와야 합니다.

만약에 하나님이 갈멜산에서만 나타나시고 굴속에서 나타나시지 않으셨다면 어떻게 되었을까요? 엘리야의 인생은 굴속에서 끝났을 것입니다. 그러나 갈멜산에서 나타나신 하나님은 엘리야가 두려워 숨어있는 굴속에도 찾아오셨습니다. Burn out 된 엘리야에게 천사를 통해 하나님의 말씀을 통해 참된 안식으로 회복시켜 주셨습니다. 그러므로 여러분! 우리 주님은 광야와 같은 인생길에 더 이상 떨어질 곳이 없는 로뎀나무 아래까지라도 찾아오십니다. 이 시간 목회로 인하여 지치고 낙심한 주의 종들에게 찾아오셔서 위로하시고 새 힘으로 회복시켜 주시는 은혜가 함께하시기를 축복합니다.

오늘 본문에 예레미야 선지자를 통하여 치유와 회복을 약속하신 하나님께서 말씀하시기를 "만군의 여호와의 말씀이라 그 날에 내가 네 목에서 그 멍에를 꺾어 버리며 네 포박을 끊으리니 다시는 이방인을 섬기지 않으리라. 그들은 그들의 하나님 여호와를 섬기며 내가 그들을 위하여 세울 그들의 왕 다윗을 섬기리라"렘 30:8-9라고 하셨습니다. 그런데 지금 예레미야가 사는 시대는 주전 600년경이고 다윗은 400년 전 사람인데, 어떻게 다윗 왕을 섬긴다는 말입니까? 이것은 바로 마태복음 1장 1절의 "아브라함과 다윗의 자손 예수 그리스도의 계보라"에서 다윗의 자손인 예수 그리스도로 말미암아 구원과 회복이 이루어진다는 말씀입니다. 그렇습니다. 죄로 인한 상처는 그 누구도 치료할 수 없습니다. 오직 하나님만이 치료하실 수 있습니다. 오직 예수 그리스도만이 우리의 치료자이십니다.

"그가 찔림은 우리의 허물 때문이요 그가 상함은 우리의 죄악 때문이라 그가 징계를 받으므로 우리는 평화를 누리고 그가 채찍에 맞으므로 우리는 나음을 받았도다"사 53:5라는 말씀대로 주님께서 우리의 아픔과 상처를 치료하시고 온전한 구원을 위해 십자가에서 우리 대신 죽으시고 부활하셨습니다. 이 시간 주님의 십자가 앞에 여러분의 모든 상처를 내려놓으시기를 바랍니다. 목회로 인한 상처들도 다 주님께 맡기시기를 바랍니다.

고린도후서 11장에 보면, 사도 바울이 선교여행 중에 옥에 갇히기도 하고, 매도 서른아홉 번을 무려 다섯 번이나 맞고, 세 번의 태장과 돌에 맞고, 바다에서 배가 세 번이나 파선하여 여러 번 죽을 뻔한 일들을 부득불 자랑합니다. 사도 바울은 아마도 몸 전체에 많은 흉터가 있었을 것입니다. 한마디로 바울은 상처가 많은 사람이었습니다. 그러나 이 바울을 괴롭힌 것은 정작 육체의 상처가 아니었습니다. "데마는 이 세상을 사랑하여 나를 버리고 데살로니가로 갔고 그레스게는 갈라디아로, 디도는 달마디아로 갔고"딤후 4:10라는 말씀을 보면 자기와 함께한 사람들이 등을 돌리고 배신할 때, 바울이 마음에 깊은 상처를 받았을 것을 알 수 있습니다. 능력의 종인 사도 바울도 이렇게 상처를 받았다는 사실을 잊지 말아야 합니다. 그러므로 오늘 우리도 이 상처를 피할 수는 없습니다. 하나님의 부르심을 받아 순종하는 거룩한 사명의 길에 정작 상처를 주는 사람들이 생각지도 못한 성도와 목회자들이라는 것을 잊지 말아야 합니다.

　　어쩌면 이 같은 사실이 우리를 Burn out과 우울증에 빠지게 합니다. 그렇다고 이런 상처들을 방치해서는 안 됩니다. 그러면 어떻게 해야 원치 않는 상처를 주지도 않고 받지도 않을 수 있을까요? 무엇보다 예방이 최고입니다. 그러기 위해서 영적인 백신을 맞아야 합니다. "끝으로 너희가 주 안에서와 그 힘의 능력으로 강건하여지고 마귀의 간계를 능히 대적하기 위하여 하나님의 전신 갑주를 입으라"엡 6:10-11는 말씀대로 하나님의 전신 갑주로 무장하는 것이 최고의 예방법입니다.

　　하나님의 전신 갑주 중에 성령의 검을 빼고는 대부분이 방어적인 무기입니다. 그중에 구원의 투구는 생각을 보호하는 것입니다. 마귀가 주는 생각이 아니라 하나님의 생각, 즉 믿음의 생각으로 무장하는 것입니다. 다음으로 의의 호심경은 가슴을 보호하는 갑옷으로, 마귀의 공격으로부터 마음을 보호하는 것입니다. 또한 믿음의 방패는 마귀가 불화살로 멀리서 공격해도 막을 수 있는 것입니다. 문제는, 방패가 작으면 있으나 마나 한 것이 될 수 있다는 것입니다. 그러므로 머리부터 발끝까지 보호할 수 있는 믿음의 큰 방패를 가져야 합니다. "마귀의 간계를 능히 대적하기 위하여 하나님의 전신 갑주를 입으라"엡 6:11에서 마귀의 간계가 바로 상처를 통해 무너뜨리는 것입니다. 그런데 이것을 방어할 무기가 없으면 어떻게 되겠습니까? 창세기 4장 23절의 "라멕이 아내들에게 이르되 아다와 씰라여 내 목소리를 들으라 라멕의 아내들이여 내 말을 들으라 나의 상처로 말미암아 내가 사람을 죽였고 나의 상함으로 말미암아 소년을 죽였도다"라는 말씀은 악한 영이 상처를 타고 침투해서 상처를 통해 결국은 살인까지 하게 된다는 말씀입니다.

사실상 자살과 타살은 동의어입니다. '남을 죽이는가? 나를 죽이는가?'의 차이일 뿐입니다. 이처럼 상처를 통해 자신을 가치 없는 존재로, 더 이상 살 가치가 없는 존재로 충동하여 스스로 생명을 끊게 만드는 것이 마귀의 간계입니다. 그러므로 상처는 마귀의 집과도 같습니다. 상처 받은 것도 억울한데, 상처를 치유하지는 못할망정 왜 내가 스스로 나 자신에게 상처를 줍니까? 상처는 마귀가 들어오는 길을 열어 주는 것입니다. 이 상처를 방치하면 상처가 우리 인생의 주인이 되어서 자유함을 빼앗기게 됩니다. 우리가 아무리 목회자라고 해도 상처를 해결하지 않으면 하나님과 관계에도 문제가 생기고 가장 가까운 가족이나 다른 사람에게 심지어 내가 돌봐야 할 성도들에게도 상처를 주게 됩니다. 그러므로 반드시 상처를 극복해야만 합니다.

우리가 상처를 극복하기 위해서는 먼저 상처에 대한 인식을 바꿔야 합니다. 왜냐하면, 이 상처가 꼭 나쁜 것만은 아니기 때문입니다. 상처가 없다면 과연 진주와 같은 보석이 존재할 수 있었겠습니까! 암이 무서운 이유는, 병에 대한 고통이 전혀 없다가 고통을 느끼면 너무 늦었다는 것 때문입니다. 만약에 암이 초기부터 고통을 느낀다면 결코 무서운 병이 아닐 것입니다. 그러므로 고통과 상처를 느끼는 것이 나쁜 것만은 아니라는 사실입니다. 오히려 상처의 아픔을 느낄 수 있는 자체가 더 큰 병을 막는 축복임을 기억하시기 바랍니다.

그러므로 상처를 받으면 아픈 것만 생각하지 말고 교훈을 깨달아야 합니다. 사람에게 상처를 받을 때마다 사람은 믿음의 대상이 아니라 사랑의 대상임을 깨닫고, 도울 힘없는 방백들을 의지하지 말고 살아계신 하나님만 의지할 때 오히려 상처가 전화위복이 되는 것입니다. 어쩌면 상처가 없었다면 오늘의 내 모습도 없었을 수도 있었습니다. 상처 많은 꽃잎이 더 향기로운 것처럼, 상처 많은 영혼이 더 깊고 그윽한 그리스도의 향기를 내뿜게 됨을 기억하시기를 바랍니다.

우리 목회자들도 이 세상을 살아갈 때 상처를 많이 받을 수 있습니다. 그러나 상처를 치유받은 목회자는 성도의 아픔을 이해하고 치유할 수 있는 목회자가 된다는 사실을 잊지 말아야 합니다. 미국의 정신의학자 'Milton H Miller'는 자기를 진정으로 이해해 주고 사랑하는 단 한 사람만 있어도 절대 삶을 포기하지 않는다고 했습니다. 오늘 우리가 이런 한 사람이 되기를 소망합니다. 인터넷에서 본 글을 소개해 드립니다.

"당신 옆에 이런 사람이 있습니까? 삶이 너무나 고달파 모든 것을 포기하려 해도 딱 한 사람, 나를 의지하는 그 사람의 삶이 무너질 것 같아 일어나 내일을 향해 바로 섭니다. 아프고 슬픈 일이 너무 많아 눈물만 흘리면서 살아갈 것 같지만 딱 한 사람, 나를 향해 웃고 있는 그 사람의 해맑은 웃음이 떠올라 흐르는 눈물을 닦고 혼자 조용히 웃어 봅니다. 사람들의 멸시와 조롱 때문에 이제는 아무 일도 할 수 없을 것 같지만 딱 한 사람, 나를 인정해 주고 격려해 주는 그 사람의 목소리가 귓가에 맴돌아 다시 용기를 내어 다시 일을 시작합니다. 세상을 향한 불평의 소리들이 높아 나도 같이 불평하면서 살고 싶지만 딱 한 사람, 늘 감사하면서 살아가는 그 사람의 평화가 그리워 모든 불평을 잠재우고 다시 감사의 인사를 건넵니다."

사랑하는 목회자 여러분!

우리에게도 이런 사람이 필요합니다. 이런 영적인 멘토를 만나시기를 축복합니다. 무엇보다 우리 주님이 바로 우리의 진정한 멘토가 되십니다. 그러므로 세상에서 상처를 받아 방황하는 영혼들을 위해 오늘 우리가 이런 한 사람이 되시기를 축복합니다. 요즈음처럼 상담에 대한 관심과 인기가 많았던 적이 없었던 것 같습니다. 그러나 아무리 좋은 상담도 한계가 있습니다. 예레미야 8장 11절의 "그들이 딸 내 백성의 상처를 심상히 고쳐주며 말하기를 평강하다, 평강하다 하나 평강이 없도다"라는 말씀처럼 어떤 상담으로도 해결할 수 없는 인생의 문제들이 많이 있습니다.

그러므로 우리의 진정한 상담자는 예레미야를 통해 말씀하신 것처럼 다윗의 후손으로 오셔서 우리를 구원하신 예수 그리스도만이 우리 인생에 진정한 상담자이시며 구원자이십니다. 이 시간 몸과 마음과 영혼의 깊은 상처를 지닌 모든 분들이 다 주님께로 나오셔서 상한 심령을 치유하시기를 축복합니다. 이사야 30장 26절에서 "여호와께서 자기 백성의 상처를 싸매시며 그들의 맞은 자리를 고치시는 날에는 달빛은 햇빛 같겠고 햇빛은 일곱 배가 되어 일곱 날의 빛과 같으리라"라고 말씀하셨습니다. 우리의 모든 상처를 싸매시는 하나님 앞에 나오시기를 바랍니다. 우리의 상처를 기쁨과 평안으로 바꾸어 주시는 하나님을 의지하시기를 바랍니다. 주님의 십자가의 능력으로 나를 아시고, 나보다 나를 더 사랑하시는 그 사랑으로 회복되시는 은혜가 함께하시기를 축복합니다.

사랑하는 목회자 여러분!

결론적으로 오늘 본문의 예레미야와 엘리야와 사도 바울의 공통점이 상처받은 치유자들이었다는 것입니다. 하나님께서 이들을 치유하시고 다시금 사명으로 인도하셨습니다. 그렇습니다. 오늘 우리가 받은 상처는 이제 주안에서 다른 상처받은 사람들을 치유하고자 하시는 하나님의 거룩한 사명이라는 것입니다. 우리가 주님을 만나기 전부터 받은 상처나 목회의 사명을 감당하면서 받은 상처들까지도 이제는 다른 상처받은 사람들을 회복하고 위로하는 치유자로서 귀하게 쓰임을 받게 될 것입니다.

우리도 연약한 인간인지라 과거의 상처를 생각하면 불쑥 아픔이 떠오를 수 있습니다. 그러나 이제는 그리스도 예수 안에서 모든 상처를 치유하시는 은혜 안에서 주님과 같은 치유자가 되어야 합니다. 그러기 위해서는 우리 자신이 먼저 상처를 통해서 주님을 만나야만 합니다. 주님의 은혜를 받아야 합니다. 그 때 비로소 주님과 같은 치유자가 되는 것입니다.

갈라디아서 6장 17절의 "이 후로는 누구든지 나를 괴롭게 하지 말라 내가 내 몸에 예수의 흔적을 지니고 있노라"에서 바울의 상처인 Scar가 Star가 된 것처럼 여러분의 상처가 그리스도 예수 안에서 하늘의 별과 같은 영광이 되시기를 축복합니다. 예레미야 30장 22절에서 "너희는 내 백성이 되겠고 나는 너희들의 하나님이 되리라"고 말씀하신 주님께서 여러분의 상처를 만지시고 치료해 주심으로 거룩한 사명자로 다시금 회복시켜 주실 것을 믿습니다.

오늘 여러분 안에 이 예수 그리스도의 구원의 은혜와 회복의 은혜가 충만하시기를 축복합니다. 코로나 팬데믹으로 인해 수많은 격차의 시대를 살아가며 상처받은 모든 분이 예수 그리스도의 십자가의 능력으로 완전한 치유와 회복의 은혜를 누리시기를 축복합니다. 세상의 격차뿐만 아니라 교회 안에서 목회자들 사이에서조차도 상처를 받으신 모든 분들에게 지금도 살아계셔서 우리의 모든 상처를 치유하시고 회복시키시는 우리 주님의 은혜가 함께 하시기를 축복합니다. 우리의 모든 상처가 부르심 받은 곳에서 아름다운 그리스도의 생명의 향기를 발하는 복된 사명을 감당하시는 여러분이 되시기를 축복합니다.

▌국명호 목사

1988년 서울대 성악과를 졸업하고 1995년 침례신학대학원(M.Div)을 거쳐 2007년 미국 Southern Baptist Theological Seminary (Louisville, KY)에서 수학(D.Min)했다. 2011년에 베를린 침례교회 담임으로 부임했다가 2012년 여의도침례교회 2대 담임으로 청빙되어 지금까지 섬기고 있다. 현재 침례교 해외선교회와 국내선교회 이사로 섬기고 있다.

긍정

PART 2

격차의 시대, 절대 긍정으로 돌파하는 교회
김승천 목사 ┃ 프랑스 퐁뇌프장로교회 담임

격차의 시대, 회복으로 이끄는 긍정의 목회
이상준 목사 ┃ 온누리교회 양재 담당

격차의 시대, 은혜와 긍정 마인드로 세우는 교회와 목회
유승대 목사 ┃ 은평성결교회 담임

격차의 시대, 긍정의 힘으로 변화를 이끄는 목회
이민교 선교사 ┃ 우즈벡 농아교회 담임

격차의 시대, 긍정의 교회를 위한 깊이 있는 성경 이해
박양규 목사 ┃ 교회교육연구소 대표

격차의 시대, 긍정의 목회를 위한 소통 콘텐츠 활용
이정일 목사 ┃ 문학연구공간 '상상' 대표

격차의 시대,
절대 긍정으로 돌파하는 교회

김승천 목사
파리 퐁뇌프장로교회 담임

피카소를 모르는 사람은 거의 없다. 하지만 피카소가 왜 유명한지에 대해서 잘 설명할 수 있는 사람은 많지 않다. 피카소는 미술사에 굉장히 중요한 위치에 있는 사람이다. 미술에 있어서 전통적으로 가장 중요하게 여겨 온 것은 작가의 눈이었다. 피카소보다 40년 먼저 태어나 동시대를 함께 살기도 했던 르누아르Auguste Renoir 1841-1919에게 있었던 에피소드 중에 이런 것이 있다.

르누아르는 나이가 들어 수전증이 있어 손을 떨었다. 그래서 그는 붓을 손에 묶고 그림을 그렸다. 그렇게 그림을 그리고 있는 것을 친구들이 와서 보고 "아니 자네는 그렇게 붓을 손에 묶고 그림을 그리는데도 그림이 그렇게 아름다운가?" 했더니 옆에 있던 르누아르의 부인이 "글쎄 말이

에요 저 꼴을 해서도 그리는 그림이 제법 팔리는 게 신기하다니까요"라고 했다. 그랬더니 르누아르가 하는 말이 "저런 무식한 마누라 같으니라고… 그림을 손으로 그리는 줄 아나 보지? 그림은 손으로 그리는 게 아니라 눈으로 그리는 거야"라고 했다고 한다.

그림은 손으로 그리는 것이 사실이지만, 눈으로 그리는 것이 더 사실이다. 그래서 인류 역사와 함께 계속되어 온 미술에서 작가의 눈이 가장 중요한 것으로 여겨져 왔다. 그런데 피카소는 화가에게 가장 쓸모없는 것이 눈이라고 했다. 그래서 눈을 뽑아버려야 한다는 것이다. 그런 피카소에게 이런 일화가 있다.

어떤 귀부인이 자신의 초상화를 그려 달라고 했다. 피카소는 귀부인의 초상화를 돼지 같은 인상의 부인으로 그려 놓았다. 그래서 화가 난 귀부인이 따졌다. "이것이 어디 나를 닮았느냐?" 그랬더니 피카소가 대답했다고 한다. "기다려 보면 닮아 갈 것"이라고….
피카소는 보이는 것이 아니라 보이지 않는 것을 그리고 싶어 했다. 외면을 그리고 싶은 것이 아니라 내면을 그리고 싶어 했다. 그래서 보이는 것만을 보려고 하는 눈이 보이지 않는 본질을 보는 것을 가로막기 때문에 화가가 눈을 뽑아버려야 한다고 한 것이다.

〈게르니카〉가 없으면 피카소가 아니라고 할 정도로 피카소를 대표하는 작품이 스페인 내전에 독일군의 공습을 받은 게르니카 지역의 참상을 그린 〈게르니카〉라는 작품이다. 이 그림이 실제 전쟁의 참화를 담은 한

장의 사진보다 훨씬 깊은 울림을 주고, 아비뇽의 처녀들 같은 작품이 실제로 옷을 벗고 있는 여인들의 모습보다 많은 상상력을 주는 것은 내면을, 그리고 본질을 나타내고 싶었던 피카소를 잘 나타낸다. 그래서 그림은 피카소 이전의 그림과 피카소 이후의 그림으로 나뉜다고 하는 말이 공연한 과장은 아니라고 본다.

내가 파리에서 목회하는 특성도 있어서 교회 장로님 두 분이 꽤 유명한 화가들이시고, 다른 화가들이나 미술을 공부하는 유학생들도 꽤 있다. 아직 정말 자신이 화가의 길을 걸어야 하는지를 잘 알지 못하는 유학생들을 제외하고 일단 기성 작가로서 작품을 하는 분들이라고 하면 그들의 작업이 얼마나 치열한지를 늘 옆에서 지켜본다. 그들은 목회자보다 더 구도자 같을 때도 많고 작품을 위해 생을 거는 숭고함이 엿보이기도 한다. 상업의 알고리즘에 탑승해야 세상 앞에 인정받는 기조 속에서도 순수함을 잃고서는 결코 작업을 계속할 수 없는 것이 작가의 길이다. 특히나 예수를 믿는다고 하는 것은 작업을 하는 예술가들에게는 마치 한발밖에 없는 축구선수 같은 입장이라고 하는 것이 이해된다.

프랑스에는 전세계에서 몰려와 작업을 하는 작가가 수만 명이 될 것이고, 한국 작가들만 하더라도 수백 명은 족히 된다. 그런데 통계에 의하면 그 많은 작가 중 자신의 작품을 팔아서 생계를 유지하는 사람은 5%가 채 안 된다고 한다. 내가 알고 있는 재불 원로 화가 한 분은 100세를 사셨는데, 거의 대부분의 시간을 파리의 작은 다락방에서 사셨다. 그리고 자신의 작업으로 생활을 할 수 있든지 없든지를 떠나서 그렇게 평생을 작업하고도 아무도 기억해주지 않는 시간 뒤로 삶을 넘긴 사람들이 부지기수이다.

그런 작가들의 삶을 보면서 목회자 혹은 선교사로 부름 받아 살아가는 하나님의 종들을 생각해 본다. 유럽의 목회도 쉽지 않고 아프리카 선교사의 길도, 혹은 중동 선교사의 삶도 쉽지 않다. 하지만 세상의 사람들조차도 알아주지 않는 작업을 위해서 평생을 쏟아붓고 마치 구도자처럼 살아가는 작가들에 비하면 비록 우리는 사람은 알아주지 않아도 전능하신 하나님이 알아주지 않는가? 그들은 보장되지 않는 일을 하다가 밤하늘의 별같이 많은 사람이 명멸되어 갔지만 우리는 적어도 하나님에게 각인되는 사람들이 아닌가?

그래서 간혹 선교사님들이 모인 곳에 가서 강의할 때 우리가 어디서 사역을 하고 있든지 우리는 가장 놀라운 하나님의 은총을 누리며 사는 사람이라는 것을 강조한다. 현대 미술 팝 아트의 황태자로 불리는 웬디 워홀이 그런 말을 했다. "사람들이 예술을 위대한 것으로 생각하지만 실제로 위대한 것과 일상의 구분이 없는 것"이라고…. 그래서 그는 작품을 공장에서 찍어내듯이 작업했고 코카콜라의 라벨이나 미국인들이 가장 흔하게 먹던 콩 수프의 깡통 라벨을 작품으로 그려냈다. 그는 거지가 동냥해서 사 먹는 콜라나 재벌이 마시는 콜라나 그 맛이 똑같은 것이라는 것을 말하고 싶어 했다.

나는 웬디 워홀의 이런 생각이 얼마나 깊은 통찰력인가 감탄한다. 그러면서 그는 그 위대한 것과 일상의 경계가 없는 것이라는 것을 어떻게 알

앞을지도 궁금했다. 목회자로 사역을 하다 보면 간혹 어떤 이들의 임종 예배를 드려야 하는 경우가 있다. 임종을 앞에 둔 사람에게 "혹시 꼭 해보고 싶은 것이 무엇이냐?"라고 물어보면 대부분의 사람은 그들이 건강했을 때 할 수 있었던 일상을 그리워한다. 그 누구도 호화 크루즈를 타보지 못하고 죽는 것을 아쉬워하거나 페라리 자동차를 타보지 못한 것을 아쉬워하지 않는다. 그냥 가족들과 둘러앉아 오순도순 함께 식사하거나, 아니면 식구들의 손을 잡고 주일에 교회에 나가 모두 앞자리에 앉아 예배를 드리고 싶어 한다. 내가 사랑했던 어떤 이는 임종 전에 자기 집 주변에 있던 호숫가를 한번 산책해 보기를 소망했다. 아무리 가난한 사람도 모두 해볼 수 있는 그런 일들을 그들의 생의 마지막 시간에 그토록 해보고 싶은 것이다.

그렇게 죽음을 앞에 둔 진실한 순간에 인간은 특별하거나 대단하거나 위대한 것을 원하는 것이 아니라 일상적인 것을 원한다. 그것은 다른 말로 하면 일상이 위대하다는 것을 말하는 것이다. 그래서 나는 아프리카나 중동이나 열악한 환경에서 사역하는 선교사님들에게도 우리가 어디에서 아침을 맞든 그 아침이 초라한 것이 아니라는 것을 강조한다. 뉴욕의 아침이나 파리의 아침이라고 해서 더 위대한 아침이 아니고 전기가 들어오지 않는 아프리카 오지의 아침이라도 충분히 위대하고 행복한 아침일 수 있는 것이다. 그리고 그 아침은 어제의 아침이 아니라 오늘 하나님이 나를 위해 새롭게 세팅하신 새로운 아침이다. 언젠가 우리가 임종의 순간, 인생의 마지막을 느끼며 가장 진실할 수밖에 없는 순간이 오면 우리는 우리가 가졌던 선교지에서의 그 아침이 얼마나 위대하고 행복한 아침인지, 그 그리움이 그것을 증명할 것이다.

코로나로 대면 예배를 드리지 못하게 된 첫날 촬영한 영상을 틀고 눈물범벅이 되어 예배를 드리던 광경은 단지 우리만의 모습은 아니었을 것이다. 그랬던 때로부터 2년 반의 시간이 흘렀다. 교회에 많은 변화가 있었고 교인들에게도 많은 변화가 있었다. 지난 시간에 대한 감사를 총평해서 말하자면 어떤 결정이든지 그렇게 크게 잘못되지 않도록 하나님이 인도하심이 무엇보다 감사하다. 처음 대면 예배를 드리지 못하게 될 때 어떤 교회들은 선제적으로 2~3주 전에 먼저 영상 예배로 전환하는 교회들도 있었다. 그래도 우리는 그렇게 하지 않았다. 프랑스 정부의 정식 발표가 나서 언제부터 반드시 그렇게 해야 한다는 주일부터 비대면 예배로 전환했고, 몇 달 후 교회에서 대면 예배를 드려야 한다고 했을 때는 한주도 지체하지 않고 바로 시작했다. 물론 이때도 조금 더 추이를 보아가며 대면 예배로 전환하려고 하는 교회들도 있었다.

코로나 기간을 지나며 상황이 엎치락뒤치락할 때도 그 상황에 따라 흔들거리지 않았다. 그래서 초기에 프랑스 전 국민의 이동이 차단된 몇 달을 제외하고 대면 예배를 계속해 왔다. 나라에서 법으로 금지한 것을 제외하면 최대한 예배의 자유를 가지려고 했다. 어떤 이들이 과도하게 두려워하는 것에 동조하지 않았고, 그렇다고 교회가 방역을 소홀히 하지도 않았다. 대면 예배와 영상 예배를 실시간으로 병행해 오다가 교회에서 모두가 자유스럽게 예배할 수 있는 시간이 왔을 때 바로 실시간 예배를 중단하고 주일 예배를 월요일에, 화요 저녁 예배를 수요일에 송출했다.

지난 연말에 부교역자들을 비롯한 전 교인의 30~40%가 집단으로 감염되어 교회를 출석하지 못했을 때도 담임 목사가 감염되지 않는 한 예배를 인도했고, 그런 상황 속에서도 외부 강사를 세 분이나 모신 신년 특별 성회도 몇 명이 모이든 계획대로 중단없이 진행했다. 교인들은 자신들이 두려움을 안고 교회를 나오든 못 나오든 그런 목회자의 태도를 보고 있었을 것이다. 물론 그렇게 지나오는 시간에 여러 번 내 마음을 흔들어 놓는 일들이 있었다. 하지만 그때마다 하나님은 과감한 마음을 허락하셨고, 나는 그에 순종했다. 민감한 사람들을 통해 불안감을 조성하려고 하는 사단의 미혹이 없었던 것은 아니다. 하지만 하나님이 이 시간에 내가 해야 하는 결단에 뒤로 물러서지 않기를 원한다고 기도했고, 하나님은 그럴 수 있게 하셨던 것이 지난 시간에 대한 크나큰 감사이다.

코로나 상황을 처음 맞닥트렸을 때 아날로그 감성만으로 살던 사람이 디지털 시대로의 전환을 순식간에 이루어 내야 했던 물리적인 변화 외에도 한 번도 가보지 않은 길을 앞장서 걷는 그런 심리적 부담감이 있었다. 언젠가 대기업의 임원들 연수 프로그램에 임원들을 모아놓고 아무 일도 하지 못하도록 하고 오롯이 지나온 시간을 반성하도록 하는 2박 3일간의 프로그램을 그 임원들이 못 견뎌 했다는 이야기를 들은 적이 있다. 전쟁 같은 업무를 매일 치를 때에는 단 하루만이라도 조용히 쉴 수 있으면 좋겠다고 그렇게 입에 달고 살았지만, 막상 아무것도 하지 않고 가만히 있어야 하는 시간이 주어지자 마치 담배 끊은 사람들에게 나타나는 금단 현상 같은 것이 나타나더라는 것이다.

하나님이 멈추어 서게 하신 세계에서 가장 눈에 띄는 것은 자연의 회복이었다. 에펠탑을 끼고 있는 파리 중심 공원에 야생의 동물들이 나타나고 버스 정류장에 청둥오리들이 걷는 모습도 눈에 띄었다. 매일 청명한 하늘이었다. 하나님은 자연의 회복만이 아니라 모든 것이 멈추어 선 순간에 마음을 정화하고 생각을 정화하기 시작하셨다. 얼마나 내면보다는 외면에 집착해서 사역해 왔는지를 보게 하시고, 얼마나 본질보다는 비본질적인 것에 힘을 헛되게 쏟았는지를 느끼게 하셨다. 그렇게 정산하는 시간을 좀 보내게 하시더니 점차 자유함을 느끼게 하셨다. 그리고 또 다시 뭔가 애를 쓰고 열정을 불태운다면 좀 더 본질적인 사역에 집중하리라는 자연스러운 결심을 하게 하셨다.

코로나 기간에 교회 사역을 두 가지에 집중했다. 하나는 예배의 회복이었고 또 하나는 제자훈련이었다. 코로나로 인한 비대면 예배로의 전환 이후 얼마간의 시간이 지난 후 다시 대면 예배로 되었을 때 예배 출석 인원은 코로나 전과 대비해 1/4 수준이었다. 그래도 거기서부터 역동성 있고 감격 있는 예배가 되도록 했다. 예배에 늘어지고 쳐지는 부분을 과감하게 축약시키며 물 흐르듯이 진행되도록 했다. 미디어 환경을 새로 구축하고 음향 장비 등을 지원하면서 젊은이들이 주축이 되는 예배가 될 수 있도록 했다. 설교 때 핀 마이크를 사용하기 시작했고, 원고는 아나운서의 뉴스페이퍼 같이 손에 들고 하기 시작했다. 모두 젊은 사역자들의 조언을 따른 것이다. 교회의 새로운 홈페이지 구축이 문제가 아니라 매주 얼마나 생동감 있는 내용이 업데이트되는가 하는 것이 관건이다. 요즘 사람들이 홈페이지 접속을 많이 하지 않지만, 그러나 교회를 정할 때는 들어와 본다. 그때 몇 달 지난 게시물이 마지막이라면 기대감을 갖지 않을 것이 뻔하다.

변해야 할 것이 변하지 않으면 변하지 말아야 할 것이 변한다는 말이 있다. 본질을 추구하지만, 디자인이 있어야 한다. 통일성, 연속성, 창의성 같은 것들이 교회 사역에 적용되도록 하는 것이 본질이 아니라고 말한다면 그것은 이해가 부족한 것이라 본다. 할 수만 있다면 변해야 할 것을 변하도록 해야 변하지 말아야 할 것을 변하지 않도록 지켜낼 수 있다. 하루에 세 시간씩 책을 읽지 않으면 문맹이 되어 간다는 말이 언제 적 이야기인가? 하물며 시대가 어떻게 변하고 있는지에 대해서 전혀 이해하지 않는 것이 본질을 붙들고 있는 것은 아니다. 컴퓨터 프로그램을 이해하는 것은 마치 이제 한글을 깨우치는 것과 같고, 그 활용방안을 아는 것은 외국어를 능숙하게 하는 것과 같다. 그래서 젊은 사역자들에게 일방적인 지시가 아니라 많은 대화가 필요하다.

코로나 기간에 가장 잘한 일이 있다면 제자훈련이었다. 26년 전 교회를 처음 시작할 때 서울 사랑의 교회 옥한흠 목사님이 인도하시는 "평신도를 깨운다"라는 제자훈련 세미나를 참석한 후 목회 방향을 제자 사역에 두기로 하고 목회를 시작했다. 몇 년을 그렇게 하다가 멈추게 되었다. 그것은 제자훈련을 한 사람들이 교회에 남아있지 않는 지역적 특징으로 인해 피드백이 안 되는 문제가 가장 컸다. 군인들의 논산 훈련소와 같이 훈련받은 사람들이 모두 떠나는 것이다. 이것은 전체적인 제자훈련의 시스템으로 목회를 하기 원하는 바람에 큰 허점을 주는 것이었다.

결국 정착된 이민 사회가 아니라 유학생들과 많지 않은 상사 주재원들이 머물다가는 파리의 특성상 제자훈련은 맞지 않는다고 생각하고 멈추었다. 그 이후에 몇 가지 말씀 훈련과 사역을 위한 프로그램을 교회에 접목했지만 그렇게 만족할만하지 못했다. 그러다가 코로나가 시작되기 직전에 독일 한마음 교회 이찬규 목사님이 교회에서 제자훈련을 한다고 해서, "같은 유럽인데, 나는 안된다고 생각한 것을 그곳에서는 어떻게 할까?" 하는 궁금함으로 묻기 시작했고, 기존의 제자훈련과 다른 초점이 무엇인지를 금방 알아볼 수 있었다. 옥한흠 목사님의 제자훈련을 기초로 해서 유럽형으로 바꾸었다고 할까? 아무튼 이곳에서도 적용이 가능하도록 새롭게 옷 입혀진 훈련이었다.

오래전 한국교회에 처음 제자훈련이 소개되었을 때 많은 사람에게 신선한 충격을 준 것은, 기존 교회의 교육 방식이 설교를 비롯해서 모두 증명의 논리를 위해 연역법을 사용한다면, 제자훈련은 발견의 논리를 위해 귀납법을 사용한다는 것이었다. 그런데 새로운 제자훈련은 다시 강의 중심의 연역법을 사용하는데, 그 강의가 PPT를 통해 새로운 전달방식을 통해 훈련생들의 이해와 수용을 용이하게 해 놓았다. 그리고 기존의 제자훈련은 선행학습을 중요하게 생각해서 준비하지 않고 참석하면 계속 공부를 할 수 없는 구조였다. 하지만 새로운 제자훈련은 좀 더 가볍게 참석하지만, 그 시간에 배운 것을 잊지 않게 하는 장치를 마련하고 있다.

기존의 제자훈련은 인도자가 어떻게 모든 사람 안에 있는 것을 적절한 질문으로 잘 끌어낼 수 있는가에 초점이 있다면 새로운 훈련은 복음에 맡기고 직접 부딪히도록 하는 것이 특징이다. 그래서 사람을 변화시키려고 안달하기보다는 복음에 맡기고, 훈련생들에게도 그 복음을 그냥 따라가자고 한다. 사실 인도자의 열정이나 아니면 어떤 스킬이 사람을 변화시키는 것이 아니라 복음이 변화시킨다. 그래서 그런 마음과 자세로 복음을 대할 수 있도록 하고, 대화를 통해서 찾아가던 복음이 아니라 지도자의 선명한 선포, 이해하기 쉬운 방법으로 전달하는 형식이 많은 변화를 가져오고 복음을 만나는 모습을 보게 된다.

코로나 얼마 전에 시작한 훈련은 코로나로 인해 중단되었다. 만약 줌을 통한 성경공부로 바로 전환했으면 더 좋았겠지만, 그때만 하더라도 줌을 통해 온라인으로 성경공부를 하는 것이 어렵게 느껴져서 코로나가 그냥 끝나기를 기다리다가 몇 개월 후 온라인으로 공부를 시작했다. 처음에는 어색했지만, 시간이 흐르면서 온라인을 통해서도 충분한 변화와 역사가 일어난다는 사실을 느끼면서 1년에 한 번, 25주를 한 기수로 하는 훈련을 제2기, 제3기를 차례로 비대면으로 진행했다. 그리고 이제 제4기를 대면으로 진행하려고 준비하고 있다. 역시 훈련 후에 갑자기 귀국하는 사람들을 비롯해서 떠나는 사람들이 있지만, 그래도 1~3기까지 40명 정도 훈련한 사람들이 교회 남게 되었다.

해외 디아스포라 교회의 구성원들은 교회마다 좀 다르지만, 프랑스 같은 경우는 상사 주재원과 각 대사관 직원들과 같이 3~5년 주기로 근무지를 이동하는 교우들이 많은 교회와 교민들이 많은 교회가 구별되어 있었다. 하지만 이제 점점 상사 주재원이나 대사관 직원들의 비중이 작아

지면서, 대신 이 땅에서 성장하고 이곳에서 계속 살아갈 1.5세나 2세들의 비중이 늘어가는 것이 모든 교회의 공통된 현상이다. 그렇다면 그들에 대한 목회가 가장 중요하다. 그런데 제자훈련이 이런 젊은이들에게 잘 맞는다. 그래서 그들이 복음 앞에서 변화되며, 교회는 생기있는 공동체로 변하는 모습을 본다.

제자훈련 받는 사람들은 예배 시간에 말씀을 들으면서 적는다. 그것은 그 말씀을 통해 적용과 결단이라는 숙제를 하기 위한 것이기도 하지만 그만큼 말씀을 집중해서 듣는다는 것을 말하는 것이기도 하다. 그래서 역동성 있는 예배와 말씀에 깊이 들어가는 두 가지 요소는 예배에 몰입하는 사람들이 점점 더 늘어가게 하는 것을 알 수 있다. 코로나 기간 중 제자훈련에 집중했던 것은 더없이 좋은 선택이었다. 코로나가 끝나가면서 교회는 이제 더 뜨겁게 비상할 준비를 하고 있다. 코로나로 인한 위축감은 전혀 느껴지지 않는다. 오히려 이제 모든 면에서 사역이 기지개를 켜려고 하는 것을 느낀다.

해외 교회의 특성은 많은 교인의 주기적인 이동이 있는 것이다. 많은 유학생이 그렇고, 상사 및 주재원들도 그렇다. 감사하게도 우리 교회 같은 경우 1년에 약 350명 정도가 방문 혹은 새가족으로 주일 예배에 나온다. 예배에 생명력이 넘치고 새가족반이 잘 운영되면 매년 귀국하는 사람의 자리를 충분히 메우고 교회가 지속해서 성장할 수 있다고 본다. 무엇보다 생기있는 공동체를 체감하게 되는 것은 목회자를 너무 행복하게 한다. 교회가 시대에 떠밀려 뒷방으로 물러나는 노인 같은 기분이나, 아니면 잠들기 직전에 깊은 졸음에 빠진 것 같은 모습은 끔찍하다.

코로나는 많은 분야에 격차를 키웠다. 어쩔 수 없이 직격탄을 맞은 분야도 있겠지만 그냥 준비 없이 당하게 되는 분야도 적지 않다. 그중에 교회가 가장 현격한 차이를 나타낼 수 있다고 본다. 많은 교회가 코로나를 지나며 문을 닫거나 심각한 위기를 만나고 있다. 아마도 조금 시간이 지나면서 더 두드러진 현상들도 있을 것이다. 아마도 한국교회가 그래도 어느 정도 지탱할 힘이 있다면 그것은 재정적 뒷받침 때문일 것으로 생각한다. 아직 교인들은 적게 나와도 헌금은 크게 줄지 않았다고 하는 안위를 가질지 모른다. 하지만 조만간 사람들이 교회를 찾지 않는 대가를 교회는 받아들이게 될 것이다.

코로나를 지나며 개인적으로 비본질적인 것의 자유를 느끼게 되었다. 바리새인이나 사두개인들이 이중적인 사람들이 되어 갔던 이유는 아마도 그들이 체면을 중히 여기는 것 때문이었을 것이다. 하나님 앞에 목사로 평생의 삶을 다짐하며 시작할 때 그렇게 외면에 집중하리라는 계산은 없었다. 그런데 목회하는 동안 본질보다 비본질적인 것에, 내면보다는 외면에 마음을 쏟으며 살아온 것을 코로나를 통해서 잘 들여다볼 수 있었다. 그래서 남은 시간, 남은 목회는 피카소가 보이는 것이 아니라 보이지 않는 것을 그리고 싶어 했던 것처럼, 표면적인 삶과 그 드러나는 열매에 매달리는 것이 아니라 좀 더 본질적이고 하나님의 영광을 목적하는 그런 사역을 하고 싶다.

미래는 무엇으로 준비되는가? 목회를 잘하면 좋겠다는 생각은 교회를 크게 해야 한다는 것과 크게 다르지 않았다. 하지만 생각해 보면 우리는 앞당겨진 시대를, 미래를 오늘에 살고 있는지 모른다. 더 이상 머뭇거리거나 주춤거릴 여유가 없다. 요즘 가장 많이 하는 생각은 "어떻게 해야 교회가 커질 수 있는가?"가 아니다. "어떻게 해야 좋은 제자를 길러낼 수 있는가?"이다. 나이 들고 대화가 잘되는 장년이 아니라, 생각이 궁금하고 판단을 잘 알 수 없는 젊은이 중에 내일을 위해 준비되고 있는 제자를 길러낼 수 있기를 원하는 것이 소망이다.

만약 "격차의 시대에 어떤 정이 있는 교회와 목회가 될 것인가?"라고 묻는다면 나는 "절대 열정으로 돌파하는 교회가 되도록 하겠다"라고 대답하겠다. 열정이라고 하는 것이 좀 더 어린 나이에 어울릴 수 있는 단어이겠지만, 그러나 나는 이제 하나님을 위한 열정이 어떻게 쏟아 부어져야 하는지를 알게 되었다. 교회도 열정의 공동체가 되도록 할 것이다. 하나도 세상에 밀리지 않고 오히려 세상 앞으로 나아가며 생명을 선도하는 교회가 되도록 할 것이다. 어려운 시대에 세상은 교회를 멀찍이 따돌렸다고 생각할지 모른다. 하지만 오히려 교회가 저 앞에 가고 있는 것을 알게 할 것이다. 복음을 앞세운 교회, 오직 본질을 붙잡은 교회를 막아설 세력은 없을 것이다.

▌**김승천 목사**

현재 유럽한인기독교총연합회 대표회장과 KOSTE 후원 이사장을 맡고 있으며, 파리 퐁뇌프 장로 교회 담임목사로 섬기고 있다. 저서로는 《오른 손 돕는 왼손》, 《뒷문을 막아라》가 있고, 불어 설교집으로 《사도행전》, 《마가복음》, 《출애굽기》 등이 있다.

격차의 시대,
회복으로 이끄는 긍정의 목회

이상준 목사

온누리교회 양재 담당

오늘 나눌 메시지의 제목은 **"격차의 시대, 회복으로 이끄는 긍정의 목회"** 입니다. 먼저 말씀 한 구절을 읽겠습니다.

너희의 믿음의 역사와 사랑의 수고와 우리 주 예수 그리스도에 대한 소망의 인내를 우리 하나님 아버지 앞에서 끊임없이 기억함이니 살전 1:3

먼저 '격차의 시대'란 무엇인가를 생각해봅시다. 사전적으로 '격차'라는 말은, 환경에 어울리는 분수와 품위, 즉 '격'이 차이가 생겼다는 뜻입니다. 교육 수준의 격차, 소득의 격차, 정보의 격차, 지역 간 불균형 발전으로 인한 격차, 빈부의 격차, 이런 격차들로 인해 격차를 벌린 쪽에는 과도한 혜택이 주어지지만, 격차가 벌어진 쪽에는 심각한 결핍이 발생합니다.

특별히 코로나19 팬데믹 시대를 지나면서 이런 격차의 문제가 심화되고 있습니다. 소상공인들과 저소득층 일반 서민들은 재정난을 피해갈 수 없기 때문에, 지금의 팬데믹은 빈부의 격차를 악화시키고 있습니다. 정확하게 말해서, 지금은 인류 역사상 그 어느 때보다도 가장 빈부의 격차가 심각한 때입니다.

그뿐 아니라, 기술력의 격차로 인해 생존과 복지의 문제가 좌우되고 있습니다. 전염병 백신 및 치료제 개발이 가능한 선진국과 그렇지 못한 개발도상국들은 국민의 생명 유지를 위한 의료적 지원의 혜택이 천양지차가 되고 있습니다. 또한 개인과 소상공인과 기업인들도 대면으로 사회생활 및 기업활동을 할 수 없는 상황에서 온라인 및 영상 소통의 기술력을 갖춘 사람들과 그렇지 못한 사람들 간에 삶의 질이 완전히 달라지고 있습니다.

자, 그러면 이런 격차는 언제부터 있었는가? 사실 인류 역사가 시작된 이후로, 정확하게 말해서 인간이 범죄하고 타락한 이후로 계속해서 있었습니다. 남녀 간의 격차, 세대 간의 격차, 계층 간의 격차, 지역 간의 격차, 빈부의 격차는 항상 있었습니다. 사실 하나님은 차이를 뛰어넘는 조화와 일치를 만드시는 은혜의 하나님이십니다. 그러나 인간의 범죄 이후로 인류 사회는 서로의 차이를 메꾸는 쪽이 아니라 차이를 벌리고 악용하고 격화시키는 쪽으로 온 것입니다.

그리고 인류 역사가 계속되면서 문명사회는 발전해 왔지만, 격차의 문제는 결코 해소되지 않았습니다. 게다가 종말을 향해 갈수록 이 문제는 심각해질 것입니다. 미래사회가 고도의 기술집약적 도시문명 사회로 갈

수록 격차의 문제는 악화될 수밖에 없기 때문입니다. 이런 사회적 현상은 인간의 이기심과 죄성에 근거한 것이기에 주님 오시는 날까지 큰 문제가 될 것입니다.

그러면 왜 인간은 이 문제를 해결하기보다 오히려 더 악화시키는 것일까? 사실 인간은 서로 차이를 벌려도 오십보백보로, 서로 크게 다르지 않은 존재입니다. 그런데도 인간은 늘 모든 영역에서 상대적 우위를 점하려는 경향을 보입니다. 그것이 마치 자신을 구원하는 길인 양 착각하고 있기 때문이며 인류 사회를 유토피아로 이끌 것이라는 이상론에 빠져 있기 때문입니다.

그러나 그렇게 격차를 벌리는 일은 결코 자기 구원의 길이 아니라, 오히려 인류 사회를 디스토피아로 전락시키는 일입니다. 오늘날 인류가 의학의 발전을 자축하지만, 결국 백신이나 치료제 및 의료적 혜택을 개발도상국의 국민에게는 지원하지 않기 때문에 오히려 다양한 전염병이 더욱 확산할 수밖에 없고 인류 공동체 전체가 위협을 받고 있습니다.

이런 문제는 비단 의료적 문제에만 국한되지 않습니다. 경제적 사회적 교육적 문화적 혜택이 한쪽에 편중되고 독점되면 그렇지 못한 계층과 지역의 사람들은 상대적으로 결핍과 빈곤을 경험하게 되는데, 이런 계층과 지역에서 지속적으로 반사회적인 불만과 범죄와 불법시위가 일어나 사회적 불안 요소를 키워가고 있습니다. 더 나아가 국가 간 다양한 자원의 격차는 결국 국가 간 전쟁 및 세계 전쟁으로 치닫게 하는 결과를 초래할 수 있습니다.

그렇다면 이런 격차의 시대에 소망은 어디에 있는가? **소망은 예수**

그리스도의 복음에 있습니다. 인간은 격차를 악용하지만, 하나님은 격차를 해소하는 분이시기 때문입니다. 인간은 서로가 큰 차이가 없음에도 차이를 벌리려고 하지만, 하나님은 인간과 말할 수 없는 격차가 있는 분임에도 불구하고 우리와의 차이를 좁히시고 우리를 품어주시는 분이시기 때문입니다.

> 우리가 아직 죄인 되었을 때에 그리스도께서 우리를 위하여 죽으심으로 하나님께서 우리에 대한 자기의 사랑을 확증하셨느니라 롬 5:8

창조주 하나님은 영원에서 시간 세계로 내려오셔서 격차를 없애신 분입니다. 구원자 예수님은 하늘 보좌를 버리고 이 땅에 오셔서 성육신하심으로 격차를 없애신 분입니다. 보혜사 성령님은 구원받은 하나님의 자녀들에게 임재 내주 충만 동행 역사하심으로 영적인 격차를 없애신 분입니다.

이것이 복음입니다! 그래서 세속사는 인류 문명의 발전사를 찬양하지만 결국에는 구원과는 정반대로 길로 가며 디스토피아로 향하게 되지만, 하나님의 구속사는 죄인인 인간을 구원하시고 진정한 하나님 나라를 이 땅에서 미리 맛보게 하시고 저 천국을 향해 나아가는 발걸음에 확신과 평안과 담대함을 주십니다.

그렇다면 그리스도의 소중한 복음을 받은 우리 크리스천들과 목회자들은 격차의 시대에 어떻게 살아가야 할 것인가? 또한 격차의 시대에 교회는 어떤 역할을 해야 할 것이며, 목회자들은 어떤 목회를 해야 할 것인가? 이 부분에 대해서 함께 말씀을 나누겠습니다. 오늘 읽은 말씀은 사도 바울이 잠시 머물렀지만, 모범적인 교회로 성장했던 데살로니가 교회에 보내는 편지글입니다. 여기 인사말에서 바울은 기독교인의 '삼덕'에 대해서 언급합니다.

> 그런즉 믿음, 소망, 사랑, 이 세 가지는 항상 있을 것인데 그 중의 제일은 사랑이라 고전 13:13

사랑 장의 결론 부분에서 기독교인의 삼덕三德이 등장합니다. 그것은 믿음과 소망과 사랑입니다. 그런데 이 세 가지의 열매가 바로 오늘 말씀에 나옵니다. '믿음의 역사', '사랑의 수고', '소망의 인내'입니다. 그래서 이 세 가지를 통해 격차의 시대를 넘어설 길을 모색해 보겠습니다.

믿음의 역사

첫 번째 길은 "믿음의 역사"입니다. 여기서 '역사'라는 헬라어 '에르곤'은 '행동한다'라는 뜻입니다. 사람이 정말 마음에 믿으면 말만 하는 것이 아니라 행동한다는 뜻입니다. 그리고 그렇게 행동하게 되면 여기에서부터 놀라운 일들을 만들어내는 원동력이 생깁니다.

"믿음은 바라는 것들의 실상이요 보이지 않는 것들의 증거니"히 11:1라는 말씀이 있습니다. 우리 눈에 보이는 것들은 모두 보이지 않던 것이 존재할 것이라는 믿음을 누군가 가졌기 때문에 생긴 것입니다. 이 건물도 여기 있는 장비들도 누군가 믿음을 가졌기 때문에 존재하게 된 결과물입니다. 그러므로 믿음은 기적의 원동력입니다.

자 그런데, 믿음의 역사는 "내가 믿으면 하나님이 기적을 일으키신다"라는 뜻이 아니라 "내가 믿으면 내가 행동하게 되어 있고, 그리고 나면 하나님이 기적을 일으켜 주신다"라는 뜻입니다. 가령, 오병이어의 사건에서도 예수님이 축사하시고 오병이어를 제자들에게 나눠주신 후 제자들이 순종하여 그것을 사람들에게 나누는 행동을 할 때 놀라운 배가의 기적이 일어난 것과 같습니다.

또한 광야 2세대가 요단강을 건너 약속의 땅에 들어갈 때도 백성들이 강 앞에 서니까 강물이 갈라진 것이 아니라, 제사장들이 요단강물에 발을 디디는 순종의 행동을 하자 강물이 멈추는 기적이 일어난 것입니다. 우리는 눈을 감고 골방에서 기도할 때는 믿음이 있는데, 눈을 뜨고 현장에 서면 믿음이 사라집니다. 그러나 진정한 믿음은 믿기 때문에 실제로 그대로 행동할 수 있게 만듭니다.

팬데믹 기간에 아무런 돌파구가 없어 보이고 소망이 없어 보입니까? 이러한 때에도 믿으면 보이지 않던 길들이 보이고, 믿으면 돌파구가 열릴 것이라고 믿으십니까? 그렇다면 기도하고 작은 것이라도 구체적인 일들을 실천하고 순종해 보십시오. 거기서부터 길이 열릴 것입니다. 주님이 주시는 오병이어를 이웃에게 나눠보십시오. 요단강물에 발을 내밀어 보십시오. 그때부터 여러분의 목회 사역에 기적이 일어나고 여러분의 지역에 하나님의 사건이 일어날 것입니다.

제가 2005년부터 2009년까지 캐나다 밴쿠버에서 밴쿠버 온누리교회를 섬겼습니다. 밴쿠버는 자연환경도 좋고 사회복지도 좋고 낙원 같은 도시입니다. 하지만 세속화되어서 '동성애자들의 천국', '신흥 마약 제조유통의 중심지'가 된 곳이었고, 영적으로는 교회들이 분열되고 부흥의 역사가 일어나지 않는 소위 '목회자들의 무덤'이라고 불리는 곳이었습니다.

그러나 저는 그 도시에 도착하자마자 하나님 앞에 엎드려 기도했습니다. "하나님, 이 도시가 아무리 영적으로 무너져 있을지라도 하나님이 살아계심을 나타내 주십시오." 매일 새벽기도에 부흥회를 했습니다. 기도가 뜨거워지자 성도들이 새벽에 모여들었습니다. 성도들이 기도하자 삶에 응답이 나타나고 은사가 임했습니다. 그리고 교회는 크게 부흥을 경험했습니다.

하지만 개교회의 부흥이 제 비전이 아니었습니다. "하나님, 세속화된 이 도시에 하나님이 살아계심을 보여주십시오." 그래서 수요 저녁예배 때 8주간 예배와 부흥에 대해 말씀하실 강사님들을 모셔서 말씀을 듣고 매주 도시의 부흥, 한인교회의 부흥을 위해 기도했습니다. 그때 하나님께서 "이 땅에 3천 명의 예배자들이 모여서 예배하게 되리라"라는 강한 확신을 주셨습니다.

그래서 이 비전을 선포하고 함께 부르짖어 기도하는 가운데, 한인 연합집회에 5백 명도 잘 모이지 않던 그곳에서 3일간의 예배 컨퍼런스 〈블레싱 캐나다〉 집회에 3천 명의 성도들이 모이는 기적을 체험했습니다. 사역자 여러분, 하나님이 기뻐하시는 일을 하면 반드시 반전의 승리를 주십니다. 상황이 어려워도 연합하는 일을 하면 하나님이 반드시 승리의 기쁨을 주십니다.

어떤 분들은 큰 교회니까 그런 사역을 할 수 있었던 것 아닌가 생각하실 수도 있습니다. 절대 아닙니다. 밴쿠버 온누리교회도 작고 어려운 이민 교회였습니다. 그러나 하나님 나라가 세속의 도시 위에 임하기를 기도하고, 한인교회들이 연합하여 부흥하기를 기도했을 뿐입니다. 새벽예배에 목숨을 걸고 부르짖은 실천, 수요예배에 지역교회 목회자와 예배사역자들을 초대해서 연합하여 예배하고 기도하는 실천, 이런 작은 실천으로부터 부흥의 불씨를 허락하셨던 것입니다.

잊지 마십시오. 믿음은 행동하는 것입니다. 믿음은 하염없이 기다리는 것이 아니라 기도하며 하나님의 비전, 하나님의 약속의 말씀을 붙잡고 오늘 구체적으로 첫걸음에 순종하는 것입니다. 미국의 한 시골 마을에 농사를 지어야 하는데 비가 오래도록 오지 않았었다고 합니다. 그래서 마을 사람들이 다 모여 교회에서 하나님께 비를 달라고 기도하기로 했습니다.

남녀노소 모든 사람이 모인 가운데 한 어린 소녀가 우산을 들고 왔답니다. 어른들이 "애야, 너는 비도 안 오는데 왜 우산을 갖고 왔니?"라고 묻자 소녀가 대답했죠. "아니, 오늘 비를 달라고 기도한다면서 왜 우산을 안 가져오셨어요?" 우리는 기도합니다. 그런데 믿음이 없는 기도를 할 때가 많습니다. 정말 믿는다면 삶이 변하고, 삶이 변하면 기적이 일어납니다!

믿음은 하나님을 움직이는 것이 아니라 나를 움직이는 것입니다. 팬데믹 기간에 비대면 상황이 되어서 모여서 예배드릴 수도 없고, 지역의 중소교회들은 영상 장비가 있는 것도 아니고, 이제 교회가 문 닫을 일밖에 없다고 한숨 쉬고 계시지는 않습니까? 아닙니다. 이 팬데믹 와중에도 하나님은 교회를 붙드실 것입니다. 교회를 살리실 것입니다. 우리 성도들을 하나님께서 붙들어 주실 것입니다.

저는 그런 간증을 들었습니다. 농촌에서 목회하시는 목사님이 팬데믹 기간에 그나마 모이던 적은 교인들이 교회에 모일 수가 없게 되었답니다. 그래서 성도들의 신앙을 놓고 기도하던 중에 이분이 하나님이 주시는 믿음의 확신이 생겨서, 성도들의 가정을 심방하여 가정예배를 함께 꾸준히 드리셨답니다. 그리고 교회 예배가 전면 취소되면서 남는 시간에 지역 주민들을 일일이 찾아가서 밭일, 논일 도와드리고, 병원 못 가시는 어르신들 병원도 모시고 가고, 그러면서 지역 주민들과 친밀해지고, 오히려 더 많은 분이 교인으로 등록하는 기적이 있었답니다.

내게 능력 주시는 자 안에서 내가 모든 것을 할 수 있느니라 빌 4:13

여기서 바울이 모든 것을 할 수 있다는 말은 만능인이 된다는 뜻이 아닙니다. 어떤 상황에서도 승리할 수 있는 길을 열어주신다는 뜻입니다. 우리는 팬데믹 기간에도 하나님의 교회가 승리할 것을 믿습니다. 그 믿음의 눈으로 바라보면 영적인 활로가 보일 것입니다. 열릴 것입니다.

저도 개인적으로 팬데믹 기간에 개인 전도를 열심히 했습니다. 늘 많은 성도 앞에서 설교하고 강의하는 대중적인 사역을 하다가 작년 재작년 교회 예배와 모임이 전면 폐쇄되면서 아무것도 할 수 없었습니다. 그러나 8인 모임, 6인 모임, 4인 모임, 정부 방역지침을 생각해 보니 "아 8명이 모이면 되겠구나. 4명이 모이면 되겠구나"라는 생각이 들었습니다. 그래서 성도들 가운데 전도할 지인과 가족들을 그 숫자만큼 모아서 하나님에 대해서 알려드리고, 예수님의 사랑에 대해서 전하고, 성경이 궁금한 분들에게 성경공부 해드리고…. 그러면서 작년에 전도했던 다섯 분이 올해 초에 전부 세례를 받는 은혜가 있었습니다.

사랑의 수고

둘째는 사랑의 수고입니다. 수고의 헬라어 원어인 '코포스'는 '고생한다'이라는 뜻입니다. 누군가를 사랑하면 그를 위해 아무리 고생해도 힘들지 않은 법입니다. 내가 사랑하는 대상, 내가 사랑하는 사람을 위해서 수고할 수 있다는 것이 특권이고 행복이기 때문입니다. 그래서 사랑하는 사람은 누가 시키지 않아도 나서서 고생을 자처합니다.

믿음이 있는 사람이라면 믿음대로 행동하게 되듯이, 사랑하는 사람은 수고하게 됩니다. 믿음의 열매를 기적이 아니라 행동이라고 말씀한 것처럼, 사랑의 열매를 행복이나 기쁨이 아니라 수고라고 말씀하셨다는 것에 주목해야 합니다. 왜 그렇겠습니까? 그것은 수고가 없는 행복은 없고, 헌신이 없는 사랑은 불가능하기 때문입니다.

제가 청년들을 오랫동안 지도했었고, 그래서 청년들 연애 상담, 결혼 주례, 가족 상담을 많이 합니다. 그러면서 젊은 부부가 행복하겠다고 결혼하기 때문에 오히려 불행해진다는 것을 발견했습니다. 내가 행복하겠다고 배우자에게 끊임없이 요구하고 의존적이면 그 부부는 갈등과 불행을 겪게 됩니다. 하지만 내가 사랑하는 배우자의 행복을 위해 내가 수고

하고 희생하고 헌신하겠다고 결단하면, 두 사람이 서로에게 그렇게 수고하고 섬기면 그 부부는 행복해집니다.

팬데믹 기간에 정말 필요한 것이 사랑의 수고입니다. 제가 밴쿠버에서 사역할 때, 이런 사랑의 수고를 하는 분이 계셨습니다. 그분은 본인도 늘 체력이 약하고 자녀들 문제로 고민하면서도 그렇게 주변 이웃들에게 맛있는 음식을 자주 만들어서 나눠주고 바쁜 일이 생긴 이웃의 자녀를 데려다가 돌봐주고, 성심껏 사람들을 사랑으로 보살피고 섬겼습니다.

이분이 우리 교회에서 전도를 가장 많이 하신 분입니다. 일부러 전도하려고 자가용을 소형차가 아니라 8인승 밴으로 구하셔서 슬픔과 애통이 있는 사람들을 차에 태워서 새벽기도에 데려오셨습니다. 그리고 그분들이 결국에는 예수님의 사랑을 받아들이게 되고 하나님을 믿게 되었습니다. 사랑의 수고가 있었기에 가능한 일이었습니다.

예수님이 이 땅에 오셔서 보여주신 것도 사랑의 수고였습니다. 요한복음 4장에 사마리아 수가성 여인을 만나주신 사건 아시죠? 유대인이 사마리아인을 만나고, 거룩하고 의로우신 분께서 삶이 망가진 부도덕한 여인을 만나는 것은 사실 있을 수 없는 일이었습니다. 그러나 예수님은 차이를 뛰어넘는 사랑으로 인생의 밑바닥에 떨어져 있던 여인을 구원해 주셨습니다.

그런데 그 본문을 보면 예수님은 그날 아침에 예루살렘에서 사마리아 지역 수가성까지 가셨는데, 거리상으로 보면 하룻길에 해당합니다. 그런데 정오 즈음에 여인을 만나셨으니까, 사실 예수님은 그날 수가성 여인이 낮에 몰래 우물가에 나오는 그 시간에 맞춰서 오시느라고 뜨거운 팔레스타인의 태양 빛 아래에서 험한 중부 산악지대를 달리듯이 오셨던 것입니다. 사랑의 수고입니다. 그 한 영혼을 건지기 위한 사랑의 수고였습니다.

제가 밴쿠버에서 햇수로는 5년, 만으로는 4년 사역을 했습니다. 그런데 교회가 성인 예배도 부흥하고 차세대도 부흥하고 교회 연합사역도 부흥하는데, 청년부만 부흥하지 않았습니다. 그래서 3년 차 어느 주일에 청년부 예배 때 하도 답답해서 "내가 청년 사역을 오래 했고 많은 청년집회를 다녀 봤지만, 너희들처럼 영적으로 열심을 내지 않는 애들은 처음이다"라며 혼냈습니다.

그런데 설교하고 내려오는데 하나님께서 저를 책망하셨습니다. "네가 저 아이들을 사랑하느냐? 사랑하지 않으면 잔소리도 하지 마라. 나는 저 아이들을 사랑한다." 엎드려 하나님 앞에 회개할 때 하나님이 제게 주신 말씀이 있습니다.

> 그리스도 안에서 일만 스승이 있으되 아버지는 많지 아니하니 그리스도 예수 안에서 내가 복음으로써 너희를 낳았음이라 고전 4:15

그래서 그해 청년부 수련회에 다른 강사를 초빙하지 않고 제가 가서 저녁 집회를 인도하기로 하고, 밴쿠버의 청년들을 위한 메시지를 준비했습니다. 동부나 미국으로 가는 청년들은 열정이 많았지만, 밴쿠버에 남아있는 친구들은 정반대였습니다. 그래서 첫날 저녁에는 창세기 4장 가인 이야기를 통해서 '분노 중독'에 대해서, 둘째 날 저녁에는 열왕기상 19장 엘리야의 절망 이야기를 통해서 '우울증'에 대해 나누었습니다.

북미 이민사회의 청년들이 겉으로는 영어도 하고 좋은 대학도 다니지만, 속으로는 너무나 상처가 많고 멍이 들어있다는 것을, 그들을 위해 눈물로 기도할 때 하나님이 알게 해 주셨기 때문입니다. 그런데 늘 "청년, 비전, 돌파, 승리" 이런 것만 외칠 때는 반응이 없던 아이들이 제가 그들의 내면의 아픔에 대해 공감하고 눈물로 기도하니까 통회하고 주님 앞에 헌신하기 시작했습니다. 그 수련회에서 복음을 설명한 것도 아닌데 7명이 새로 예수님을 영접했습니다.

그리고는 성인 지역공동체를 부목사님들에게 맡기고, 제가 청년부 담당 목사가 되었습니다. 그리고는 매주 모이는 청년 순장 모임을 교회가 아니라 우리 집에서 했습니다. 밥을 먹이고 함께 큐티하며 삶을 나누고, 중보하며 기도하니까 교회에서 모일 때는 10시면 늦었다고, 가야 한다고 하던 청년들이 우리 집에서는 12시가 되어도, 1시가 되어도 집에 가지 않고 행복한 모임을 했습니다. 그러면서 청년부가 놀랍게 부흥했던 일이 있습니다.

저는 지금도 제가 25년 전 가르쳤던 중등부 학생들, 그리고 밴쿠버에서, 서울에서 가르쳤던 대학생들, 청년들을 제 아들딸로 생각합니다. 그리고 그들이 결혼할 때 주례를 하고, 그들이 자녀를 낳으면 유아세례를 주고, 그 자녀들이 걷고 뛰면 제 목양실에 와서 제게 "할아버지!"라고 부릅니다. 저는 그들을 사랑합니다. 그들이 인생에서 방황하면 기도해주고, 그들이 영적으로 낙심해 있으면 격려해 주고, 평생에 아빠와 자녀의 관계로 그렇게 가는 것이 참 행복합니다.

팬데믹 기간에 목회 전략을 어떻게 짤 것인가? 영상과 미디어 시설과 기술은 어떻게 적용해야 할 것인가? 새롭게 고민해야 할 일이 많습니다. 그러나 결국에는 한 영혼에 대한 사랑입니다. 끝까지 한 영혼을 포기하지 않는 사랑의 수고와 헌신이 있다면, 팬데믹 기간에도 영혼을 구원하는 사건들은 계속될 것입니다. 이것이 격차를 넘어서는 복음의 길입니다.

> 그는 근본 하나님의 본체시나 하나님과 동등됨을 취할 것으로 여기지 아니하시고 오히려 자기를 비워 종의 형체를 가지사 사람들과 같이 되셨고 빌 2:6-7

성자 그리스도께서는 하나님의 본체이시면서도 사람의 모양을 입고 오셔서 이 엄청난 격차를 넘어 우리를 구원해 주셨습니다. 목회는 전략이 아닙니다. 목회는 그리스도의 사랑입니다.

소망의 인내

셋째는 소망의 인내입니다. 인내라는 헬라어 '휘포모네'는 '머무른다'라는 뜻입니다. 이것은 희망사항을 한 번 얘기하고 끝나는 것이 아니라, 한 번 소망한 것은 그 소망이 이루어질 때까지 계속해서 머물러 있는다는 뜻입니다. 소망의 열매가 성취가 아니라 인내라고 말씀했습니다. 왜 이겠습니까? 궁극적으로는 소망한 대로 하나님의 약속이 성취되고 하나님의 비전이 이뤄지겠지만, 그 약속이 현실이 되기까지 기다리는 사람만

이 열매를 거둘 것이기 때문입니다.

오늘날 팬데믹의 상황을 보면서 앞뒤, 좌우 어디를 보아도 소망이 없다고 생각하는 분들이 많습니다. 크리스천들도 본인의 사업이 어려워지고, 자녀들이 학업에 집중하지 못하고 가정에 불화가 생기면서 절망하게 됩니다. 제 주변의 목회자들도 팬데믹 상황이 되면서 아무것도 할 수 있는 것이 없다고 우울감을 호소하는 경우들이 있습니다.

그러나 크리스천의 소망은 인내하는 것입니다. 인내는 막연한 기다림이 아니라 확실한 하나님 약속의 성취를 기다리는 것입니다. 그러므로 크리스천의 소망과 인내는 결코 메마르지 않습니다. 지치지 않습니다. 타협하거나 낙심하거나 중단되지 않습니다. 하나님의 약속은 반드시 이뤄지기 때문입니다. 하나님은 변개치 않으시는 분이시기 때문입니다.

격차의 시대에 소망이란 무엇이겠습니까? 하나님은 없는 자, 가난한 자, 무력한 자를 회복하는 하나님이시기 때문입니다. 하나님은 반전의 은혜 베풀기를 기뻐하시는 하나님이십니다.

> 27그러나 하나님께서 세상의 미련한 것들을 택하사 지혜 있는 자들을 부끄럽게 하려 하시고 세상의 약한 것들을 택하사 강한 것들을 부끄럽게 하려 하시며 28하나님께서 세상의 천한 것들과 멸시받는 것들과 없는 것들을 택하사 있는 것들을 폐하려 하시나니 고전 1:27-28

그러므로 기술적인 격차, 재정적인 격차, 교회 규모의 격차, 이런 격차들을 결코 뛰어넘을 수 없다고 낙심하지 마십시오. 왜냐면, 그런 격차들을 내가 뛰어넘는 것이 아니라, 주님을 소망하고 의지할 때 주님이 넘어서게 하시는 것들이기 때문입니다.

세상을 보십시오. 하나님이 만드신 원리는 언제나 격차를 악용하는 것이 아니라 선용하는 방향입니다. 물은 위에서 아래로 흐릅니다. 물이 없는 메마른 땅으로 흘러가게 만드셨습니다. 이것이 하나님이 만드신 자연법칙입니다. 또한 사회를 보십시오. 어른이 아이를 돌보게 되어 있고, 지도자가 구성원들을 위해서 헌신하게 되어 있습니다. 이것을 '노블리스오블리제'라고 부릅니다. 그러나 사람이 만든 원리가 아니라 하나님이 만드신 원리입니다.

결국 하나님은 자연법칙도, 사회법칙도 격차를 은혜로 해소하도록 만드셨습니다. 부모가 아이를 돌보고, 강자가 약자를 보호하고, 가진 자가 없는 자에게 공급하고, 지혜자가 우매자를 인도하고, 세상이 은혜와 사랑으로 돌아가도록 만들어 놓으신 것입니다. 그러므로 하나님의 창조 법칙이 그대로 적용된다면 세상은 반드시 치유될 수 있고 회복될 수 있습니다.

물론 죄악 된 세상은 정반대로 갈 것입니다. 그러나 교회는 하나님이 만드신 세상의 원리대로 가야 합니다. 마치 에스겔 47장에서 성전 문지방으로부터 나온 생명수가 흘러가는 곳마다 생명체를 살려내고 결국에는 죽은 바다인 염해에까지 들어가 살려내는 것과 같습니다. 이것이 하나님의 방식이요 복음의 방식입니다. 그렇다면 우리는 하나님의 방법을 소망할 수 있습니다.

너희를 향한 나의 생각을 내가 아나니 평안이요 재앙이 아니니라 너희에게 미래와 희망을 주는 것이니라 렘 29:11

아멘!

사실 이번 팬데믹 기간에 교회들은 사회적으로 더 많이 비난을 받았고 더 많이 치명타를 받았습니다. 교회의 예배와 모임들이 전염병의 온상이 된 것처럼 언론에서 편향적으로 보도했고, 또 신천지의 잘못을 마치 교회의 잘못으로 오해하기도 했기 때문입니다. 그러다 보니까 오히려 교회들이 스스로 더 위축되고 낙심하고 절망하는 모습을 보이기도 했습니다.

하지만 오히려 정반대로 보셔야 합니다. 세상이 교회를 향해서 "교회는 그러면 안 되지 않는가?"라고 말하는 것은, 오히려 교회는 세상과 달라야 한다는 기대감이 아직 있다는 뜻입니다. 또한 "교회가 비난받는 시대에 어떻게 전도를 하는가?"라고 절망할 일이 아닙니다. 오히려 팬데믹 기간에 우울감과 허무감에 시달리는 사람들이 많습니다. 그래서 저도 이 기간에 오히려 더 많은 영혼을 전도할 수 있었습니다. 소망을 가지셔야 합니다.

또한, 성도들이 모이지 못하고 함께 예배하지 못하면 영적으로 정체될 것이라는 걱정이 많습니다. 그러나, 아십니까? 팬데믹 기간에 성도들이 더 개인적인 시간이 많아지면서 말씀과 기도에 집중할 수 있는 여력이 생겼습니다. 그래서 저는 10여 년 성경 통독 사역을 해오던 것을 《보라 통독》이라는 책으로 정리해서 교인들과 함께 열심히 성경 통독을 했습니다. 그러니까 성도들이 오히려 이 기간에 더 말씀으로 충만해지고 하나님과 가까워지는 일들이 있었습니다.

또한, 함께 모여 기도하지 못하는 성도들이 줌으로, 핸드폰의 화상 통화로페이스톡으로 하면 무료입니다 화면을 켜놓고 각자 집에서 기도하는데, 그렇게 뜨겁게 기도하는 그룹들이 있습니다. 그러면 골방 기도를 하면서도, 모여서 기도하는 통성기도의 영적인 힘을 느낄 수 있으니 일석이조입니다. 지금이 절망의 시대라고 누가 말합니까? 우리 주님은 소망의 주님이십니다!

마지막으로, 우리의 궁극적인 소망은 천국입니다. 오늘날 기독교가 너무 세속화되었다는 비판과 자성의 목소리가 큽니다. 팬데믹이 되면서, 천국 소망이 가장 실제적이고 가장 중요한 소망이라는 것으로 다시 한번 상기할 수 있는 시간이 되면 좋겠습니다. 이 격차의 시대에 모든 목회자와 사역자들이 믿음의 역사와 사랑의 수고와 소망의 인내로 목회의 현장을 회복하고 승리로 이끌어 가시기를 축복합니다.

┃ 이상준 목사

연세대학교 영어영문학과와 장로회신학대학원(M.Div)을 졸업했다. 두란노 천만큐티 운동본부, 온누리교회 청소년 사역, 대학청년 사역, 밴쿠버 온누리교회를 섬겼으며, 현재 온누리교회 양재 담당 목사로 섬기고 있다. 저서로는《보라통독》,《신의 언어》, 《두려움 너머의 삶》,《그래도 너는 아름다운 청년이다》 등이 있고, 역서로는《오직 예수》,《다윗의 장막》 등이 있다.

격차의 시대,
은혜와 긍정 마인드로 세우는 교회와 목회

유승대 목사
은평성결교회 담임

    신앙생활에 관해 물으면 어떤 분은 교회 출석하는 주일 성수, 십일조, 봉사, 선교, 지금 제자훈련 받고 있는 것을 말합니다. 또 어떤 분은 교회 몇 년 다녔다는 신앙의 연수를 말하는 분도 있습니다. 또 어떤 분은 술 담배 안 하는 것을 말하기도 합니다. 또 어떤 분은 회장 한 것, 연합회 회장 한 것을 말합니다.

    그러나 하나님은 내가 얼마나 많은 것을 행하고 있느냐의 외적인 행위가 아니라, 하나님을 얼마나 사랑하고 있느냐를 보고 계십니다. 사단은 우리가 얼마나 열심을 내느냐 아니냐가 아니라 내 마음에 하나님과 간격이 있느냐를 주목합니다. 그 틈을 내는 데 관심이 있습니다.

    신앙의 위기가 찾아올 때가 있습니다. 그것은 하나님과 사랑의 관계 속에 문제가 있는 것입니다. 우리가 신앙생활 하면서 가장 위험한 것은 하나님에 대한 사랑이 식어지는 것입니다. 좋은 신앙은 하나님과의 사랑이 깊어지는 것입니다. 우리의 관심은 하나님을 더욱 깊이 사랑하는 것이어야 합니다. 하나님과의 사랑이 깊어지면 오직 하나님만 사랑한다고 고백하게 됩니다.

주님을 어떻게 지속적으로 사랑할 수 있습니까?

빈 들판의 시간을 가져야 합니다. 빈 들판은 사람들이 좋아하는 곳이라기보다는 도리어 주님만 가까이 할 수 있는, 인적이 드문 곳이라고 할 수 있습니다.

엘리야의 그릿 시냇가가 빈 들판이고요, 저 세례요한에게 말씀이 임한 곳이 빈 들판입니다. 예수님이 새벽이면 늘 한적한 곳에 가서 기도했던 곳, 은혜를 구한 그곳이 빈 들판이라고 할 수 있겠죠. 예수님은 하루의 출발점도 빈 들이고, 하루의 마침인 저녁도 빈 들이었습니다.

예수님은 사역의 처음도 광야에서 40일 금식기도 하며 출발했습니다. 사역의 마침도 십자가 지기 전에 밤에 감람산 늘 찾던 빈 들판에서 마치게 됩니다. 예수님의 알파와 오메가는 빈 들판이었습니다.

빈 들판은 내 삶의 근거로서, 오늘 환경이나 사람을 내 삶의 근거 삼지 않고 주님만을 내 삶의 근거로 삼기 위해서 빈 들판으로 나가는 것입니다. 주님만을 나의 전부로 삼기 위해서, 내게 있는 것처럼 보이는 그러한 것에 내 마음이 가라앉을까 봐, 그러한 것에 기댈까 봐, 그러한 것에 내가 속을까 봐, 참으로 그 모든 것을 아니라고 거절하면서, 나 자신만 부인하는 것이 아니라 내게 관계된 것을 부인하는 마음으로, 주님만을 시인하기 위해서 나아가는 그 마음이 빈 들판으로 나아가는 우리 마음이라고 해야 할 것 같습니다. 빈 들판은 우리에게 빈 들판이 아닙니다. 가장 희망찬 곳입니다. 가장 뜻깊은 곳입니다.

빈들로 나아가는 것은 조용한 시간, 빈들의 시간, 그보다는 내 주님을 전부 삼기 위함입니다. 주님과 나와의 만남을 위한 이 철저한 마음을 갖추어 감으로 지나온 걸음을 주님은 복되게 해 주셨습니다.

내 삶에 빈 들판이 없다면 내 삶은 무너져 간다고 생각을 하십시오. 어려워서 빈 들판이 아니라 주님을 선택해서 빈 들판에 나가고 싶습니다. 빈 들판을 찾지 않으면 내 영혼이 빈 들판 되고, 영혼이 빈 들판처럼 삭막하게 되면 마침내 내 생활도 황폐한 길로 가고 맙니다.

그러나 만약에 내 영혼이 주님 앞에 빈 들판을 찾는 그런 마음이 된다면, 영혼이 기름지게 되고 그 결과로 하나님 앞에 참 좋은 열매를 맺을 수 있는 좋은 준비가 된다고 할 수가 있습니다.

아무 문제 없어도 빈 들판으로 가나요? 그분 앞에는 빈 들판이 없을 것입니다. 평화롭고 넉넉하다고 누워있나요? 오래 갈 것도 없습니다. 쉽게 빈 들판 된 환경이 오고야 말 것입니다.

빈 들판이란, 이 시간을 선택함으로 오늘 나 자신도 아니고, 내게 주어진 환경도 아니고, 우리가 만날 수 있는 여건도 아니고, 나의 주님만이 내 삶의 기초이고 전부라는 고백입니다.

여러분! 빈 들판이 이런 의미라고 한다면 얼마나 소중합니까? 빈 들판이니까 아무것도 없다고요? 아닙니다. 빈 들판에 주님께 매여 갈 때 삶의 해답, 삶의 능력, 지혜가 그곳에 있습니다.

빈 들판이 없으면 절대 영혼이 생생하지 않습니다. 빈 들판을 가볍게 여길 때 절대 좋은 열매가 없습니다. 빈 들판을 가볍게 여기고도 영적으로 힘쓰는 성도는 없습니다. 천국 갈 때까지 빈 들판을 찾는 마음은 있어야 합니다.

조그만 빈 들판을 선택해 봅시다. 다윗이 빈 들판에서 늘 양을 치며 주님께 깨어 있을 때, 그가 전쟁터에 갔을 때, 그 전쟁은 영광의 날인 줄 압니다. 평범한 날 기회가 옵니다. 빈 들판에서 깨어 있으면 어려움 당하는 날은 기회입니다.

언제나 주님을 처음의 자리에 올려놓아야 합니다. 그러기 위해 빈 들판이 꼭 필요합니다. 빈 들판을 통해서 여러분이 구별된 목회자들이 되시기 바랍니다. 예수님과 생생함으로 구별된 그리스도인 되시기 바랍니다.

요즈음 그리스도인 대부분 분주함이 특징이라 주님 앞에 조용히 앉지 못합니다. 안타깝지만 세속화되어 세상 사람인지 하나님 사람인지 구별하기 힘듭니다. 큰 바위 얼굴을 늘 보고 자란 아이가 어느 날 자기가 큰 바위 얼굴의 인물이 된 것처럼, 주님을 늘 바라보면 우리 속에 주님의 모습이 보이게 됩니다.

빈 들판에 나가면 생각이 단순해집니다. 목자만 생각하면 되니까요. 생각이 복잡한 것은 자기 인생을 자기가 생각하니까 복잡한 것입니다. 힘듭니다. 목자가 내 인생 생각해서 푸른 초장 쉴만한 물가로 인도하시니 목자이신 주님만 생각하면 되니 단순해집니다.

생각이 많다는 말은 좋은 말이 아닙니다. 빈 들판은 정돈된 마음으로 살아갈 수 있게 해줍니다. 빈 들판의 삶은 여유를 많이 만들어 줍니다. '주님과 함께'란 마음이 꽉 차옵니다.

예수님 사랑하는 것을 전부라 말하면
당신이야말로 제대로 된 사람입니다

저는 내 맘속에 주님 한 분을 사랑하는 것이 비전이 된다면 내 일생토록 비전이 '우리 주 예수 그리스도를 변함없이 사랑하는 자'엡 6:24가 되기를 원합니다.

그 주님을 참 사랑하다 보니 우리 맘속에 세상으로 보면 큰일이요, 굉장한 일이요, 엄청난 일이요, 내 맘속에 그 점이 커 보이지 않는, 적어 보이는 이런 자유로움이 되었으면 좋겠습니다.

사실 주님을 사랑하다 보면 자유가 있습니다. 세상 사람들은 "이 일은 정말 어려운 일입니다. 곤란한 일입니다" 해도 주님을 조용히 사랑하는 맘속에는 자유가 있습니다. 내가 그 일과 직접 연관을 맺지 말고 나의 주님을 사랑하는 참된 맘속에 있다고 한다면 여러분에게 놀라운 참된 자유로움이 참 많을 줄 압니다.

우리 예수님께서 요한복음 21장에서 베드로에게 물어 주신 일은 여러분과 제게 물어 주신 일인 줄 압니다

"네가 날 사랑하느냐?"

이 물음에 대답할 수 있기 원합니다.

그다음이 "내 양을 먹이라", "내 양을 치라"입니다.

계시록 2장에서 에베소 교회가 "첫사랑을 잃었다"라는 의미는 나의 첫 번째 되는 주님을 놓쳤다는 말입니다. 절대 이것은 두 번째가 될 수 없습니다. "주님을 사랑합니다" 하는 고백은 언제나 첫 번째가 되어야 합니다. 그래서 여러분의 마음속에 비전이 "예수님 사랑하는 것이 전부"가 되

시기 바랍니다.

우리의 인식 속에서 내가 무엇을 얼마큼 했네, 내가 무엇을 얼마큼 했네, 그런 인식은 좋지 않습니다. 주님 사랑하고 주님 섬긴 것밖에는 없습니다. 주님 한분 사랑하고, 주님 섬긴 것밖에는 없습니다. 이 말이 있을 때 우리에게 제일 좋을 줄 압니다.

이 참된 사랑이라는 것, 이 하나를 오늘 길 가운데서 내가 지키고 이 점을 유지해 가면서 사는 성도는 얼마나 귀한지 모릅니다. 오늘 그리스도인들이 날 그처럼 사랑해 주신 내 주님과 참된 사랑을 지켜보려고 힘쓰는 사람이 너무 적은 것 같아요.

성경은 "네 마음을 다하고 목숨을 다하고 뜻을 다하여 주 너의 하나님을 사랑하라 하셨으니 이것이 크고 첫째 되는 계명이요, 둘째도 그와 같으니 네 이웃을 네 자신 같이 사랑하라 하셨으니 이 두 계명이 온 율법과 선지자의 강령이니라"라고 말씀합니다.

첫째이고, 우선이고, 가장 큰 전부라고 말할 수 있는 '마음 다하고, 뜻 다하고, 목숨 다하고, 정성 다했다'면 두 번째를 위해 남겨 둔 것이 있지 않습니다. 첫 번째 것에 전부를 쏟는 것입니다. 그리고 나서 두 번째는 하나님과 함께 사랑하는 것입니다. 그런데 이 첫 번째 것에 마음 쓰는 이가 너무 적은 것 같습니다. 그리스도인이 그렇게 산다면 그건 두말하지 마세요. 끝에는 다 어리석은 자로 판명되고 맙니다.

신앙은 우리가 이 길로 신앙했든 저 길로 신앙했든 간에, 이유는 다를지 몰라도 종국에는 주님을 사랑하는 길로 가야 합니다_{베드로, 아브라함, 신명기,} _{로마서, 벧후 1장, 요일}. 예수님을 사랑하는 사람으로 가야 합니다. 하나님을 사랑하는 사람, 이런 것을 정상적인 궤도에 오른 것으로 본다면 바로 우리의 공통적인 대명사가 될 수 있다고 할 수 있습니다.

사랑하는 여러분!

우리 모두 하나님 사랑하는 사람 됩시다. 이것 아니면 신앙 알맹이 없습니다. 다 결국은 이 길로 오라는 것입니다. 용서받은 것도, 은혜받은 것도, 건져주신 것도, 하나님 사랑하는 이 길로 끌어 오기 위한 것입니다.

하나님 나라에 들어온 사람의 가장 알맹이는 예수님을 사랑하는 것입니다. '신앙이 깊다', '영적으로 깊다' 하는 것은 다 쓰잘데기 없는 말입니다. 알고 보면 별것도 아니에요. 그런 것들이 아니라 예수님을 사랑하는 것이 중요한 것입니다. 주님을 사랑하는 그 사람이 귀중한 것입니다. 예수님을 사랑하는 사람 되기를 주님 이름으로 권합니다.

요한복음 21장에서 주님을 보고 베드로가 물 위로 뛰어내렸습니다. 그 예수님께서 다가오셔서 식사하고 난 이후에 이렇게 물어보십니다. "요한의 아들 시몬아, 네가 이 사람들보다 나를 더 사랑하느냐?" 그때 베드로는 "주님 제가 사랑합니다"라고 고백합니다. 진실된 고백입니다

또 주님은 물어보십니다.

"네가 날 사랑하느냐?"

베드로는 또 "사랑합니다"라고 고백합니다.

주님은 세 번이나 물으십니다

이것은 여러분, 세 번만 묻는 것이 아니라 날마다, 날마다 주님이 물으시는 물음인 줄 압니다.

날마다, 날마다 이 물음에 우리가 대답 못 한다면 우리 생활은 엉망입니다. 날마다, 날마다 주님께서 말없이 물어보시는데, 이 물음에 내가 미

흡하게 죄송하게 대답한다면, 우리 생활은 그날은 가위표(X)입니다. 그러나 이 물음에 잘 대답할 수 있다고 한다면 그날은 공표(O)인 줄 믿습니다.

"네가 날 사랑하느냐?"는 말은 이들이 쭉 걸어온 신앙생활의 요약입니다.

"네가 나를 사랑하느냐?"

"일도 아니고, 나에 관해서도 아니고, 네가 나를 사랑하느냐?"

그것은 이들이 쭉 걸어온 신앙생활 전체의 요약입니다.

우리 집사님, 중풍 걸리신 어머니, 언니 오빠 다 잘살아도 안 돌보지만, 그러나 우리 집사님 가진 것 없고 몸도 건강치 못하고 그래도 어머니 사랑하니까 우리 집사님이 섬깁니다

예) 시간이 없어서, 건강이 없어서, 돈이 없어서 …… 주님을 사랑하는 사랑이 없어서입니다

사랑하면 은혜가 와서, 은혜 가운데 능히 섬길 수 있는 것입니다. 예수님 사랑하는 사람은 기쁘게 섬길 수 있는 것입니다.

우리 주님께서 오실 때에 "보라 신랑이로다"라고 말한다고 했습니다. 주님 오실 때 "보라 신랑이로다"라는 말은 주님께 대하여 신부처럼 살지 않는, 처음 사랑으로 살지 않는 분들에게는 부끄러운 말이 되겠지요. 그러나 예수님을 나의 처음 사랑으로 기다리고 그렇게 구했던 분에게는 "보라 신랑이로다"라는 말이 얼마나 기쁜 말인지 모릅니다.

주님을 사랑하는 자에게는 어떤 결과가 있습니까?

1) 모든 것이 합력하여 선을 이루게 하십니다_{롬 8:28}.

2) 그의 앞길을 예비해 주십니다_{창 22:14, 고전 2:9}.

3) 주님의 양을 맡겨주십니다_{요 21:15}.

4) 이웃 사랑의 길을 보여주십니다_{마 22:39}.

▋ 유승대 목사

대학 1학년 때 삶의 목적을 찾아 방황하다가 처음으로 교회에 발걸음을 옮기게 되었다. 대학 3년 때 주님을 인격적으로 만나고 성령을 뜨겁게 체험했으며, 주님의 부름을 받아 목회자의 사명을 발견했다. 30살에 새벽이슬교회를 개척하여 13년, 포항교회에서 12년을 사역하였다. 이제 남은 때를 은평교회에서 자신의 생명을 주를 위해 송두리째 드리며 번제처럼 태워 드리고자 오직 한 마음을 품고 지금도 달려가고 있다.

격차의 시대,
긍정의 힘으로 변화를 이끄는 목회

이민교 목사

우즈벡 농아교회 담임

들어가며

태초에 격차格差가 있었다. 빛과 어두움, 하늘과 땅, 뭍과 바다, 해와 달, 생물과 무생물, 인간과 비인간에 이르기까지 없음無으로부터 있음有으로의 창조는 격차에 관한 기사이다. 삼라만상에 격格이 있고 차差가 있었다. 3차원 의식의 상대 세계에 격차는 항존恒存한다. 우리는 그 안에서 존재해왔다.

선악을 분간하지 못하는 사람에게 죽음이 시작되었다. '생명 창조자'의 형상을 따라 지음 받았던 인간들에게 전혀 다른 격차가 발생했다. 인류 역사는 삶과 죽음의 간극間隙을 좁히기 위해 노력하고 실패한 허사虛事의 연속이요, 종교는 그 부산물副産物이다.

원불교 가문에서 태어난 필자는 '불교적 세계관'으로만 살았기에 업보業報에 따라 태어나는 존재 양상의 여섯 가지, 육도윤회六道輪廻*의 불교 교리를 벗어나지 못했다. 그래서 죽음에 대한 고민은 태어나기 이전, 전생까지 연결할 수밖에 없었다. 진리에 갈급하며 목탁치고 염불하던 필자는 소록도 법당 안에서 '생명 구원자'의 임재를 경험했다. 그 후 선교사의 부르심을 받고, 중앙아시아에서 장애인들과 동행하며 그들을 '생명 주관자'에게로 인도하고 있다.**

햇불회로부터 주어진 원제는 '격차의 시대, 긍정의 힘으로 변화를 이끄는 목회'이다. 필자의 정체성은 목사 이전에 선교사이기에 '장애인 선교목회'에 대한 간증을 기반으로 하되, '격차'는 삶과 죽음의 실존적 차이로, '긍정'은 죽음에 관한 그리스도인의 태도로 재정의 및 서술하여 '존재의 격차, 죽음의 긍정으로부터'라는 복음의 본질에 도달하고자 한다.

삶과 죽음의 격차 재인식을 위한 물음

예수 믿고 난 이후에 성경을 읽다가 상당히 놀랐다. 전능하신 하나님이 피조물인 사람에게 찾아오셔서 '물음'으로 소통하셨다는 사실 때문이었다. 하나님께서 세상을 창조하시고 하나님의 형상을 따라 하나님의 모양대로 사람을 만드시고 "보시기에 심히 좋았더라"라고 말씀하셨던 그 하나님이 인간에게 "아담아, 네가 어디에 있느냐?"라는 물음으로 찾아오셨

---

* 천도, 인도, 수라, 아귀, 축생, 지옥
** 《복음에 빚진 사람》(이민교 저, 도서출판 사도행전)

던 것이다.

전지전능하신 하나님께서 이미 답을 알고 계셨을 텐데 도대체 왜 "네가 어디에 있느냐?"라고 물으셨을까?

조선 말로 '늙은이'는 '늘 그런 이'의 준말이라고 한다. 육체의 나이와 상관없이 변화에 민감하지 못하고 '늘 그렇게' 살아가는 사람이 늙은이라고 할 수 있다. 반대로 '젊은이'는 '저를 묻는 이'의 준말이다. '내가 누구인가?', '나는 왜 건강한 사람으로 태어났는가?' 하는 자신을 향한 질문이 영적 젊은이로의 회복을 가능하게 한다.

필자의 구도求道와 신앙 여정에서 붙들고 치열하게 씨름했었던 질문과 시행착오를 삶과 죽음의 격차 재인식을 위해 아래의 순서로 제시한다.

[질문 1] 사람은 왜 죽을까?

필자는 중학교 2학년 때 '스잔나Susanna'라는 한 편의 영화 때문에 삶과 죽음에 관해 묻기 시작했다.

"사람이 왜 죽을까?"

"죽으려면 왜 태어났을까?"

이러한 물음을 자신에게 하다가 결국, 죽음이 머물러 있는 화장터를 다니기 시작했다. 죽음 앞에 슬피 우는 사람들 속에서 스잔나처럼 '죽음의 날짜'를 알고 죽을 수 있다면 죽음을 멋지게 준비할 수 있지 않을까 생각했다.

˙ 1967년 작 홍콩 영화

죽음과 익숙해지기 위해 벽제 화장터에서 스님을 모시기도 했고, 여수 공동묘지에서 '죽음 명상'을 통한 죽음의 신비를 맛보기도 했다. 사람의 죽음과 탄생에 관한 질문은 꼬리를 계속 물어, 나를 찾아 떠나는 여행이 깊어지기 시작했다. 영적 여행의 끝자락에서 이제는 '죽음이 아니라 삶은 무엇일까?'라고 질문에 변화가 일어났다.

[질문 2] 왜 장애인으로 태어날까?

"나는 왜 건강한 사람으로 태어났을까?"

"이 땅에 장애인으로 태어나고 싶어서 태어난 사람이 있을까?"

"내가 부모를 선택할 수 있을까?"

"탄생도 내가 선택할 수 없는데, 죽음을 어찌 내가 선택할 수 있겠는가?"

필자는 건강하게 태어난 것이 장애인들에게 미안했다. 육신에 빚진 자의 마음으로 장애인들을 바라보기 시작했었다. 장애인이 장애인을 돕는 아름다운 사회를 꿈꾸면서, 육체적으로 건강하게 보이는 청각 장애인들이 다른 장애인들*을 섬길 수 있도록 수화손말를 배우기 시작했다. 내가 말을 할 수 있고, 내가 들을 수 있다고 해서 육체에 빚진 자의 마음을 항상 잊지 않으려 노력했다.

그러던 중, 사람들로부터 외면당하고 사회로부터 소외당한 채 살아가는 한센병자한센의 병력을 소유한 자, 나병환자, 문둥병자들이 거주하고 있는 소록도小鹿島에

---

* 일반적으로 장애인을 네 가지로 분류한다. 몸이 불편한 지체 장애인, 시력이 불편한 시각 장애인, 뇌가 조금 불편한 지적 장애인, 그리고 말 못하고 듣지 못하는 청각 장애인이다.

가게 되었다.

[질문 3] 왜 나병환자가 있을까?

처음으로 한센인들을 바라보는 순간, 정신을 잃었다. 필자가 만난 할아버지, 할머니들은 코가 문드러졌고, 눈은 곪아서 진물이 흘렀고, 손가락은 거의 굽어 있었다. 그런데도 그들은 굽어진 손가락으로 하모니카 연주를 했다. 육체에 감각이 없어서 침이 질질 흘러내리는 것도 모르고, 무엇이 그렇게도 좋은지 연주 중간에 육성으로 노래까지 불렀다.

그 시절, 불교의 세계관으로 볼 때 이 땅에 '왜 나병환자가 있는지' 필자는 알고 있었다. 바로 전생에 지은 죄 때문이었다. 그래서 필자는 어떻게 해서라도 부처님을 전해서 죽음 이후, 다음 생에는 반드시 건강한 사람으로 태어나도록 부처님의 인과론因果論 설법을 증거하기 위해 소록도에 머물게 되었다.

어느 날 소록도 부둣가에서 들어오는 배를 기다렸다가 문둥병에 걸려서 들어오는 사람들에게 "왜 당신이 나병에 걸렸는지 모르느냐?"고 질문하기 시작했다. 어떤 분은 초등학교 교장 선생님으로 은퇴 후에 나병에 걸려 들어오셨고, 어떤 분은 육군 중사로 임무 수행 중에 나병에 걸려 들어왔고, 어떤 청년은 고등학교 2학년 때 나병에 걸려 실려 들어왔다.

"당신은 전생에 지은 죄 때문에 이생에서 나병에 걸렸으니, 꼭 부처님 믿고 다음 생에는 건강하게 태어나야 한다"며 부처님의 업보론業報論을 설명하기 시작했다.

그랬더니 육군 중사 출신으로 건장했던 분이 "이 새끼! 나병에 걸린 것도 화가 나 죽겠는데 무슨 전생의 죄를 들먹거리느냐?"며 두들겨 패기

시작했다. 필자는 부둣가 모래사장에서 한참을 얻어맞고, 홀로 부처님께
아뢰기 시작했다.

"어리석은 중생들이 아직도 자신의 죄를 깨닫지 못하고 있으니 부처님
의 자비가 있기를 …" 이렇게 합장하며 홀로 깊은 묵상에 들어갔었다.

[질문 4] 장례식葬禮式인가? 환송식還送式인가?

소록도에는 나병환자이면서 앞을 보지 못하는 '맹인 병동'이라는 마을
이 있었다. 그곳에서 할아버지 할머니들에게 최선을 다해 부처님을 증거
하기 시작했다. 맹인들에게 부처님을 증거하면 그들은 앞을 보지 못하기
때문에 필자를 때릴 수 없다는 생각에서였다.

"부처를 믿으라"고 증거하면 할수록 그들은 필자에게 "예수 믿으라"
고, "예수 믿으면 행복하다"고 예수를 소개하기 시작했다. 그러면서 감히
생각해보지 못했던 '나병'에 대한 해석을 덧붙였다.

"내가 나병에 걸린 것은 전생에 지은 죄의 결과가 아니라, 하나님께서
예수 믿게 하려고 나병을 선물로 주셨다"라면서 소록도 맹인 할아버지
할머니들의 간증은 계속 이어졌다.

이토록 열심히 부처님을 전해도 "내가 건강한 사람이니까 나의 진심을
이해하지 못하는구나"라고 스스로 반문하며, "내가 한센병에 걸려서 한
사람이라도 부처님을 믿고 다음 생에 건강한 사람으로 태어난다면 이것
이 내가 이 땅에서 해야 할 일이다"라고 생각했다.

그 후 한센병에 걸릴 수 있는 방법을 찾다가 마침내 눈썹을 밀기 시작
했다. 눈썹 빠짐은 한센병 초기 증상이기 때문이다. 한번 밀었더니 6개월

동안 자라지 않았다. 그래서 세 번 눈썹을 밀고 환자들과 밥을 섞어 먹으며 침을 핥아 먹기도 했다. 하지만 그럴 때마다 그분들은 필자를 더욱 불쌍히 여기면서 "예수를 믿으라!"고 전도했다.

필자는 더욱 열심히 부처님을 증거했다. 살아있을 때는 아무도 부처님을 믿지 않으니까, 죽음 후에 49재를 통한 천도재薦度齋를 지내 주는 일에 몰두沒頭하게 되었다. 필자는 최선을 다해 소록도 화장터에서 죽은 영가靈駕를 위한 49재를 열심히 드렸고, 특히 위패들을 모셔놓은 만령당萬靈堂에서 영가들의 천도를 위해 기도하기 시작했다.

그런데 놀랍게도 소록도 화장터 장례식에서는 "왜 네가 먼저 갔냐? 내가 먼저 갔어야 하는데…"라며 죽음을 향한 선한 경쟁을 하는 듯했다. 죽음에 대한 표현이 장례식葬禮式이 아니고 환송식還送式이었다. 말 그대로 죽음은 축제였다. 죽음은 슬픔이 아닌 하나님께 가는 기쁨이었다.

날빛보다 더 밝은 천국 믿는 맘 가지고 가겠네 /
믿는 자 위하여 있을 곳 우리 주 예비해 두셨네 /
며칠 후 며칠 후 요단강 건너가 만나리 /
며칠 후 며칠 후 요단강 건너가 만나리

약 7년이 지난 어느 날, 소록도 법당에서 새벽 좌선 후 염불하는 시간에 염불이 되지 않고 입에서 '며칠 후, 며칠 후…' 찬송가 가사가 튀어나오기 시작했다. 혀가 자유자재로 말하기 시작했다. 약 2~3시간 동안 법

---

* 불교의 세계관에서는 죽음 이후에 49일 동안 얼마만큼 정성껏 제사를 지내느냐에 따라 육도윤회六道輪廻의 길이 바뀔 수 있다고 하는 교리가 있다.

당 안에서 하늘이 열리는 영적 경험을 하게 되었다.

[질문 5] 그 땅에 누가 예수의 깃발을 꽂을 것인가?

건강하게 태어난 것에 대한 미안함 때문에 고백했던 '육신의 빚진 자'가 이제는 '법당에 찾아오신 성령님'으로 인해 '복음에 빚진 자'로 살기 시작했다. 그래서 미친 사람처럼 복음이 필요한 곳이면 오늘도 내일도 오직 예수 그리스도의 말씀이면 달려갈 수밖에 없는 선교사가 되었다.

구소련이 무너진 후, 1993년 5월에 모스크바에 2주간 전도 여행을 갔다가 모스크바 아르밧 길거리에서 화가 김 블라지미르우즈베키스탄 고려인 3세를 만났다. 결핵 환자였던 그와 만나서 6개월 동안 함께 숙박, 숙식을 하면서 그의 이름을 '김순교'로 바꿔준 것을 시작으로, "모슬렘 땅에 누가 예수의 깃발을 꽂을 것인가?"라는 하나님의 어명을 받들어 선교를 시작하게 되었다.

선교지 생활은 한국과는 비교할 수 없을 정도로 모든 영역에서 격차가 심했다. 특히, 이슬람 땅에서의 장애인들의 삶은 감히 말로 표현할 수 없는 언어도단言語道斷*이었다.

처음부터 어떠한 프로젝트를 이루기 위한 선교가 아니었기에 '소록도 나병 환자들이 전염시켜 주었던 예수님의 사랑'을 이슬람 땅에 사는 장애인 한 사람에게라도 전하기 위해 현장에서 영구적 헌신을 했다.

말 못하고 듣지 못하는 농아인 친구들과 땀 흘리며 축구하고 놀고 밥 먹고 사우나를 같이 했다. 어느 날 농아인 아시안게임2000년도에 우즈베키

---

* 말할 길이 끊어졌다는 뜻으로, 어이가 없어서 말하려 해도 말할 수 없음을 이르는 말

스탄 국가대표 감독으로 출전하게 되었다. 첫 출전에 한국을 이기고 아시아 3위로 동메달을 목에 걸었다.

그러나, 2001년 911테러로 인해 모슬렘 지역에서 선교하는 일이 공식적으로 불법이 되었다. 필자도 우즈베키스탄에서 추방당했고, 다시 카자흐스탄으로 사역지를 옮기게 되었다. 캐나다 밴쿠버에 사는 분의 이야기를 들었다.

'도베르만'이라는 품종의 독일 사냥견을 키우는 주인은 무척이나 사냥을 즐겨 했었다. 5~6년 동안 주인이 총을 쏘면 무조건 달려가서 주인이 맞춘 짐승을 가져오는 훈련에 익숙한 개였다. 어느 날 주인과 함께 사냥을 떠난 개는 그날도 역시 주인의 '빵!' 하는 총소리에 달리기 시작했다. 그런데 주인은 앞에 갑자기 나타난 호랑이를 보고 겁에 질려 실수로 공중에 총을 쏘았던 것이다. 그러나 주인의 사랑을 받은 개는 아랑곳하지 않고 주인의 총소리를 듣고 무조건 달려갔다.

단순한 이야기일 수 있지만, 5~6년 동안 일방적인 주인의 사랑을 받고 훈련받은 개가 호랑이에게 잡아 먹힐 것을 알면서도 주인의 소리에 무조건 달려갔다면, 우리는 어떻게 해야 할까?

필자는 주인의 사랑을 받은 '개' 같은 사람이다. 주인 되신 예수님이 말씀하시면 무조건 달려갔던 '개' 같은 '선교사'이다. 죽을 것을 알면서도 모슬렘 땅에서 20년, 현재는 북녘땅에서 10년의 삶을 달려가고 있다.

3. 삶과 죽음의 격차

4차원 의식의 절대 세계에 격차가 있을까? 격차가 없지 않다. 인생 가운데 가장 크게 느껴지는 삶과 죽음의 격차마저도 진리 안에서는 이미 하나임을 필자는 소록도 화장터에서 익히 배웠다.

지금 나사로는 어디에 있는가?

법당에서 아침저녁으로 염불하고 낮에는 몰래 성경을 보았다. 허령虛靈이 열렸기 때문에 성경을 보지 않을 수 없었다. 하지만 창세기 첫 장부터 한국어 성경을 읽어가는데, 하나도 무슨 말인지 이해가 되지 않았다. 그런데 놀랍게도 요한복음은 읽혔다. 불경과 비슷한 영적 감지를 하게 되었기 때문이다.

요한복음 11장에 나온 '죽은 나사로'에 대한 부분을 읽으면서 한 가지 물음이 생겼다. "지금 나사로는 어디에 있을까?" 하는 것이다. 교회 다니는 사람들에게 "죽은 나사로, 지금 어디에 있습니까?"라고 물어보면 한결같이 천국에 갔다고 했다. 왜 그랬을까? 죽으면 살리고, 죽으면 또 살리고 해서 지금까지 살아있다가, 때마다 나타나서 "내가 나사로다!"라고 하면 모두가 쉽게 예수를 믿었을 텐데, 도무지 이해되지 않았다.

성경聖經이 아닌 성경聖鏡

어느 날 법당에서 목탁 치고 염불하던 중에 성경의 한자가 성경聖經이 아닌 성경聖鏡으로 보이기 시작했다. 성령의 감동으로 성경이 거울로 보이기 시작했다. 거룩한 글씨성경에서 거룩한 거울성경으로 넘어가게 되었다. 성경이 나에게 주어진 것이 가장 큰 행복이 아닐 수 없었다. 글씨에서 거울로 넘어가는 영적 출애굽Exodus을 경험하면서 진정한 격차인 율법에서 복음으로 넘어갔다.

서로 사랑하라

예수님께서 남기신 마지막 제자도는 바로 "서로 사랑하라", "내가 너희를 사랑한 것같이 너희도 너로 사랑하라"였다. 그 메시지는 바로 "새 계명"이었다.

옛 계명의 핵심이 무엇일까? 하나님을 사랑하는 것이었다.* 그런데 새 계명에서 예수님은 "서로 사랑하라"고만 하셨다. 옛 계명은 하나님을 사랑하라고 명하셨는데, 예수님은 이 말씀을 새 계명에서 "서로 사랑하라"는 말로 바꾸셨다.

왜 예수님은 그렇게 중요한 옛 계명을 바꾸셨을까? 눈에 보이지 않는 하나님을 사랑하는 일은 얼마든지 추상적으로 흐를 수 있기 때문이다. 즉, 우리가 서로 사랑하면 눈에 보이지 않는 하나님 사랑을 눈으로 보고, 귀로 듣고, 손으로 만질 수 있다.

그래서 예수님도 제자들의 발을 씻기고 나서 새 계명을 주시며 "서로 사랑하라"고 하셨다. 예수님은 제자들에게 사랑하라고 말씀하시면서 그 대상을 분명히 보여주신 것이다. 이 부분이 얼마나 중요했으면 이스라엘 백성이 목숨처럼 중요하게 생각했던 옛 계명도 새롭게 바꾸셨을까?

예수님의 품에 늘 있었던 요한조차도 세족식에 나타난 "내가 너희를

---

* 신명기 6장 5절 : "너희는 마음을 다하고 뜻을 다하고 힘을 다하여 네 하나님 여호와를 사랑하라"

사랑한 것같이 사랑하라"의 의미를 당시에는 몰랐었다. 그런데 예수님이 십자가에 죽으시고 부활하신 후에 성령을 받은 후, 그제야 요한은 새 계명에 담긴 사랑의 의미를 깨닫는다. 요한은 이 깨달음을 요한일서 4장 7-12절에서 녹여낸다. 마치 주석을 달아놓은 것처럼 자신이 깨달은 새 계명의 의미를 상세하게 해석한다. 특히 "내가 너희를 사랑한 것같이"의 의미를 9-10절에서 깊이 있게 해석한다.

> ⁹하나님의 사랑이 우리에게 이렇게 나타난 바 되었으니 하나님이 자기의 독생자를 세상에 보내심은 그로 말미암아 우리를 살리려 하심이라 ¹⁰사랑은 여기 있으니 우리가 하나님을 사랑한 것이 아니요 하나님이 우리를 사랑하사 우리 죄를 속하기 위하여 화목 제물로 그 아들을 보내셨음이라 요일 4:9-10

요한은 선포한다. "우리가 하나님을 사랑한 것이 아니요 하나님이 우리를 사랑하사…" 우리가 주어가 되어 우리가 주도한 옛 계명에서 이제는 하나님께서 직접 사랑을 시작하신다. 사랑의 출발점이 달라졌다. 우리가 시작한 사랑이 아니라 하나님이 시작하신 사랑이다. 하나님께서 주어가 되시고 그분이 주도하신 사랑이다. 하나님은 그 사랑을 바로 십자가에서 시작하셨다.

어서 죽여라

불교 고승들로부터 구전되는 유명한 이야기가 있다.

백정이 시퍼렇게 커다란 칼을 들고 사형수의 목을 따려고 하는 순간, 사형수가 백정에게 이렇게 묻는다.

"네가 어떻게 나를 죽이려고 하는가? 네가 죽이고자 하는 것이 무엇인가?"

그랬더니 백정은 답한다.

"무슨 말인가? 이 칼로 네놈의 모가지를 자르면 피를 쏟아내고 숨을 쉬지 못하니 결국 너는 죽고 마는 것이지…."

사형수는 다시 묻는다.

"몸은 흙에서 왔는데 흙을 네놈이 칼로 자르겠다는 것인가? 숨은 공기에서 왔는데 네놈이 공기를 자르겠다는 것인가? 피는 물에서 왔는데 네놈이 물을 자르겠다는 것인가? 네놈이 자르겠다고 하는 것은 과연 무엇인가? 어서 죽여라."

불교의 세계관에서 회자되는 이야기이지만, 육도윤회六道輪廻 생사해탈生死解脫의 죽음보다 '부활'을 믿고 있는 기독교인들의 죽음이 이보다 못하다면 어찌 이것이 복음이 될 수 있을까?

육체로 태어났다가 죽는 인생이 있고, 하나님의 부르심대로 왔다가 사명이 끝나는 날 다시 하나님께 돌아가는 인생이 있다. 필자는 요한복음 3장에 나오는 '예수와 니고데모'의 대화를 묵상하다가 "육으로 난 것은 육이요 영으로 난 것은 영이니" 부분에서 거듭남의 비밀을 깨달았다. 또한 태어난 본 적도 없고 죽음도 없는 하늘의 신비를 히브리서 말씀에서 발견했다.

아버지도 없고 어머니도 없고 족보도 없고 시작한 날도 없고 생명의
끝도 없어 하나님의 아들과 닮아서 항상 제사장으로 있느니라 히 7:3

필자는 사도신경을 고백할 때마다 "본디오 빌라도에게 고난을 받아 십
자가에 못 박혀 죽으시고" 부분을 조금 작게 고백한다. 왜냐하면 3차원
의식, 격차의 시대에서 볼 때는 본디오 빌라도에게 고난을 받아 십자가
에 못 박혀 죽으심이 당연히 맞지만, 4차원 의식, 진리의 세계에서 볼 때
나의 사랑하는 주님은 스스로 죽으셨기 때문이다. 언제 어디서 어떻게
죽을 것을 아시면서도 그 길을 피하지 않으시고 묵묵히 십자가의 길을
가셨다. 언제? 유월절에, 어디서? 골고다에서, 어떻게? 십자가로….

그러나 오늘과 내일과 모레는 내가 갈 길을 가야 하리니 선지자가 예
루살렘 밖에서는 죽는 법이 없느니라 눅 13:33

사망아 너의 승리가 어디 있느냐 사망아 네 쏘는 것이 어디 있느냐 고전 15:55

마치며

약 10여 년 전, 지구촌교회 이동원 목사님이 주최한 침미준*에서 '교회
성장 전략 세미나' 강사로 초청되었었다. 약 300여 명의 목회자 앞에서
'교회 성장을 위한 전도 전략'의 주제강의인 "어떻게 전도할 것인가?"는

---

* 침례교 미래를 준비하는 모임

몹시 부담되는 강의였다.

기도하던 중에 양화진 선교사 무덤에 찾아가 돌아가신 선교사님들에게 아주 큰 소리로 물어보기 시작했다.

"선교사님, 한국교회 성장을 위한 전도 전략을 좀 알려 주세요."

무덤들이 답하기 시작했다.

"무덤이 전도한다."

"잘 죽으면 그것이 전도다."

그 후 '교회성장 전도전략'에 대한 프로그램을 배우기 위해 모인 목회자들 앞에서 "무덤이 전도한다"라는 원색적인 복음을 증거했다. 목사牧師가 목사牧死가 되는 전도 전략을 피를 토하듯 소리높여 외치기 시작했다.

"무덤이 전도한다. 잘 죽으면 그것이 전도다."

"(내가) 사라지면 (예수가) 살아진다."

필자의 선교 시작점은 스데반의 죽음을 통해 훗날 사울이 바울이 되었던 사건이었다. "잘 죽으면 그것이 선교가 되겠구나"라고 스스로 다짐하며 "잘 죽게 해주세요"라는 기도 제목을 남겨 놓고 선교지로 출발했다.

해당 국가에서 추방을 당하면 5년 후에 다시 입국이 가능한 것이 국제법 판례다. 그런데도 필자는 약 14년 만에 추방이 풀려 2019년 9월에 선교의 첫사랑 우즈베키스탄에 다시 들어갈 수가 있었다.

우즈베키스탄 농아교회는 '격차의 시대'에 당연히 격차가 벌어져 있어야 하는데, 전혀 그렇지 않았다. 이슬람 땅에서, 그것도 장애인들의 모임이 은밀하게, 현지 리더십을 통해 중앙아시아 중심에서, 우즈베키스탄 이슬람의 심장부에서 매주 세 번, 하나님을 예배하는 예배자들이 자발적으로 일어나고 있음을 확인하게 되었다.

2022년 4월에는 공식적으로 우즈베키스탄 장애인 체육부의 요청으로 브라질에서 개최되는 데플림픽Deaflympics에 아내 이미라 선교사와 함께 다녀왔다. 장애인들이 사랑받았다는 것을 결코 거부하지 못하도록 더욱 사랑해 주고 있다.

> 하나님의 뜻대로 부르심을 받은 바울은…"
> 그리스도 예수의 사도로 부르심을 받은 바울은…"

바울서신 각각의 1장 1절을 볼 때마다 동일하게 필자도 고백하며 정체성正體性, identity을 확인한다.

> 내가 달려갈 길과 주 예수께 받은 사명 곧 하나님의 은혜의 복음을 증언하는 일을 마치려 함에는 나의 생명조차 조금도 귀한 것으로 여기지 아니하노라 행 20:24

▌이민교 선교사

소록도에서 한센인들에게 불교를 전하던 중에 오히려 한센인들의 전도를 받고 '복음에 빚진 사람'임을 고백한다. 현재 GP 선교사로, 농아축구팀 국가대표 감독으로 장애인 사역을 감당하고 있다. 《복음에 빚진 사람》, 《하나님이 보낸 사람》, 《더하기 십자가 곱하기 십자가》, 《통일 연습》, 《미스터 미션, 조동진》, 《손짓사랑》 등을 집필했다.

격차의 시대,
긍정의 교회를 위한 깊이 있는 성경 이해
종교개혁과 메타버스의 시대의
성경을 이해하는 교육 콘텐츠

박양규 목사

교회교육연구소 대표

서문

현재 한국교회는 수많은 혼란 속에 갈피를 잡지 못하고 표류하는 난파선과 같습니다. 한국교회 자체의 침체로 인해 수많은 '가나안' 성도들이 배출된 것도 상당한 시간이 지났고, 설상가상雪上加霜으로 수많은 이단과 대중 매체들은 진위를 가늠하기도 힘들 만큼 우리를 혼란스럽게 만들고 있습니다.

더욱 절망스러운 점은 저출산 고령화 시대 속에서 급격히 다음 세대들이 줄어든다는 사실입니다. 이런 시기에 진정한 위기란, 팬데믹과 '메타버스'라는 환경으로 인해 물리적인 숫자가 줄어드는 것이 아니라, 이런 시기 속에서 뚜렷하게 방향을 제시할 콘트롤 타워가 없다는 점이라고 할 수 있습니다. 마치 사사기의 한 구절을 연상하게 되는 상황입니다.

> 그 때에 이스라엘에 왕이 없으므로 사람이 각기 자기의 소견에 옳은
> 대로 행하였더라 삿 21:25

팬데믹과 메타버스를 통과하는 지금, 교회와 성경 교육은 어떤 방향을 지향해야 할지 명확한 방향 없이 각기 자기의 소견대로 행하고 있는 것이 현재의 가장 적절한 모습이라고 할 수 있습니다.

이런 혼란은 현재 우리만 겪는 문제는 아닙니다. 역사 속에서 수많은 교회가 직면했던 어려움이었습니다. 종교개혁이 일어나기까지 당시 세상은 소위 '암흑의 시대'라고 불렸고, 산업혁명 시기에 교회는 '이성의 시대'라는 파도에 직면해야 했습니다.

한국교회는 우리의 정체성을 종교개혁에 두고 있습니다. 역사적으로 우리의 뿌리가 종교개혁자들과 닿아 있다는 사실을 통해 우리가 붙잡는 진리가 절대로 틀리지 않았음을 우리는 믿고 안위할 수 있습니다.

그렇지만 우리의 뿌리가 종교개혁에 있다는 것은 단순히 '교리'에 국한되는 것은 아닐 것입니다. 종교개혁자들이 암흑과 혼돈의 시대를 극복하고 진리의 빛을 밝혔다면, 그들을 뿌리로 삼고 있는 우리 역시 이 시대 속에서 빛을 밝힐 수 있기 때문입니다. 왜냐하면 500년 전에 세상을 변화시키며 살아계셨던 하나님이 지금도 살아계시기 때문입니다. 이것을 믿는다면 지금 우리도 세상을 밝힐 수 있습니다. 그래서 우리는 "긍정의 교회"를 꿈꿀 수 있습니다.

종교개혁과 메타버스

지금은 소위 '메타버스' 시대라고 합니다. 지난해부터 '메타버스'라는 용어가 우리 사회에 화두가 되었습니다. 지난해까지만 해도 생소했던 이 단어도 이미 식상해져서 현재는 '멀티버스', '메타 모더니즘'이라는 단어까지 등장하고 있습니다. 그러나 교회는 메타버스에 대한 이해도 현저하게 낮을 뿐만 아니라 어떻게 대비해야 하는지도 갈피를 잡지 못하고 있습니다.

많은 분이 이해하시듯이 '메타버스'라는 말은 '초월'을 뜻하는 '메타meta'라는 말과 '세계'를 뜻하는 '유니버스universe'가 합쳐진 말입니다. 다시 말해서 얼굴을 마주 보며 접하는 일상이 아니라 가상의 세계에서 접하는 공간을 '메타버스'라고 합니다. 이미 우리에게 익숙한 SNS나 컴퓨터 게임이 이런 공간의 대표적인 예라고 할 수 있습니다. 나아가서 자신을 대변하는 분신인 '아바타'를 통해 소통하는 것도 이런 범주에 속한다고 할 수 있습니다. 우리는 '아바타'는 아니더라도 이미 SNS에서 자신을 대신할 '프사'*가 우리를 대신하기 때문입니다.

'메타버스' 전문가인 김상균 교수에 따르면 이미 스마트폰이 보급된 시점부터 '메타버스' 시대는 시작되었다고 할 수 있습니다. 앞으로 대면이 아닌 비대면 방식은 더욱더 편리해지고 활발해질 것입니다. '비대면 예배'를 중단하고 종전과 같은 녹화 후 '스트리밍'하는 방식으로 회귀하지는 않을 겁니다.

---

* 소셜 네트워크 서비스, 인터넷 커뮤니티, 인스턴트 메신저 등에서 자신의 프로필을 표시할 때 나타내는 이미지를 뜻하는 인터넷 용어. '프로필 사진'의 준말.

박양규

그러나 가장 안타까운 점은 마치 '메타버스'가 대안인 것처럼 회자되는 점입니다. 마치 메타버스 기기에 익숙해지는 것이 교회 교육을 잘하는 것이고, 그것이 부흥을 가져올 것처럼 언급하는 것은 매우 위험천만한 일입니다. '메타버스'는 일종의 '플랫폼'이고, 정말 중요한 것은 그 플랫폼 위에 어떤 '콘텐츠'를 활용해서 소통할 것인가 하는 점입니다.

이런 위기는 이미 종교개혁 시대에도 경험한 바 있습니다. 1450년대에 독일의 구텐베르크는 '인쇄술'을 발명했고, '구텐베르크 성경'을 활자로 인쇄했습니다. 종전까지 수도원에서 수도사들이 오랜 시간 필사하던 성경이 인쇄기를 통해 빨리, 그리고 저렴하게 인쇄된 것은 혁명과도 같은 사건이었습니다. 그래서 역사에서는 인쇄술을 나침반, 화약과 함께 중세를 무너뜨린 3대 발명품이라고 말합니다. 인쇄술을 통해 지식이 대량으로 유통되기 시작했습니다.

그러나 흥미로운 점은 인쇄술이 발명된 지 70년이 지나서야 종교개혁이 일어난 점입니다. 이것은 무엇을 의미할까요? 인쇄술 자체가 종교개혁을 가져온 것이 아니라 인쇄술이라는 '플랫폼'을 통해 어떤 '콘텐츠'를 보급했는가가 결정적인 역할을 했다는 것입니다.

종교개혁에 우리의 뿌리를 두고 있다면 종교개혁자들의 교리에 국한되어서는 안 됩니다. 그들이 암흑의 시기를 어떻게 극복했는지를 살펴봐야 합니다. 그것이 바로 플랫폼을 주도하는 콘텐츠의 힘입니다.

절망을 긍정으로 바꾼 사람들

유럽에 가면 거대한 제단화, 천장화 같은 그림들을 볼 수 있습니다. 그뿐만 아니라 성경을 소재로 한 다양한 예술 작품들을 볼 수 있습니다. 이런 작품들이 만들어지게 된 것은 16세기의 트리엔트 공의회1545-1563와 관련이 깊습니다. 즉, 로마 교황청에서는 거의 20년에 가까운 기간 동안 가톨릭교회를 정비하고, 교회의 권위를 높이는 방법을 강구했습니다. 그런 정책 중의 하나가 바로 교회에 거대하고 웅장한 예술 작품들을 제작하는 것이었습니다. 바로크 미술 양식은 이런 역사적인 시기와 맞물려 있습니다. 왜 로마 교황청은 이런 방법을 사용했을까요?

종교개혁자 마르틴 루터는 95개조 반박문을 작성하면서 설교와 저술 활동만 하지 않았습니다. 음악, 예술, 문학과 같은 방법을 총동원하여 종교개혁의 가르침을 민중들에게 가르치려고 했습니다. 루터는 〈내 주는 강한 성이요〉라는 찬송가를 만들었고, 그의 동역자들은 음악과 그림, 문서를 통해 다양한 방법으로 루터의 가르침을 확산시켰습니다. 만일 루터가 '설교'만 했었다면 종교개혁이 지금처럼 큰 영향을 주지는 못했을 겁니다.

다시 말해서, 종교개혁자들이 종교개혁을 일으키며 시대에 맞설 수 있었던 것은 다양한 방법을 동원해서 '콘텐츠'를 확산시켰기 때문입니다. 그 영향이 얼마나 컸던지 로마 가톨릭은 20년간의 회의를 통해 반反 종교개혁을 일으킬 수밖에 없었습니다.

루터가 절망의 시대에 '긍정적으로' 성경을 가르친 방식을 이렇게 요약해 볼 수 있습니다.

긍정의 교회법칙 1.

교회는 하나님의 말씀을 전하는 곳이어야 한다.

루터는 교회에서 하나님의 말씀을 가르치기 위해 목숨을 걸었던 인물이었습니다. 교회는 하나님의 말씀이 전파되는 곳이어야 합니다. 교회가 하나님의 말씀이 아닌 예술, 문학, 지식이 전달되거나, 심지어 '전통'이 고수되는 공간으로 변하는 순간 교회는 생명력을 잃어버릴 것입니다. 그러나 긍정의 교회를 만드는 두 번째 법칙은 다음과 같습니다.

긍정의 교회법칙 2.

하나님의 말씀을 전하는 방식은 스피치Speech만 있는 것이 아니다.

이것은 대단히 중요합니다. 루터는 하나님의 말씀을 전하기 위해 '스피치' 뿐만 아니라 다양한 방편을 사용했습니다. 대표적인 것이 '성만찬'입니다. 설교가 '들리는 말씀'이라면, 성만찬은 '보이는 말씀'이었습니다. 그뿐만 아니라 수많은 그림과 찬송, 찬송시들은 부흥의 견인차 역할을 했던 도구들이었습니다. 정말 그럴까요?

바흐는 음악을 통해 성경의 내용을 전했습니다. 그의 작품 중 수많은 곡이 '코랄'인데, 코랄은 루터교 찬송가를 뜻하는 말입니다. 그뿐만 아니라 그의 오라토리오와 칸타타는 지금까지 성경을 음악으로 전하는 불후의 작품이었습니다.

성경을 우화寓話로 전했던 존 번연의 《천로역정》은 성경 다음으로 많이 번역된 책으로 알려져 있습니다. 존 웨슬리의 전도에 동행하면서 설교를 수천 편의 찬송시로 만들었던 그의 동생 찰스 웨슬리가 없었다면 지금의 존 웨슬리는 없었을 것입니다. 렘브란트의 그림은 지금까지 수많은 사람에게 성경의 영감을 주었으며, 고흐의 그림이 감동적인 것은 성경의 가르침을 토대로 그렸기 때문입니다.

4. 긍정의 전환을 가져온 작품들

그렇다면 본격적으로 인생과 시대를 변화시킨 작품들을 살펴보려고 합니다. 러시아의 대문호 도스토옙스키에게 큰 충격을 준 작품을 살펴볼까요? 한스 홀바인은 루터의 종교개혁을 누구보다도 지지했던 화가였습니다. 그의 인생 그림과도 같은 그림은 이렇습니다.

[그림 1] 한스 홀바인의 〈대사들〉

이 그림을 감상해 볼까요? 많이 지나쳤을 그림일 겁니다. 그렇지만 한 번 천천히 살펴볼까요? 이 그림 속에는 종교개혁의 정신이 고스란히 스며들어 있습니다.

홀바인이 그린 그림 중에서 또 다른 그림은 이렇습니다.

[그림 2] 한스 홀바인의 〈무덤 속 그리스도의 시신〉

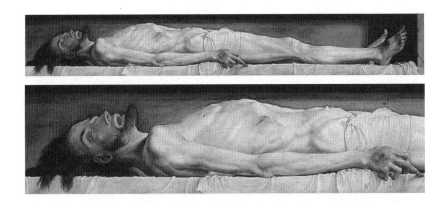

이 그림은 스위스 바젤에 있습니다. 러시아의 도스토옙스키는 이 그림을 보기 위해 스위스로 달려갔습니다. 그리고 이 그림을 보며 실신한 듯이 쓰러지고 말았습니다. 왜 그랬을까요?

역사상 가장 창의적이라는 평가를 받는 살바도르 달리의 이 그림을 보실까요?

[그림 3] 살바도르 달리의 〈성 요한의 십자가의 그리스도〉

살바도르 달리는 이 그림을 그리면서 내면에 큰 충격과 변화를 경험했습니다. 이 그림에는 살바도르의 어떤 심정이 담겨 있을까요?

끝으로, 종교개혁과 반反 종교개혁이 일어나던 16세기에 자신의 신앙을 고백했던 미켈란젤로의 〈최후의 심판〉을 소개하는 것으로 마치겠습니다.

[그림 4] 미켈란젤로의 〈최후의 심판〉

우리가 예배드릴 때마다 수천 번 외웠을 신앙고백이지만, 이 그림을 살펴보면서 무엇을 느끼셨나요? 그리고 우리는 신앙고백을 어떻게 이해하게 되었나요? 지금은 편안하게 예술 작품을 감상하고 있을지 모릅니다. 그러나 이 시기의 작품들은 암흑의 시기에 목숨을 걸고 자신의 신앙을 표현했던 작가들의 신앙고백이 담겨 있습니다.

5. 메타버스 시대의 긍정적인 전망들

종교개혁과 메타버스를 교차해서 살펴본 작품들은 여러분들에게 어떤 감동과 유익을 주었습니까? 중요한 것은 '인쇄술'이라는 플랫폼이 아니라 인쇄술을 이용한 콘텐츠였다는 사실입니다. 우리는 메타버스 시대를 살아가고 있습니다. 수많은 게임과 선정적인 내용이 다음 세대를 유혹하고 있는 시대를 살고 있습니다. 메타버스 자체가 대안이 될 수 없고, 그렇다고 메타버스를 단절하고 살아갈 수도 없습니다. 절망의 시대라고 여겼던 엘리야에게 하나님은 여전히 그루터기와 같은 사람들이 하나님의 도구가 되고 있다고 말씀하셨습니다. 암울한 시대로 보이지만 메타버스를 통해 소통할 수많은 콘텐츠를 만들고 있습니다.

우리 아이들이 1년에 50번 교회에 옵니다. 10년이면 500번 교회에 옵니다. 저는 500개, 1,000개, 2,000개의 콘텐츠를 통해 아이들과 소통할 준비를 하며 끊임없이 콘텐츠를 만들고 있습니다. 이렇게 준비하는 사람들이 더욱 많아진다면 또 다른 종교개혁이 가능해지리라 확신합니다. 이것이 바로 암울한 시기에 긍정적인 교회의 미래라고 확신하는 이유입니다.

▌박양규 목사

교회교육 콘텐츠를 제작하는 사역자이며 인문학과 성경을 교육으로 연결하는데 가장 탁월한 학자이다. 총신대학교와 동 대학원에서 신학을 공부하고 고려대학교 서양사학과에서 헬레니즘 분야로 석사 과정을 마쳤으며, 영국 애버딘대학교에서 중간사 분야로 박사 과정을 수료했다. 삼일교회에서 교회 학교를 총괄했으며, 아신대학교 교육대학원 외래교수, 소명중고등학교 성경 교사로 교육활동을 이어가고 있다. 유튜브에서 〈교회교육연구소〉를 운영하는 인플루언서이자 다양한 교재를 집필하는 작가로 왕성한 활동을 하고 있다. 《중세교회의 뒷골목 풍경》(예책), 《동화 속 성경 이야기》(큐리북), 《인문학은 성경을 어떻게 만나는가》(샘솟는기쁨) 등의 저서가 있다.

격차의 시대,

긍정의 목회를 위한 소통 콘텐츠 활용
나는 문학을 설교에 어떻게 활용하는가?

이정일 목사
문학연구공간 '상상' 대표

이 강의의 주제는 소통이며, 이를 위해 문학을 활용하려고 한다. 설교자가 성도들에게 성경 속 메시지를 전달할 때 시나 소설을 읽은 경험이 어떻게 도움을 주는지를 보여주는 것이다. 문학을 활용하려는 데는 이유가 있다. 가장 크게는 이야기의 시대가 왔기 때문이다. 이전과 달리 이제 교회 밖 사람들은 넷플릭스, 영화, SF 소설이나 판타지 등에서 보여주는 서사에 빠져 있다. 성도라고 해서 크게 다르지는 않을 것이다.

주일날 성도들은 설교 말씀에 은혜를 받겠지만 그것을 다시 듣는 성도는 적다. 대다수는 설교를 들으며 '아멘' 하겠지만, 그것을 노트에 적어서 다시 보거나 친구들과의 대화에서 언급하는 비율은 낮다. 반면 드라마는 다르다. 종영되어도 다시 보는 비율은 높고, 드라마 속 장면이나 대사는 대화나 카톡에서 자주 언급된다. 성도들에게도 말씀보다 드라마 대사가 더 피부에 와닿는다는 것을 카톡 문자를 보며 실감한다.

이를 반전시키기는 쉽지 않지만, 설교자는 성도들에게 어떻게 하면 말씀의 꼴을 먹일까를 고민할 것이다. 이런 고민이 중요하다. 이런 고민을 해야 반전의 기회를 잡을 수 있기 때문이다. 이런 반전을 위해 나는 문학을 설교에 활용하길 제안하면서 문학이 설교자 자신에게 어떤 변화를 주고, 또 이런 변화가 설교자의 설교에는 어떤 모습으로 나타날 수 있는지를 다루려고 한다.

이야기의 시대가 도래했다

설교자가 시대의 변화를 읽을 필요가 있다. 이제는 성도들이 정보를 얻는 방식이 다양해졌다. 예전엔 지식이 제한된 방식으로 유통되었지만, 지금은 아니다. 스마트폰 하나만 있으면 어디건 접속할 수 있고 다양한 매체를 통해 자신이 원하는 것을 얻을 수 있다. 이런 변화 중 가장 눈에 띄는 것은 이야기이다. 이전과 달리 모든 영역에서 이야기가 들려오고 사람들은 이야기를 듣고 싶어 한다.

우리는 왜 미술가 중에서 다빈치나 고흐에게 열광할까? 그들의 그림 실력이 탁월하기 때문일까? 나는 일부는 맞고 일부는 틀렸다고 생각한다. 다빈치의 경우는 그림 실력이 뛰어났다. 그리고 그림을 그리는 방식이 독특하다. 고흐는 다빈치만큼 뛰어나지는 않지만, 인기 면에서는 별반 차이가 없다. 왜 사람들은 국적을 불문하고 이 두 사람에게 열광하는 것일까? 나는 그게 이야기와 연결되어 있다고 본다.

영국 문학을 취재하는 과정에서 몇 곳의 미술관을 방문했다. 런던에 내셔널 갤러리가 있다. 이곳에 고흐와 모네, 세잔, 다빈치의 그림도 있다. 이곳을 관람하는 중 보게 되는 장면이 있다. 가이드를 동반한 그룹은 그림에 대한 몰입도가 엄청났다. 언어권별로 가이드가 붙어서 그림을 설명한다. 말이 설명이지 실제로는 이야기이다. 이야기가 없었다면 그냥 지나쳤을 그림을 몰입해서 본다.

고흐 그림은 내셔널 갤러리 제일 끝방에 있다. 방이 무척 크지만, 고흐 그림이 어디에 있는지 단번에 알아보았다. 〈해바라기〉 앞에서 사람들이 가장 많이 모여 있었기 때문이다. 국적 불문하고 저마다 그 그림을 스마트폰에 담기 바쁘다. 고흐가 그렇게 주목받게 된 배경이 있을 것이다. 그것은 그의 생애에 관한 이야기가 널리 퍼져 있기 때문이다. 이야기가 먼저 이해가 되면 우리는 그 이야기의 주인공을 알고 싶어 한다.

고흐가 영국에서 화랑 직원으로 일할 때 찰스 디킨스를 알게 되었다. 디킨스 소설을 읽으며 고흐는 가난한 사람들에게 눈을 떴다. 그가 신실한 전도사로서 활동한 이면에는 신앙의 순수함이 있었다. 그런 순수함에 불을 붙인 계기는 소설이었다. 《올리버 트위스트》 같은 소설을 읽으며 디킨스는 설교자로서의 자신의 역할을 점검하게 되었고, 이를 〈감자 먹는 사람들〉 같은 그림 속에 담아내었다. 이게 이야기로 퍼진 것이다.

지금 성도들은 이야기의 공식에 익숙해 있다. 이야기의 공식에선 설명이 중요하지 않다. 순간순간 느끼는 감성이 중요하고 그 감성 코드가 자신의 삶과도 연결되어야 한다. 설교자가 중요한 성경 본문을 다룰 때 히브리어나 헬라어 원어를 갖고 설명하겠지만 그것에 주목하는 성도들은 거의 없다. 자신이 알파벳도 읽지 못하는 언어에 관심을 가질 수 없기 때문이다. 반면 이야기는 다르다.

〈도깨비〉, 〈이태원 클라쓰〉, 〈사랑의 불시착〉, 〈오징어 게임〉, 〈이상한 변호사 우영우〉 같은 드라마가 세계적으로 흥행을 한다. 이들 드라마가 흥행한 이유는 사람들이 원하는 것을 흥미롭게 보여주기 때문이다. 그래서 이전 같으면 무시하고 지나쳤을 한국 드라마를 다른 나라 사람들이 찾아서 본다. 심지어 공부하러 서울로 오는 사람들도 있다. 문화 선진국 영국 런던의 한 칼리지에서 한국어학과는 80명 정원을 단번에 채운다고 한다.

이런 현상이 한 곳에서만 일어나는 게 아니라 영국 전역에서 일어나고 있다. 왜 이런 현상이 발생했는지 분석하는 게 한류 논문의 역할이다. 이런 변화의 원동력 이면에는 문학이 있다. 시대의 흐름을 읽은 작가들이 있다. 작가들이 이야기를 만들어내면 연출가가 그것을 시각적으로 보여준다. 이것이 다양한 온라인 매체를 통해 전 세계에 유포되는 것이다. 넷플릭스와 자막을 통해 지리와 언어적 한계를 단숨에 뛰어넘어서 말이다.

유튜브에서 설교의 조회 수는 무척 낮다. 이렇게 낮은 이유는 설교자가 무엇을 말하려고 하는지를 단번에 간파하고 있기 때문이다. 상대가 무슨 말을 할지 미리 알면 크게 관심을 갖지 않는다. 따라서 설교자는 익숙한 것을 낯설게 보되 새롭게 느끼게 할 필요가 있다. 감성의 변화가 있어야 한다는 뜻이다. 이를 머리가 아니라 가슴으로 이해해야 하고, 설교자 역시 사람들이 왜 이야기에 빠지는지를 경험해봐야 한다.

톨킨의 《반지의 제왕》이나 C.S. 루이스의 《나니아 연대기》에 작가들이 구체적으로 묘사하는 지역이 있다. 이것이 작가의 머릿속에서 그저 나온 게 아니다. 구체적인 묘사는 반드시 그것이 토대를 둔 원형이 있다. 상상은 구체적인 경험을 토대로 한다는 뜻이다. 설교자가 구체적으로 이해하거나 경험을 해야만 제대로 전달할 수 있다는 뜻이다. 이것은 성경 속 본문을 다룰 때도 그대로 적용되는 원칙이다.

사람들은 논리적, 합리적인 것 같지만 항상 그런 건 아니다. 인간의 마음은 한여름에도 얼어붙을 수 있다. 마음이 얼어붙는 걸 막으려면 한겨울에도 여름을 한 조각이라도 갖고 있어야 한다. 이것은 공감하고 배려해야 한다는 뜻이다. 성도들이 성경을 읽어도 변화하지 않는 것은 그게 자신의 삶과 연결되지 못하기 때문일 것이다. 말씀이 내 삶과 접속하면 분명 자극을 주는 무언가가 일어날 것이다.

이야기는 독자를 반응하게 만든다. 박수를 치게도 하고 친구들에게 한번 보라고 권유하게도 만든다. 우리가 말씀에 끌리면 어떤 식으로든 반응을 할 것이다. 이것은 성경 텍스트에 집중하던 설명을 그 말씀이 떨어지는 나와 연결된 콘텍스트로 연결해야 한다는 뜻이다. 바로 이 연결과정에서 가장 중요한 게 끌리는 것이다. 끌리면 듣게 되고, 듣다 보면 빠져든다. 이게 이야기의 공식이다.

첫 시작에 공감해야 듣는다

설교자에게 첫 시작은 중요하다. 그 첫 시작을 어떻게 하는가가 설교에 대한 인상을 주기 때문이다. 가볍게 시작하는 설교자도 있고 진지하게 문제를 던지는 설교자도 있다. 그 주일 설교자가 전하는 메시지에 따라 설교자가 선택하는 것이지만 그것을 전달하는 방식을 고민해야 한다.

이것이 문학과는 어떻게 연결될까? 바로 첫 문장이나 첫 장을 작가가 어떻게 시작하고 어떤 내용을 담는지를 보는 것이다.

《작은 것들의 신》이라는, 부커 문학상을 받은 인도 소설이 있다. 이 소설을 펴면 작가는 등장인물을 소개하지 않는다. 등장인물이 살아가는 지역의 날씨를 몇 페이지에 걸쳐서 묘사한다. 그게 작가가 전하는 메시지와 아무런 관계가 없는 듯이 보이지만, 그렇지 않다. 바로 그 묘사를 통해 독자는 작가가 앞으로 전개할 스토리에 이슬비에 옷이 젖듯 빠져드는 것이다.

불과 몇 페이지에 불과하지만, 그 묘사를 읽는 동안 앞으로 진행될 이야기에 대한 기대감이 자못 커진다. 그때 작가는 등장인물을 등장시켜서 이야기의 주도권을 잡는다. 그러면서 작가는 천천히 자신이 들려주고 싶은 이야기를 풀어나가는 것이다. 일단 독자가 첫 시작에 대한 좋은 감정을 갖게 되면 마음의 문이 활짝 열린다. 작가는 이것을 작품의 장르에 따라 다른 방식으로 풀어가지만, 목적은 같다. 독자를 끝까지 읽게 하는 것이다.

누군가 오두막집에 혼자 앉아 있다. 늦은 저녁이고 창밖은 캄캄하다. 낮은 전등불 아래 한 남자가 멍하니 앉아 있다. 그런데 그때 문을 두드리는 소리가 난다. 평범한 장면 같지만, 이 장면을 보는 또 다른 눈은 놀랍다. 왜일까? 바로 이 장면이 시작되기 직전 지구가 핵폭발로 파괴되는 장면을 보았기 때문이고, 내레이션에서 이제 지구는 한 사람만 생존했다고 말했기 때문이다.

분명히 지구에는 한 사람만 생존했는데 노크 소리가 났으니 이건 분명히 뭔가가 있는 것이다. 독자는 이 뭔가가 누구일까에 관심을 기울인다.

흥미를 갖는 것이다. 그러면 그게 누군지 밝혀지게 될 때까지는 계속해서 책을 읽을 것이다. 이것이 드라마의 장치이다. 이런 장치가 설교자에게는 어떤 모습으로 연결될까? 바로 서두를 어떻게 시작해야 하는지를 고민하게 하는 것이다.

필자의 경우 연천에 있는 군부대에서 사역한다. 두 곳의 부대에서 사역하는데, 병사의 대다수가 입대 후 처음 교회를 나온 사람이다. 성경도 모르지만, 성경을 읽지도 않는다. 그런 친구들에게 성경 속 메시지를 전하는 것은 힘들다. 성경 이야기를 설명하면 지루하게 느끼기 때문이다. 그래서 《반지의 제왕》으로 시작한다. 일단 그 스토리는 다 알고 있으므로 그런 스토리와 연결 지어 말하면 성경 속 사건에 흥미를 갖는다.

설교의 구성을 고민해야 한다

많은 설교자가 3대지 설교를 할 것이다. 이 설교는 과거에 성도들에게 성경의 메시지를 요약하여 알려 주는 유용한 방식이었다. 문제는, 지금은 이런 설교 방법이 잘 먹히는 시대가 아니라는 것이다. 이 설교 방법이 잘 활용되던 시기는 한국교회가 뜨거웠던 시절이고, TV나 영화 같은 것도 지금처럼 재미있지 않았던 때이다. 그러나 지금은 다르다. 예능도 재미있고, 넷플릭스 같은 플랫폼은 24시간 너무나 재미있는 서비스를 제공한다.

설교는 하나님의 진리를 전하기 때문에 재미와는 상관이 없다. 그저 선언하고 선포하면 설교자가 역할을 다한 것처럼 느낄 수 있다. 하지만 문학의 눈으로 보면 그것은 독자를 무시하는 것과 다르지 않다. 우리가 제품을 산 뒤 마음에 들지 않으면 평점이나 후기를 써서 의사를 표현한다. 성도들에게 그런 기회를 준다면 대다수 설교자의 평점이 높지는 않을 것이다. 이유는 하나, 재미가 없기 때문이다.

이를 반전시키려면 설교자가 전하는 메시지에 대한 기대치가 있어야 한다. 즉 설레야 한다는 뜻이다. 데이트 상대에게 설레지 않은데도 점심 때 만나서 저녁때까지 같이 있는 사람은 없을 것이다. 하지만 설레면 대화를 나누고, 함께 있어서 행복하다고 느낄 것이다. 설교자는 설교의 구성을 고민해야 한다. 3대지 설교의 장점이 크지만, 어려운 문제가 있다. 이미 알고 있는 이야기를 설레게 만들어야 한다는 것이다.

내가 수수께끼 문제를 하나 낸다고 가정해보자. 그 문제에 대한 단서를 미리 알려 준 뒤 맞춰보라고 하면 흥미로울까? 그렇지 않다. 추리소설이나 스릴러물에 사람들이 매력을 느끼는 이유는 미스터리를 풀어나갈 때 느끼는 기쁨이 크기 때문이다. 3대지 설교는 설교자가 앞으로 풀어갈 단서를 다 주기 때문에 미리 공개된 내용을 가지고 만족시키기는 쉽지 않다. 성도들의 높아진 기대치를 따라가기가 어렵기 때문이다.

생각해보라. 성도들이 접하는 인터넷이나 미디어 매체가 얼마나 다양한가? 블로그, 카페, 영화나 드라마, 다양하게 읽는 책들, 유튜브의 영상이나 짤 등…. 1~2분짜리 짧은 짤 하나에도 구성이 있고, 시청자의 눈길을 붙잡으려는 훅이 있다. 한껏 높아진 성도들의 시선을 사로잡아야 성도들이 진지하고 중요한 메시지를 차분히 듣게 만들 수 있다. 그렇지 않으면 설교를 듣는 동안 딴생각을 하고 있을 것이다.

설교 구성을 설교에 관한 책이나 매뉴얼로 배울 수 있지만, 실전에선

약할 것이다. 머리로는 이해가 되지만 손과 발이 따로 놀기 때문이다. 이것을 몸에 배게 하려면 축구선수처럼 연습해야 한다. 한 번의 프리킥을 성공시키기 위해서 수없이 연습하는 축구선수처럼 말이다. 그 연습을 소설이 도와줄 수 있다. 어느 작품을 고르건 읽으면서 작가들이 어떻게 평범한 이야기를 흥미진진하게 만드는지 분석해보라.

찰스 디킨스는 유명작가이다. 그가 쓴 《올리버 트위스트》를 보면 고아 소년이 힘든 시련 끝에 행복을 찾게 된다는 내용이다. 판에 박힌 듯한 내용이지만 실제 작품을 읽으면 다르다. 손에 땀을 쥐게 만든다. 한 문장으로 정리되는 내용이지만 구성을 탄탄하게 만드니 그렇게 재미있을 수가 없다. 작가는 이야기 속 사건들의 우선순위를 잘 선택하여 이야기를 가장 흥미롭게 만들 포인트를 구성으로 이끌어내기 때문이다.

부분과 전체

설교자는 말씀에 대한 욕심이 크다. 어떻게든 성도들에게 좋은 말씀의 꼴을 먹이려고 한다. 그래서 엄마처럼 어떻게든 먹이려고 한다. 그런 마음에 소설가의 눈을 덧붙이면 좋을 것 같다. 작가는 소설에서 어떤 한 등장인물의 삶을 다룬다. 그는 어떻게 그 인물에 대해서 우리에게 말할까? 어디서 나고, 부모는 누구이고, 누구를 만나고, 이런 시시콜콜한 것을 말한다. 하지만 그게 지루하지 않은 이유는 뭘까?

작가가 큰 사건을 다루는 경우는 드물다. 대개는 사소하고, 작고, 보이지 않는 것을 다룬다. 어느 소설을 펴서 봐도 작가는 크고 엄청난 것을 말하지 않는다. 누구에게나 있었을 법한 그런 사소한 일화를 다루는데 그게 이야기를 통해서 쌓인다. 하나둘일 땐 느끼지 못하던 것이 쌓이면 달라진다. 그게 그동안 보지 못하던 내면의 모습과 연결되기 때문이다. 부분과 전체가 연결되는 법을 알면 설교가 달라진다.

많은 것을 이야기해야 우리가 이해하는 것은 아니다. 우리가 사사시대를 이해할 때 룻기를 읽으면 사사시대 전체에 대한 안목이 생기는 것과 같다. 성경 속 사건을 설명할 때도 그 사건의 시작, 전개, 결과를 상세하게 설명하면 성도들은 듣다가 지친다. 지치면 이해가 안 되고, 이해가 안 되면 지루하게 다가온다. 선택해야 한다. 하나를 통해서 전체를 볼 수 있도록 해야 한다. 소설을 읽어야 하는 이유이다.

찰스 디킨스의 《올리버 트위스트》나 김애란 작가의 작품을 보면 작가가 선택하는 사건이 있다. 그 사소한 사건이 주인공의 행보와 얽히면서 이야기가 재미있어진다. 성경 속 메시지도 재미를 더해야 성도들이 끝까지 집중한다. 그렇게 하려면 설교자가 전체를 보여줄 수 있는 핵심 단서 하나를 선택해야 한다. 그리고 그 하나를 전체 스토리와 연결해서 끌고 가야 한다. 그래야 조금만 말해도 전체가 보이는 것이다.

결론

세상은 내가 보는 대로 보이는 것이 아니라 이해한 만큼 보인다. 이것은 성경의 메시지를 전할 때도 동일하게 적용된다. 많이 전해야 많이 전달되는 것이 아니다. 내가 깨달은 만큼만 전달되는 것이다. 그리고 그 깨달음은 남이 알려 준 것이 아니라 스스로 깨달은 것이어야 한다. 아무리 작은 것이라도 스스로 알게 되면 그것을 쉽고 선명하게 풀어낼 수 있다. 그런 힘이 단번에 축적되지는 않지만, 그래도 시작해야 한다.

천 리 길도 한 걸음부터이다. 언제 천 리를 가게 될지는 까마득하지만, 시작하지 않으면 영원히 기회는 안 온다. 경험해보니 기회는 준비된 자에게 오고 그 준비는 마음먹은 순간부터 시작된다. 치밀하게 준비하고 시작하면 좋지만 부족해도 주어진 여건대로 시작해야 한다. 그렇게 시작하면 시행착오를 당연히 겪는다. 하지만 그 시행착오를 조금만 견뎌내면 경험을 풍요롭게 만들어내는 재료가 된다.

한국의 목회자는 부지런하고 신실하다. 그런 자질에 문학적 감수성이 더해지면 날개를 달게 될 것이다. 생각해보라. 우리가 말씀으로 세상을 바꾼다고 말하지만, 지금 세상은 기술을 통해 바뀌고 있다. 게다가 그 기술은 날마다 새로워지고 있다. 이런 시대에 우리는 어떻게 반전을 이룰 것인가? 설교자는 고민해야 한다. 설교자는 성도들의 마음속에 흘러가는 진짜 이야기를 건드릴 수 있어야 한다.

설교자가 자극을 받아야 반응이 나타난다. 우리가 친구들과 공유하는 그런 이야기를 성경 말씀과 연결 지을 수 있어야 한다. 신앙생활에서 겪는 성도들의 고민을 설교자가 공감하고 있어야 한다. 삶에서 느끼는 딜레마에 대한 해결책을 제시하진 못해도 함께 공감하려 한다면 그 시도만으로도 성도들은 감격할 것이다. 예수님이 하신 행보가 이를 정확하게 보여준다. 또 그게 뭔지를 문학을 읽으면 저절로 알게 된다.

저마다 감성은 다르기에 문학을 읽어도 문학에 눈을 뜨게 되는 시기는 다르다. 하지만 설령 문학을 깊이 읽지 못해도 꾸준히만 하면 변화가 생긴다. 첫 번째는 공감력이 늘고, 두 번째는 삶에 대한 통찰이 생긴다. 그게 생기면 설교가 달라지고, 성도들을 이해하고 더 가까이 다가가려고 애쓸 것이다. 그러면 겉도는 인사말이 아니라 진짜 이야기를 나눌 것이다. 메시지가 성도의 삶으로 흘러 들어가려면 성도가 마음의 문을 열어야만 한다. 그 문을 어떻게 열 수 있는가를 문학을 읽으면 알게 될 것이다.

▎이정일 목사

미국 Southwestern Baptist Theological Seminary에서 공부했다. 신학을 하기 전에 영문학을 공부하여 문학박사를 받은 후 뉴욕주립대 영문과에서 미국 현대시를, 세계 문학연구소에서 제3세계 작가들을 연구했다. 2020년 출간한 《문학은 어떻게 신앙을 더 깊게 만드는가》는 국민일보 '올해 최고의 책'으로 선정됐다. 기윤실 〈좋은나무〉, 〈묵상과 설교〉, 〈크리스천투데이〉에 글을 연재하고 있다. 대학에서 세계문학과 SF 소설을 가르치며, 전방부대 교회에서 군 선교사로 섬기고 있다. 《나는 문학의 숲에서 하나님을 만난다》(예책, 2020년), 《문학은 어떻게 신앙을 더 깊게 만드는가》(예책, 2022년) 등의 저서가 있다.

열정

PART 3

격차의 시대, 열정을 불러일으키는 설교
　　안광복 목사 ｜ 청주 상당교회 담임

격차의 시대, 성령의 열정으로 넘치는 예배
　　이기용 목사 ｜ 신길교회 담임

격차의 시대, 기도의 열정으로 세워가는 교회와 목회
　　이인호 목사 ｜ 더사랑의교회 담임

격차의 시대, 열정의 리더십으로 세워가는 교회
　　옥성석 목사 ｜ 충정교회 담임

격차의 시대, 열정과 소명으로 재생산하는 교회와 목회
　　박인화 목사 ｜ 미국 뉴송교회 담임

격차의 시대, 열정으로 복음을 전하는 교회 1
　　김태규 목사 ｜ 서울은혜교회 담임

격차의 시대, 열정으로 복음을 전하는 교회 2
　　박성원 목사 ｜ 산돌교회 담임

격차의 시대,
열정을 불러일으키는 설교

안광복 목사

청주상당교회 담임

'반도체 신화'의 주역으로 삼성전자 회장까지 오른 바 있던 권오현 고문은, 그의 책 《초격차》라는 책에서 이렇게 말한다. "지속 가능한 혁신은 좋은 기업문화에서 탄생하며 리더는 이런 기업문화를 만들어나가는 주체가 되어야 한다."*

격차도 아닌 초격차를 말하는 산업현장의 달인인 그의 말을 바꾸면, "변화의 시대에 교회의 지속 가능한 성장은 좋은 성도 안에서 탄생하며 설교자는 이런 역할에 책임이 있다"라고 응용할 수 있겠다.

약간의 비약일 수 있겠지만, 한 교회의 부흥이나 성도들의 성장은 목회자의 역량 이상으로 변화될 수가 없고, 그를 통해 선포되는 메시지에 영향을 받을 수밖에 없음은 자명한 일이다.

---

* 권오현, 《초격차, 리더의 질문》, (서울: 쌤앤 파커스), 2020, p. 27.

코로나 팬데믹을 관통하고 있는 이 시대의 가장 큰 어려움은 소통에 있다. 과거와는 달리 다양한 방법의 소통이 가능해졌고, IT 산업의 발전으로 그만큼 빠르고 편리해졌다. 하지만 그런 만큼 소통의 방식에 대한 이해와 활용의 폭도 커지고 있다. 빈부의 격차, 지식의 격차만큼이나 심각한 문제가 디지털 격차인 셈이다. 똑같은 상황을 보고도 세대에 따라서, 문화에 따라서, 정치적 색깔에 따라서 공감하는 부분이 전혀 다를 수 있기에 빠른 소통의 시대가 열린 만큼 심각한 오해나 단절도 그만큼 빈번해지고 있다. 이러한 세상의 흐름 속에서 목회자들의 설교사역은 더욱 힘들어지고 있다.

젠센Richard A. Jnesen은 변화하는 커뮤니케이션 시대에 적응하지 못할 때 교회의 위기가 생긴다고 말하면서, 이처럼 변화된 시대에 설교를 하려면 교회는 변화된 방법으로 말해야 한다는 것을 강조한다.* 변화와 격차의 시대, 어떻게 하면 열정을 불러일으키는 설교를 할 수 있을까?

설교를 통한 열정은 여전히 가능하다. 격차의 시대에도 본질은 변하지 않는다. 성도들에게 열정을 불러일으키기 위해서는 먼저 설교자가 불타올라야 한다. 말씀에 대한 확신과 영적 자신감이 있어야 한다. 붙잡아야 할 본질과 그것을 중심으로 한 전략적인 접근들을 이루어서 강단에 섰을 때 설교자는 성도들의 열정을 일으킬 수 있는 거룩한 도구로 쓰임 받게 될 것이다.

격차의 시대에도 청중들의 열정을 일으킬 수 있는, 설교자가 반드시 알아야 할 일곱 가지의 내용은 다음과 같다.

---

* Richard A. Jensen, Thinking in Story : Preaching in a Post-Literate Age, (Lima, Ohio: C.S.S. Publishing Co. Inc., 1993), pp. 45-46.

설교와 설교자의 정의를 분명히 알라

예일대의 교수였던 필립 브룩스는 설교에 대한 유명한 정의를 내린 바 있다. "설교란 한 사람이 다른 사람에게 진리를 전달하는 것이다." 여기에는 진리와 인격이라는 두 가지의 필수적인 요소가 있다. 설교는 결국 인격을 통하여 진리를 전달하는 것이다.

복음주의 계열의 탁월한 성경 강해자요 설교자인 존 스토트는 설교를 다리놓기Bridge-building로 정의한다. 성경의 세계와 현대를 살아가는 오늘날의 세계에 다리를 놓는 작업이 바로 설교라는 것이다.

설교란 단순한 성경공부 시간이 아니다. 목회자의 책상에서 수많은 책과 주석서들을 통해서 얻은 많은 결과물을 근사해 보이는 수사학적 표현으로 낭독하고 발표하는 시간이 아니다. 그렇다고 설교란 그저 한 주 동안 있었던 이야기를 편안하게 나누는 큐티QT 나눔의 시간도 아니다.

설교란, 하늘의 진리가 이 시대의 언어를 통해서 땅의 세계를 살아가는 사람들에게 전달되는 거룩한 만남이다. 하나님과 그의 성도들이 만나고 하늘과 땅이 접촉하는 그런 신묘한 순간이다. 그 메시지를 통해서 성도들은 하나님을 만나거나 주님의 음성을 듣기도 한다. 그 메시지를 통해서 성도들의 인생이 변화되고 이혼 위기의 부부가 사랑을 회복하기도 하고 자살 직전의 낙심한 자들이 새로운 소망과 용기를 얻기도 한다. 무엇보다도 영원한 멸망에 처할 죄인이 거룩한 하나님의 자녀로서 영생의 은혜와 복을 누리기도 한다.

이러한 존귀한 하나님의 사역에 목회자는 특별한 도구로 사용이 된다. 목회자의 인격과 지식이 사용되고 목회자의 일주일의 삶, 평생의 삶의 모습이 그대로 사용된다. 이것이 바로 설교이고, 설교자의 정의이다.

미국 아틀란타의 에모리 대학 토마스 롱Thomas G. Long 교수는 그의 명저 《증언으로서의 설교》Witness of the preaching에서, 설교자는 '증인으로서의 자기 정체성'을 가져야 한다고 말한다. 증인으로서의 설교자는 성경을 통해 하나님의 메시지를 듣기 위해 노력할 뿐만 아니라, 보고 들은 것을 더 분명하고도 효과적으로 전하기 위한 수사학적인 훈련이 필요하다. 또한 기본적으로 말과 인격에 대하여 진실성을 가진 거짓 없는 신실함이 있어야 한다. 이것이 증인의 이미지를 갖고 있는 설교자의 특징이다.

오늘 이 격차의 시대에 설교자는 "우리는 설교하고 너희는 듣는다. 귀 있는 자는 들을지어다…."라는 방식으로 설교를 하면 안 된다. 그렇게 하면 열정을 불러일으키기보다는 오히려 심각한 커뮤니케이션의 문제를 일으키는 부정적인 결과를 가져오게 될 것이다.

설교의 주제와 목적을 분명히 하라

설교자는 두 가지를 정확하게 알아야 한다. 주제와 목적이다. 이 두 가지는 설교에 있어서 가장 기본적이지만 너무나도 쉽게 간과되고 있는 부분이다.

설교의 주제란 무엇인가? 주제는 본문에서 가장 중심적으로 드러내고 있는 명제적 진리를 말한다. 설교의 주제는 본문의 중심사상 또는 초점 focus을 의미한다. 설교의 중심이 되어 설교를 통제하고 통합하는 사상을 간결하게 표현한 것을 의미한다. 설교란 기본적으로 하나님의 말씀인 성경 본문에 근거해서 하나의 통일된 주제를 전달하는 것이다. 따라서 본문 말씀에서 핵심적으로 말하고자 하는 바가 무엇인지를 잘 파악해야 한다.

설교의 목적이란 무엇인가? 설교의 목적이란 밝혀진 그 주제를 통하여 이루기 원하는 청중들의 삶의 변화를 구체적으로 제시하는 것이다. 요리를 가지고 예를 들어보자. 주제는 내가 선택하는 메인 재료다. 생선일 수도 있고 고기일 수도 있다. 더 구체적으로 돼지고기냐, 닭고기냐를 말할 수도 있다. 그렇게 선정된 재료를 가지고 어떤 음식을 만드느냐? 이것이 바로 목적이라고 말할 수 있다.

닭 한 마리를 가지고도 수십 가지의 요리를 만들 수 있다. 내가 원하는 요리에 따라서 필요한 도구가 있고, 소스가 있고, 보조 재료들이 뒤따른다. 처음 재료를 장만할 때부터 만들어진 요리를 식탁에 올려놓을 때까지 그 메뉴만을 생각하면서 불을 맞추고, 양념을 준비하고, 칼질을 할 것이다. 그것을 무시하는 요리사는 아마도 없을 것이다.

이처럼 목적은 설교의 기능이나 역할이다. 본문의 주제를 가지고 성도들이 어떻게 변화되며 교회가 어떤 방향으로 가길 원하는지에 대한 목회자의 철학이자 비전이라고 할 수 있다.

설교 준비의 모든 과정에서 이 두 가지를 명확히 해야 한다. 왜냐하면 주제를 놓치면 본문과 상관없는 설교를 하게 되고, 목적이 분명하지 않으면 설교에 힘이 없기 때문이다.

게다가 주제와 목적이 명확할수록 설교의 구조도 견고해지고 설교에 대한 자료수집도 훨씬 더 수월해진다. 설교자는 그 메시지가 전달됨으로써 변화될 성도들의 모습을 계속해서 생각하고 있어야 한다. 그럴 때 내가 왜 설교하고 있는지를 떠올리게 되고, 그럴 때 설교자의 간절함이 나타나게 되어 있다. 설교는 단순한 성경공부나 지식전달의 시간이 아니다. 뭔가 전달하고자 하는 목적이 있어야 한다. 그것이 분명할수록 설교자는 열정을 갖고 설교할 수 있게 된다. 그렇지 않으면 중요하지도 않은 내용을 장황하게 설명하면서 시간을 채울 수도 있고, 엉뚱한 데서 열을 올림으로 성도들을 당황시킬 수 있다.

묵상과 독서주석작업를 통해 메시지를 준비하라

설교를 준비하는 데 있어서 가장 중요한 것이 바로 묵상과 독서이다. 본문을 선정한 후 설교자는 할 수 있는 한 자주, 그리고 깊이 본문을 묵상하며 그 속에서 전달할 메시지를 찾아야 한다. 주석을 통한 정보나 자료를 얻어야 하고, 그렇게 설교문을 구성해가는 과정에서 다양한 독서를 통한 해석과 적용의 도움을 받아야 한다.

성경 본문에 대한 검증작업인 주석의 확인 절차 없이, 그저 설교자 개인의 묵상을 나누는 것만으로 설교를 대체해서는 안 된다. 왜냐하면 이러한 나눔은 지극히 주관적이거나 일방적일 수가 있고 본문을 곡해하며, 성도들에게 하나님의 말씀이 아닌 설교자 개인의 생각을 강요할 수 있기 때문이다.

반대로 설교자의 깊은 묵상이나 관찰이 없이 주석에 근거한 학문적 지식만을 전달하는 것도 건조하고 딱딱한 설교행위가 될 수가 있다. 성도들은 성경의 역사적 내용이나 문법적 특성 및 어휘의 쓰임에 관한 전문적 지식을 듣기 위해 교회를 찾아오는 것이 아니다.

따라서 설교자는 본문을 대하면서 그 속에 담긴 진리를 캐내기 위해 수많은 묵상과 질문과 관찰을 해야 한다. 그렇게 해서 얻어진 것을 주석들을 통해서 검증하고 확인하는 절차를 거쳐야 한다. 여기에는 둘 사이의 적절한 긴장과 균형이 필요하다.

묵상의 목적은 본문의 내용을 잘 이해하기 위한 것만이 아니다. 이 본문을 통해 성령님께서 설교자에게 주시는 메시지에 대한 깨달음이 있어야 한다.

열정을 불러일으키는 설교가 되기 위해서는 본문에 담긴 말씀의 씨앗이 있어야 한다. 목회자의 탁월한 언변이나 간증은 오래가지 못한다. 그 안에는 생명이 없다. 생명은 하나님의 말씀이다. 그 말씀에 담긴 성령님의 역사를 통해서 성도들의 삶 속에 변화를 줄 수가 있는 것이다.

설교자여! 본문을 깊이 묵상하시라. 본문이 명쾌하게 이해가 되는가? 나의 마음을 움직이는 감동이 있는가? 은혜가 있는가? 깨달음이 있는가? 그 부분을 가지고 설교하라. 오늘 이 현장에 와서 설교를 듣는 성도들의 삶 속에 어떤 어려움이 있는지를 보라.

명확한 설교의 구조를 잡으라

사실 '설교의 구조'에 대한 이슈는 오랜 기간 다양한 논쟁과 토론이 되어왔던 주제이다. 탄탄한 설교의 구조를 형성하는 것 자체에 대하여 인위적이고 부정적으로 보는 경향들도 있었다. 그러나 하나님의 말씀을 보다 분명하고 효과적으로 전달하고자 하는 노력 자체를 불경건한 것으로 평가절하할 필요는 없다.

유명한 설교자 필립스 브룩스Phillips Brooks도 설교의 목적은 사람들의 영혼을 '설득하고 움직이는 것'이라고 정의한 바가 있다. 그렇다면 그 목적을 위해서 설교자는 최대한 치밀하고 명확한 설교의 구조가 필요하다.

한 편의 드라마나, 신문 사설, 심지어는 15초짜리 짧은 TV 광고안에서도 작가나 연출자가 말하고자 하는 주제가 있고 목적이 있다. 그리고 그것을 가장 설득력 있게 전달하기 위해 얼마나 노력을 하는지 가히 상상을 초월한다. 기승전결을 맞추고 감정선의 흐름을 조절하고 완급의 조화와 클라이막스의 적절한 타이밍을 맞추기 위해서 그들은 엄청난 노력을 한다. 바로 이러한 설교의 구조가 한편의 설교 안에서도 필요하다.

설교의 구조, 설교의 뼈대를 잡는 것은 건물의 기초와 골격을 잡는 일과 같다. 묵상을 충분히 했고 주제와 목적이 분명하면 구조를 잡는 게 쉽다. 가장 보편적인 것은 3대지의 설교이다. 하지만 인위적으로 세 가지를 만들 필요는 없다. 본문에 따라서 세 가지일 수도 있고, 두 가지나 네 가지일 수도 있기 때문이다.

여기에는 균형과 통일성이 필요하다. 균형이란 기둥이 들어가야 할 위치를 말한다. 집을 지을 때 기둥이 많다고 무조건 안전한 것이 아니다. 힘을 실어줄 적합한 곳에 기둥이 들어가야 한다. 기둥으로 균형을 세웠다고 끝난 게 아니다. 세모형의 기둥, 네모형의 기둥… 제각각이면 안 된다. 각자의 기둥마다 통일성을 지녀야 설교의 안정감이 느껴지게 된다.

설교의 힘은 견고한 구조에서 나온다. 각 구조마다 논리적 개연성과 유연한 움직임을 갖추면 회중들의 몰입감은 훨씬 더 커지게 될 것이다.

설교의 구조를 도식화한 것을 가리켜 아웃라인outline, 개요이라고 한다. 아웃라인은 건물의 설계도라 말할 수 있다. 설계도가 없이 어찌 건물을 만들 수 있겠는가? 아무리 좋은 자재를 쌓아놓았다고 해도 좋은 건물이 될 만한 청사진, 설계도가 없으면 멋진 건물을 만들 수가 없다. 설교자는 아웃라인을 통해 설교 전체의 내용을 훤히 들여다볼 수 있어야 한다.

주제와 목적을 위해서 강조되어야 할 내용이 잘 배치되었는지, 각 대지는 탄탄한지, 적용은 실제적인지, 감동을 주는지, 설득력이 있는지, 예화가 있어야 하는지 없어도 되는지…. 이 모든 것을 한눈에 볼 수 있어야 하고, 또한 설교자는 때로는 그렇게 요약되고 잘 정돈된 아웃라인만을 가지고도 강단에 올라갈 수 있어야 한다.

설교의 구조는 운동선수에게 있어서 자세와 같다. 자세가 나쁜 훌륭한 선수는 없다. 그 어떤 분야든 탁월한 실력으로 인정받고 있는 선수를 떠올려보라. 자세가 불안정하고 폼이 나쁜 선수는 아무도 없다. 좋은 성적과 기록은 결국 안정된 자세를 기본으로 하기 때문이다.

설교의 구조가 좋다는 것은, 그 설교가 들려지는 설교이고 따라가기 쉬운easy to follow 설교라는 말이 된다. 하나님의 귀한 말씀이 전달하는 방식과 구조의 문제 때문에 전달되지 못하고 사산死産되는 일이 없기를 바란다.

설교 전달의 방식을 주의하라

연설조와 웅변조의 설교가 각광 받고, "훌륭한 설교자가 되기 위해서는 큰 목소리와 폐활량이 좋아야 한다"고 말하던 때가 있었다. 하지만 요즘은 마이크 시설도 좋을뿐더러 그런 설교 스타일은 특별한 집회를 제외하고는 환영받지 못한다. 그리고 한두 절을 깊이 분석하여 논리적으로 설명하는 식의 설교도 속도와 감성을 중시하는 이 시대에는 그다지 매력을 얻지 못한다.

코로나 시대의 설교자는 "정답은 이것이다"라고 말하는 권위자가 아니라, 함께 고민하고 해답을 찾도록 이끌어 주는 안내자의 느낌으로 접근해야 한다. 경직된 표정으로 부흥사의 쉰 목소리나 인위적인 굵은 톤으로 선포하는 설교는 청중들의 마음을 금방 닫히게 만든다.

따라서 설교자는 대화식 접근방법을 사용해야 한다. 마치 토크쇼의 사회자처럼 청중들의 고민에 함께 공감하는 모습이 보일 때 청중들은 설교자의 진정성을 느끼게 된다. 강단 위의 설교자는 별세계別世界의 사람도 아니고, "오늘 나의 현실적 문제에 대해 함께 고민하고 있고 답을 찾으려고 노력하고 있구나"라는 생각이 들 때 청중들은 마음이 열릴 것이다. 편안한 목소리로 평상시에 대화하듯, 상담하듯 설교하면 청중들과의 소통은 더욱 쉬울 것이다.

쉽게 지루해하고 집중력이 떨어진 세대에게 설교하는 것은 무척이나 힘든 일이다. 과연 어떻게 하면 청중들의 관심을 계속 유지할 수가 있을까? 설교에 더 집중하도록 만들려면, 설교의 내용이 청중들과 직접적인 연관이 있어야 한다. 설교자가 이 시대의 이야기, 나의 이야기, 나의 문제를 다루어줄 때 청중들은 집중한다. 따라서 문어체적인 표현, 수동형의 완곡한 표현, 시적이거나 추상적인 어투, 식상하고 진부한 예화들이를테면 나폴레옹 이야기, 남북전쟁 이야기, 검증 안 된 자극적이고 감성적 이야기 등은 주의해서 사용해야 한다.

짧은 단문의 사용이나 능동태의 사용, 구어체의 표현들이나 직접적이고 실생활에서 직접 적용이 될 수 있는 예화들, 그리고 시각적 보조 자료도 효과적일 것이다. 영상물 사용에 능한 설교자는 아무래도 유리하겠지만, 과유불급過猶不及을 명심해야 한다. 꼭 필요한 내용의 비디오 클립이나 영상물이 아닐 시에는 설교를 더 산만하게 만든다는 것을 유념해야 한다. 때로는 설교의 주제에 적합한 시 낭송이나, 여러 가지 소품들을 이용해도 좋다.

그와 더불어 설교자의 시선 처리는 그 어느 때보다도 중요한 시대가 되었다. 로그니스는 말한다. "TV식 사고방식의 영향으로 설교자는 이제 청중에게 '말'로써 그들의 주의를 끌어야 하고 유지해야 한다. 설교를 읽는 것은 설교를 죽이는 지름길이다."*

설교자와 회중과의 시선 접촉은 어떤 유형의 설교에서도 강조되어야 할 사항이다. 신학교 때 은사께서 늘 강조하셨던 것은 "할 수 있는 한 원고를 꼼꼼히 작성하고, 할 수 있는 한 그 원고를 보지 않고 설교하라"였다.

요약한 설교문을 가지고 올라가든, 원고를 통째로 암기하든, 아니면 요령 있게 원고를 보든, 청중들에게는 "설교자가 나를 향해 설교하고 있구

---

* 마이클 로그니스, 《영상세대를 향해 이렇게 설교하라》, 주승중 역, (서울: 예배와 설교 아카데미), 2004, p. 244.

나"라는 느낌이 들게 해야 한다. 특별히 서론이나 결론, 예화나 클라이맥스 부분에서 강조하는 내용들, 관용구_{사랑하는 성도 여러분} 등에서는 반드시 눈과 눈을 마주쳐야 한다.

실천적인 결론_{적용}을 준비하라

설교의 적용이라는 것은 과거에는 그렇게 많이 강조되지 않았던 주제이다. 그저 설교의 결론 부분에 관심을 가졌을 뿐이다.

서론이 설교자가 말하려는 것을 알리는 시간이고, 본론이 성경적인 메인 주제를 말하는 시간이라면, 결론은 이야기했던 것을 되새기게 하는 기회를 주는 시간이었다. 따라서 결론의 가장 중요한 목적은 지금까지 설교한 내용의 가장 핵심적인 주제를 잘 정리하는 것이다. 청중들이 이해하고, 깨닫고, 감동한 그 내용을 일주일간의 삶 속에서 적용하고 말씀대로 살아갈 수 있도록 권면하는 시간이다. 따라서 설교자는 결론을 통해서 간결하고 명확하게 본문의 내용을 정리할 수 있어야 한다.

결론에서 사용할 수 있는 소재도 매우 다양하다. 본문을 다시 한번 요약할 수도 있고, 인용문이나 강력한 문장 등을 사용할 수도 있다. 때로는 기도문이나 찬송시를 통해서 여운을 주면서 끝을 맺을 수도 있다. 이처럼 결론의 소재나 방법에는 제한이 없으나, 만일 결론을 빈약하게 준비한다면 지금까지 한 설교의 효과를 감소시키거나 아예 무효화시킬 위험이 있다는 것을 명심해야 한다.

설교에서의 적용은 지금까지 잘한 설교를 청중들의 삶과 연결하는 아주 중요한 연결고리 역할을 한다. 성경의 세계와 청중들의 세계를 이어주고, 하나님의 음성을 성도들의 삶 속에서 어떻게 나타내고 실천할 수 있는지를 말해주는 시간이기도 하다. 단순히 진부한 이야기나 열정이나 확신 없는 모호한 태도로 가장 결정적인 중요한 순간을 놓치게 되면 안 된다.

그래서 설교자는 반드시 적용을 위해 묵상하고, 구체적으로 준비해야 한다. 늘 천편일률적인 방법으로 끝내거나, 즉흥적으로 그때 봐서 설교의 매듭을 짓는 것은 절대 금물이다. 청중들이 본문의 내용과 교훈을 기억할 수 있도록 해야 하고, 받은 은혜와 감동을 삶으로 연결할 수 있도록 해야 한다.

바람직한 설교의 적용은 어떤 것일까?

긍정적인 내용이어야 하고, 개인적인 적용이 가능한 것이어야 한다. 설교의 본론에서는 부정적인 상황이나 사례를 들어서 문제를 제기할 수 있다. 그러나 결론에서는 반드시 본론의 내용대로 실천할 때 기대할 수 있는 긍정적인 부분good news에 대한 소망을 갖게 해야 한다. 긍정적인 내용으로 결론을 내린다고 해서 보편적이고 피상적인 결론을 내려서는 안 된다. 막연한 적용이나 애매한 기대 등도 피해야 한다.

챨스 스윈돌 목사의 경우 본문의 적용을 대단히 중요시한다. 그래서 결론 대신 아예 적용이란 단어를 사용하기도 한다. 일리가 있는 말이다. 특별히 젊은 층들이나 아동부를 상대로 설교를 하는 설교자는 '결론' 대신 '적용'이라 생각하고 설교의 매듭을 지을 필요가 있다. 단순히 몰랐던 성경의 내용만을 깨닫고 가게 할 것이 아니라, "오늘 이 말씀으로 무엇을 실천할 수 있을까?" "우리가 본문의 주인공처럼 이번 한 주 동안 따라 할 수 있는 교훈은 무엇일까?"를 함께 생각해보고, 함께 실천할 수 있는 내용을 찾아서 소개해주는 것이 바람직하다.

최근 '우리들의 블루스'나 '이상한 변호사 우영우'라는 드라마가 많은 사람에게 사랑을 받는 이유가 있다. 여러 개의 에피소드가 나오는데, 모든 주제가 다 현실적이고 누구나 아픔을 느낄 수 있는 주제를 다루고 있다. 극 중에는 아주 특별한 피해자도, 가해자도 등장하지 않는다. 그 시대는 너무도 어려웠고, 어쩔 수가 없는 상황이었다. 때론 피고의 상황이나, 원고의 상황에서도 얼마든지 공감이 가고 수긍이 되는 이슈들을 다루고 있다. 그런 현실성 있는 주제를 억지스럽지 않게, 짜내지 않는 감동을 주며 시청자가 끄덕이게 만든다.

왜 이런 말을 하느냐면, 우리들의 설교가 우격다짐이 되어서는 안 되기 때문이다. 무조건 답을 정해놓고 몰고 가는 설교여서는 안 된다. 그 속에 따뜻한 배려가 있고, 공감이 있고, 경청이 있고, 위로가 있고, 이해가 있는 설교여야 한다. 꼭 정답을 이야기하지 못해도, 설교자가 적어도 우리의 상황을 이해하고 있구나, 공감하고 있구나라는 마음이 들 때, 성도들은 자연스럽게 마음이 열린다. 더 좋은 모습이 되길 바라는 열정이 생기고, 이렇게 살다가는 안 되겠다는 삶의 의지와 다짐이 생기는 것이다.

일전에 한 유명 방송인에게 들은 이야기다. 커뮤니케이션의 4단계가 있는데, 1단계는 단순한 정보의 전달, 2단계는 설득, 3단계는 감동, 4단계는 삶의 의지적인 변화라는 것이다. 자신과 같은 방송인들은 그저 1단계 정보의 전달만으로도 어려움을 느끼는데, 목회자들은 4단계까지 목표를 삼고 매주 새로운 내용으로 준비하니 보통 어려운 일이 아닌 것 같다며 위안해 준 적이 있다.

실천적인 결론을 위해서는 언제나 4단계를 향할 수 있어야 한다. 혹시 단순한 정보의 전달도 잘못하고 있지는 않은지, 지루하고 일방적으로 강요하듯 전혀 설득력이 없는 설교를 하고 있지는 않은지를 냉정하게 점검해 볼 필요가 있다.

성령님의 역사를 기대하라

설교에서의 성령님의 역할을 알아보기 위해서는 먼저, 성령님이 어떤 분이신지를 알아야 한다.

예수님은 제자들에게 성령님을 보혜사라고 소개하신다. "내가 아버지께 구하겠으니 그가 또 다른 보혜사를 너희에게 주사 영원토록 너희와 함께 있게 하리니"요 14:16. 보혜사파라클레토스란 '옆에 계시도록 부르심을 받은 분', '옆에 계신 분'이라는 의미이다. 예수님은 십자가를 지신 후 부활, 승천하시지만, 성령님께서 늘 우리와 '함께' 또는 우리 '안에' 거하시며 우리의 삶을 인도하신다는 말씀이다. 이러한 성령님의 역할은 광범위하고 구체적이다.

조직신학자 벌콥은 말한다 "성령님은 회개, 체험, 성화, 방언, 예언, 기적, 설교, 교회를 세우고 인도하는 등의 세계를 창조하신다. 그는 성직자를 임명하고, 조직하며, 영감을 주고, 지속시키며, 성도를 위해 간구하시고, 그들이 약할 때 도와주시고 모든 것, 특히 심오한 하나님까지도 찾아나서며, 모든 진리로 인도하시고, 다양한 은사를 주시며, 세상을 책망하시고, 다가올 일을 알려 주신다."*

성도의 신앙생활과 교회 사역에 있어서 성령님의 역할은 그야말로 전방위적이고 무제한적이시다. 이러한 성령님의 역할은 설교의 모든 과정 안에서 구체적으로 나타나며 초월적으로 역사하신다.

설교는 택함 받은 설교자가 당대의 커뮤니케이션을 통해서 하나님의 말씀을 잘 설명하고, 선포하고, 적용하는 것이다. 이것은 반드시 성령님의 역사 속에서 진행되어야 한다.

우리의 설교가 단지 내용만 충실해서는 안 된다. 더욱 설득력 있고 감동적으로 청중들의 삶의 변화를 유도하고 말씀을 적용하도록 해야 한다. 설교자가 준비한 메시지를 어떻게 전달하느냐에 따라서 1시간 같은 20분 설교가 있고, 10분 같은 40분짜리 설교가 생기게 된다.

우리는 칼뱅의 말에 귀를 기울일 필요가 있다. 칼뱅은 "인간 내부에서 나오는 말들이 설령 감동은 준다고 할지라도 거기에는 생명력도, 권능도 존재하지 않음을 알아야 한다. 단언하건대, 능력이 인간의 혀에서 나오지 않고 단순한 소리에서는 어떠한 능력도 나올 수 없으며 오직 모든 능력은 성령이 임하실 때만 가능한 것이다. 선포된 말씀에 성령께서 능력을 발하시는 것을 방해할 수 있는 것은 아무 것도 없다**"라고 말한다.

말씀이 선포되는 시간은 설교사역의 절정이고, 가장 거룩한 순간이다. 설교자에게는 가장 성령 충만해야 하고 영적으로 민감해야 하는 순간이

---

* 헨드리쿠스 벌콥,《성령론》, 황승룡 역, (서울: 성광문화사, 1996), pp. 34-35.

** 로널드 S. 웰레스,《칼뱅의 말씀과 성례전 신학》, 정장복 역, (서울:장로회신학대학교 출판부, 1996), p. 149.

다. 한 번의 설교를 통해서 어떤 놀라운 일들이 벌어질지 우리는 모른다. 자살을 생각했던 사람이 새로운 삶의 의지와 소망을 발견할 수도 있고, 깨어지기 직전의 가정이 회복될 수도 있다. 성령께서 강단의 설교자를 마음껏 사용하실 수 있도록 그는 유용한 도구가 되어야 한다.

이처럼 강단에서 선포하는 하나님의 종들에게 가장 중요한 것은 성령님의 능력에 사로잡히는 것이다. 그럴 때 그 설교에는 하나님이 주신 능력과 기름 부으심의 역사가 함께한다.

모든 설교자는 사도 바울의 이 말씀을 기억해야 할 것이다.

> "이는 우리 복음이 너희에게 말로만 이른 것이 아니라 또한 능력과 성령과 큰 확신으로 된 것임이라"살전 1:5.

오랫동안 인도 선교사로 활동했던 선교학자 레슬리 뉴비긴은 그의 명저 《다원주의 사회에서의 복음》에서 이런 이야기를 한다. "다원주의 사회에서 복음 전하는 것이 어렵지만, 그럼에도 우리가 놓쳐서는 안 되는 부분이 있다. 그것은 바로 복음에 대한 자신감이다. 우리의 가장 큰 문제는 우리가 믿는 복음에 대해 우리 자신이 가지는 소심함과 걱정이다. 담대히 주님이 맡기신 복음 증거의 사명을 감당할 것"* 을 말한다.

포스트모던 사회를 지나 포스트 코로나 시대를 살아가는 우리는 성령 안에서 용기와 담대함을 잃지 말아야 한다. 다양한 가치들을 인정하고 수용하기 때문에, "왜 하필 예수로 시작하는가?"라는 질문을 받을 수가

---

* 레슬리 뉴비긴, 《다원주의 사회에서의 복음》, 허성식 역, (서울: IVP, 2001), pp. 388-389.

있다. 그렇다면 그런 사회이기 때문에 "왜 예수로 시작하면 안 되는가?"라고 맞받아칠 수 있는 용기와 자신감을 가져야 한다.

복음을 들을 환경은 최대한 이 시대의 방식으로 변화시키되, 정작 기회가 있으면 분명하게 복음을 전할 수 있어야 한다. 즉, 설교자의 권위는 효과적인 말씀 증거를 위해서 양보할 수 있고 다양한 전략으로 대체할 수 있지만, 복음이 지닌 권위만큼은 손상하거나 폄하해서는 안 된다는 말이다. 이를 위해서 설교자는 언제나 성령님께 강력하게 붙들려야 한다. 말씀을 준비하는 시간부터, 준비하는 모든 과정, 특별히 강단에서 선포하는 모든 시간까지도 성령님께서 주시는 열정과 확신으로 담대하게, 그러나 지혜롭게 말씀을 전할 수 있어야 한다.

기독교가 소개된 이래 2천 년의 세월이 흘렀다. 그동안 얼마나 많은 시대가 바뀌었나? 그럼에도 복음은 변모되지 않고서 그 시대를 유유히 관통해 왔다. 진리의 말씀이고, 생명의 영이기 때문이다.

사실, 우리는 그 어느 때보다도 부침浮沈이 심한 시대를 살고 있다. 변화하지 않으면 모든 것이 다 도태되거나 쇠락하는 것을 볼 수가 있다. 코로나 이후의 격차의 시대에, 모든 설교자는 분명한 복음의 본질을 망각해서도 안 되고, 설교자의 준엄한 사명을 잊어서도 안 된다.

복음의 능력은 모든 시대마다 열정을 일으켰다. 복음을 전하기 좋았던 시대가 있었는가? 기독교에 대해 우호적이고, 알아서 열정이 타오르는 시대가 있었는가? 그런 시대는 절대 없었다. 결국은 시대의 문제나 환경의 어려움이 아니라, 메신저의 문제이다.

호렙산 광야에서 모세에게 보이시고 들리셨던 떨기나무 속의 불과 하나님의 음성을 사모하라. 엘리야의 기도로 하늘에서 떨어진 갈멜산 제단의 모든 제물을 태워버린 그 무서운 불을 사모하라. 오순절 마가의 다락방, 그 공간과 각 사람에게 불처럼 바람처럼 역사했던 성령님의 역사를 사모하라.

시대를 지나오면서 예수님은 언제나 우리의 산 소망이셨다

역사의 격랑 속에서도, 전쟁의 참상 속에서도, 지독한 가난과 불시험의 고난 속에서도 주님은 오직 변하지 않는 진리가 되셨고 살아있는 소망이셨다. 모두가 힘들다고 하는 시대, 모든 것이 빠르게 변하는 초격차의 세상 속에서도 뱀처럼 지혜롭고 비둘기처럼 순결한 하나님의 종들을 통해 이 시대에도 열정과 생명이 넘치는 하나님의 말씀이 힘있게 전파되길 소망한다.

▌ **안광복 목사**

청주 상당교회 담임목사로 시무하고 있으며, 복음·문화·선교의 세 가지 핵심 가치 위에서 아름다운 그리스도의 몸을 이루고자 목회하고 있다. 신성북교회 교육 담당 목사, 미국 아틀란타 복음동산교회 부목사, 온누리교회 부목사로 시무했으며, 두란 노 바이블칼리지 학장, 장로회신학대학교 겸임교수를 역임하였다. 숭실대학교 영어 영문학과를 졸업한 후 장로회신학대학교 신학대학원M.Div., 동 대학교 일반대학원 Th.M.에서 예배설교학을, 미국 에모리대학교 신학대학원Th.M.에서 설교학을 전공했고, 미국 컬럼비아 신학교를 졸업했다D.Min. NCD. 현재 CTS 전국방송, 청주 CBS, 대전 극동방송, CGN TV등의 방송을 통해 하나님의 말씀을 전하고 있다.

격차의 시대,
성령의 열정으로 넘치는 예배

이기용 목사
신길교회 담임

들어가며

신종코로나바이러스감염증코로나19 팬데믹 상황에도 불구하고 성령의 능력을 의지하며 전진하는 교회가 있다. 바로 기독교대한성결교회 신길교회이다.

신길교회는 코로나 팬데믹 상황에 우리가 아무도 의지할 곳이 없을 때 애굽에서 이스라엘 민족을 구름 기둥과 불기둥으로 인도하신 것처럼 하나님의 기적과 인도하심을 체험하는 신앙공동체로 세워져 가고 있다. 성령에 이끌리심에 따르는 여덟 가지 목표를 가지고 그 일들을 기대하고 있다.

8가지 목표와 핵심

1. 역동적인 여덟 가지 목표

신길교회의 **여덟 가지 목표**는 다음과 같다.

1) 민족과 세계에 빛을 비추는 교회

2) 사람을 꿈과 희망으로 세워가는 교회

3) 가정을 치유하고 삶을 행복하게 하는 교회

4) 다음 세대가 좋아하는 교회

5) 하나님 나라를 최고의 가치로 두는 교회

6) 지역 사회가 사랑하는 교회

7) 예배가 역동적인 교회

8) 성령이 역동적으로 일하시는 교회

2. 최종적인 목표는 '성령이 역동적으로 일하시는 교회

이 여덟 가지 목표의 가장 최종적인 목표는 바로 **'성령이 역동적으로 일하시는 교회'**이다. 결국 이 목표는 그동안 동 교회가 추구한 목회 철학과 일치한다. 특히 어린이 성령 캠프, 전국 청소년 성령 콘퍼런스, 청년 성령 캠프 등을 직접 개최해 성령의 능력을 받아 회심하고 하나님께 나아갈 수 있도록 길을 제시하고 장을 마련해주는 사역을 계속해 왔다.

성령 사역의 핵심은 기도

이러한 모든 사역이 가능한 이유는 기도의 불이 꺼지지 않기 때문이다. 특히 지난 5월 3일부터 6월 3일까지 5주간 '지역교회 파트너십 & 온가족새벽부흥예배'를 했다. 코로나19 4단계 정국에도 방역 당국 인원 제한 준칙에 따라 본당 2층 대예배실뿐만 아니라 1층, 3층 예배실까지 성도들의 기도와 찬양의 열기로 가득했다. 부흥회 및 수련회처럼 열정적인 찬양과 기도는 새벽 내내 계속됐다.

특히 어린이와 청소년들은 강단까지 올라와서 맨바닥에 무릎을 꿇었다. 아이에서 어른까지 한 사람, 한 사람에게 안수하며 기도의 열기가 더해갔다. 지역교회 목회자와 가족, 교회를 위한 중보 기도도 뜨거웠다. 신길교회 전 성도들과 지역 목회자들이 혼연일체가 돼 코로나로 잠든 영성을 깨우기 위해 그야말로 새벽 한 달간 총진군한 것이다.

※ 이 글은 기독교신문, 양진우 기자의 글을 부분 편집한 것입니다.

출처: http://www.gdknews.kr/news/view.php?no=11026

주요사역 소개

1. 청소년 다음 세대 사역

1999년부터 코로나 팬데믹 이전인 2020년 1월까지 매년 2회씩 3박 4일 또는 2박 3일로, 22년 동안 연속하여 약 2,000명 또는 그 이상의 청소년들을 위한 전국 청소년 수련회를 개최하여 청소년 시기에 예수 그리스도를 인격적으로 만나고 삶의 회심과 헌신의 결단을 통해 무수한 청소년들을 그리스도께 헌신케 하는 사역을 해왔다참석 청소년 연인원수/약 80,000명.

2. 선교와 구제 사역

교회의 선교·구제 사역비가 전체 예산의 30%가 넘었다. 코로나 중에도 정규적인 선교 사역비를 긴축하지 않고 증가시켜 왔으며, 정규 지출 예산 외 코로나 팬데믹 상황으로 인해 어려운 지역 사회를 돕기 위해 '지역 사회 재래시장 상권 살리기' 4회, '한부모 가정 850가정 섬기기', '지역 사회 어려운 교회 네트워크' 3회 등 어려운 이웃들과 함께 하는 사역을 위해 약 12억 원 이상의 지출로 섬기는 사역을 해왔다.

3. 지역 사회 전체를 교회로 보는 사역

코로나 팬데믹 상황으로 어려워진 지역 사회 주민들의 교회를 향한 시선의 교정을 위해 '신길역 크리스마스트리 점등' 4회, '지역 사회 청소 방역 사역', '어려운 독거인들의 반찬 제공 사역', '고아원 돕기 사역', '영등포 구청 불우 이웃 돕기 사역', '한 부모 돕기 사역', '교회 주변 시장상권 살리기 사역', '주중 지역주민을 위한 주차 공간 150대 오픈' 등 지역 사회와 함께 어려운 시간을 이겨내기 위한 사역에 적극적으로 앞장서 왔다.

4. 건강하고 역동적인 교회

코로나 팬데믹 상황을 거치는 동안에도 건강하고 역동적인 성령 충만한 사역을 통해 난세의 어려움을 뚫고 돌파하는 한국교회의 부흥의 롤모델이 되는 교회로 달려가고 있다.

5. 다음 세대 목회자신대원생 전액 장학금 운동

'서울신학대학교 신대원생 전액 장학금 운동본부' 대표단장을 맡아 주의 은혜로 첫해인 21년도와 둘째 해인 22년도에 100명을 3년 전액 장학생으로 선발하여 장학금을 지급했다. 향후 10년 동안 약 500명 이상의 신대원생 '미래 목회자 후보생'들을 선발하여 전액 장학금을 지급할 계획이며, 신대원과 연계하여 선배 목회자들의 멘토링 등을 통해 한국교회의 다음 세대 영적 지도자를 준비시키는 사역을 섬기고 있다.

▌ **이기용 목사**

부산외대와 서울신학대학원을 졸업하고 미국 풀러신학교에서 목회학을 공부하였다. 서산성결교회에서 청소년 사역과 여러 사역을 통해 큰 부흥을 경험하는 등 20여 년간 귀한 사역을 감당했다. 하나님의 강력한 인도하심으로 2017년 2월에 서울 신길성결교회에 부임하여 담임으로 섬기고 있다.

격차의 시대,
기도의 열정으로 세워가는 교회와 목회

이인호 목사
더사랑의교회 담임

기도와 약속

역대하 14장에 아사 왕이 나온다. 아사가 왕이 될 때까지 유대 나라는 최소한 30년의 부패 가운데 있었다. 그런데 아사는 왕이 되자마자 한 가지 분명한 정책을 펼쳤는데, 그것은 백성들이 여호와를 찾고 구하게 만드는 것이다.

> 유다 사람을 명하여 그 조상들의 하나님 여호와를 찾게 하며 그의 율법과 명령을 행하게 하고 대하 14:4

여기 여호와를 찾게 하는 것과 율법과 명령을 행하게 하는 것을 따로 사용하는 것을 보면 여호와를 찾는 것은 기도에 초점을 두는 것임을 알 수 있다. 뒤에 가면 아사가 병들었는데, 의원만 찾고 여호와를 찾지 않았다고 한다. 결국 기도하지 않았다는 것이다. 결국 아사가 백성들로 하나님을 찾게 했다는 것은 그들로 기도에 집중하게 했다는 것이다.

1. 기도하면 평안을 주신다

그랬더니 '평안'이란 말이 역대하 14장 1-7절 사이에 5번 나온다1절, 5절, 6절×2, 7절. 평안했다는 것은 전쟁이 없었다는 뜻이다. 하나님이 아사에게 10년간의 평안을 주신 것이다1절. 그래서 마음대로 성을 건축하고, 또 58만의 군대를 양성하게 되었다는 것이다. 누구나 지도자는 강한 군대를 만들고, 나라를 견고하게 만들고 싶어 한다. 하지만 국제정세가 그 나라가 강해지도록 절대로 내버려 두지 않는다. 부모는 가정이 평안하여 아무 어려움 없이 아이들이 잘 자라길 바라고 사업가는 직장이 평안해서 원하는 뜻들을 이루길 바라지만, 세상일이 우리 바라는 대로만 되는가? 그런데 오늘 그들이 여호와께 기도하고 말씀을 찾으니까 하나님이 평안을 주시더라는 것이다.

2. 기도하면 약속이 이루어진다

이 평강과 기도의 관계를 약속과 기도의 관계로 이해할 수 있다. 그리스도인은 이미 약속을 받은 사람들이다. 하늘의 신령한 것으로 복을 받았고 그리스도 안에서 평안의 축복을 받았다. 그런데 그 약속에도 불구하고 두 종류의 그리스도인으로 나뉜다. 하나는 여전히 그 복이 하늘에 있는 사람이고, 다른 하나는 그 약속이 현실에 실현된 사람이다. 무엇이 이 차이를 만들까? 그것이 기도이다. 야곱이 천사와 씨름할 때 "나를 축복하지 않으면 가게 하지 않겠다"라고 말한다. 축복을 구한다. 하지만 이미 야곱은 축복의 약속을 받은 사람이다. 태어날 때, 그리고 아버지에게서, 그리고 벧엘에서 약속을 받았다. 그 축복은 "네가 형 에서를 이기고 에서 대신 가나안의 주인이 될 것"이라는 말이다. 그런데 현실은 가나안 입성을 가로막는 에서에게 오히려 죽을 위기에 처했다. 야곱을 향한 약속이 여전히 하늘에 있다. 그러나 현실은 반대이다. 이 상황 속에서 천사와 씨름하며 "축복하지 않으면 가게 하지 않겠나이다" 하는 것은 약속한 것이 지금 이 순간 현재형이 되게 해달라는 기도이다. 이를 위한 기도의 씨름이다. 기도를 통해서 그 약속은 현실이 된다.

어떤 사람들은 "모든 것은 다 하나님이 주권적으로 이루어가시는데 우리가 굳이 기도해야 하느냐?"라고 말한다. 파스칼이 이런 말을 했다. "하나님이 기도를 만드신 목적은 피조물에게 어떤 일을 유발하는 존재로서의 특권을 부여하시기 위해서이다." 그렇게 하여 하나님은 우리 인간에게 존엄성을 부여하셨다는 것이다. 주님은 "뜻이 하늘에서 이루어진 것 같이 땅에서도 이루어지이다"라고 기도하라고 하셨다. 하나님의 뜻이 이 땅에 이루어지려면 기도해야 한다.

교회도 마찬가지다. 교회는 주님이 친히 세우시고, 음부의 권세가 이기지 못한다고 하셨다. 그런데 현실은 정반대인 경우가 얼마나 많은가? 기도해야 한다. 목회자 개인만 기도해서는 안 된다. 아사처럼 모든 성도가 전심으로 하나님을 찾도록 해야 한다.

어떻게 기도하게 할 것인가?

1. 기도를 가르치라

기도하게 하려면 먼저 기도를 가르쳐야 한다. 기도에 대해서 설교해야 한다. 나는 사랑의교회에서 영성 사역을 하면서 기도 사역에만 4년 정도를 전념했다. 그것을 바탕으로 개척하자마자 기도에 대해서 강의나 설교 등으로 많이 가르쳤다. 그런데 기도를 가르칠 때 몇 가지 주의할 점이 있다.

첫째는, 수준에 맞게 가르치라.

수준이 높은 기도가 좋은 기도가 아니다. 그 사람의 수준에 맞는 기도가 옳은 기도이다. 수준에 맞게 기도하다 보면 점점 기도가 성장한다. 나는 필립 얀시가 그의 책 《기도》에서 밝힌 "기도는 사랑의 관계 속에서 성장한다"라는 말에 전적으로 동의한다. 자녀들이 철이 없을 때 부모에게 일방적인 요구를 하지만 성숙해지면 부모의 마음을 이해하고 부모를 섬긴다. 이처럼 기도도 어린아이는 어린아이답게 해야 하고, 그 과정에서 점점 자라가도록 도와야 한다.

둘째는, 기도를 긍정적으로 가르치라.

기도를 가르칠 때 이렇게 기도하면 안 된다고 가르치지 말고, 어떻게 기도할까를 가르쳐야 한다. 이렇게 기도하지 말라는 식의 부정적인 내용은 마치 수영을 배우러 온 사람에게 실습도 하기 전에 이렇게 하지 말라는 것과 같은 것이다. 기도는 하는 것이 중요하다. 하다 보면 잘하게 된다.

셋째는, 심리적 응답이 아닌, 객관적 기도의 응답을 가르치라.

기도를 심리적인 위안 정도로 생각하면 굳이 기도에 전념할 필요가 없다. 그것을 시간 낭비라고 생각할 것이다. 기도는 객관적인 상황을 변화시키는 능력이다. 기도로 전쟁에 이기고, 병이 낫고, 불가능을 가능하게 하며, 핍박을 이기는 능력을 경험한다. 먼저 기도를 믿어야 한다. 자신도 안 믿는 기도는 가르쳐봐야 이론에 불과하다.

2. 함께 부르짖어 기도하라

새벽기도든, 금요기도회든 저녁기도회이든 함께 부르짖어서 기도할 장을 만들라. 그런데 성도들의 상황에 맞게 하라. 나는 새벽에 목숨을 걸었다. 당시 수지의 상황은 대부분 서울로 출퇴근하는 사람들이었는데, 퇴근이 늦었다. 그러니 피곤하다. 반면에 일찍 출근한다. 그래서 초점을 새벽에 두었다. 새벽기도회에 성도들이 많이 나왔다. 그래서 새벽기도회에 많은 무게 중심을 두었다. 그래서 새벽기도를 통해 기도의 불씨를 지피기 위해서 강조한 것이 특별새벽부흥회였다.

2003년 5월에 창립하고 한 달 반 후인 6월에 1차 전교인 특별새벽부흥회를 진행하였고, 3개월 후인 9월에 2차 특별새벽부흥회를 하였다. 이 당시에는 중보기도와 영적인 전쟁에 대한 강력한 은혜가 있었다. 그리고 다시 3개월 후인 2004년 1월에 신년 특별새벽부흥회를 하였고, 그 후 한 달 후인 2월부터 40일 특별새벽부흥회를 진행하였다. 새벽기도회의 부흥과 3차례에 걸친 특별새벽부흥회를 통해서 기도의 분위기가 고조되었던 상황인지라 40일간의 특별새벽부흥회에 출석 성도의 60%인 약 230명 정도가 참여하였고, 이로 인해 기도를 체질화하게 되면서 기도의 깊이가 한 단계 성장하는 특별한 기회가 되었다. 예수님을 만나고, 은혜를 받고, 뜨거워졌다. 이렇게 특별 새벽부흥회를 통해서 더사랑의교회의 기도 사역의 분위기는 한층 무르익어갔다.

그 이후로 지금까지 특별새벽부흥회는 일 년에 두 차례, 한 번에 2주간씩 봄가을로 19년째 지속되며 큰 은혜의 통로가 되고 있다. 새벽이든 저녁이든 금요심야기도회이든 성도들이 기도할 장을 만들어 주어야 한다. 우리 교회는 그 외에도 수요심야기도회, 그리고 기도폭풍집회등을 통해서 부르짖어 기도할 장을 마련한다.

3. 영감 있는 기도회 인도자가 기도를 살린다

교회 내에 기도가 살아나려면 금요심야기도회나, 산상기도회 같은 합심기도회가 살아나야 한다. 그러나 사람들이 합심기도회에 잘 참석하지 않는 이유에 대해서 피터 와그너는 "첫째, 기도회가 지루하다. 둘째, 개인적인 욕구가 채워지지 않는다. 셋째, 큰 소리로 기도하는 법을 모른다. 넷째, 성령이 역동적으로 일하시는 느낌이 없다. 다섯째, 기도해도 아무 일도 생기기 않는다"라고 했다. 결국 기도회는 기도 인도자가 얼마나 준비되어 있는지, 그의 영성에 좌우되는 것이다. 그런 면에서 먼저 기도회를 인도해야 하는 목회자들은 기도의 영성을 준비해야 한다. 왕도는 따로 없다. 기도회 인도를 많이 해보는 것이다. 그리하여 스스로 부르짖는 기도 훈련을 많이 해야 한다.

끈질기게 지속적으로 기도하라

아사의 이야기를 계속해 보자. 10년이 지나자 구스가 100만 대군을 이끌고 쳐들어온다. 평소에 평안의 때에 여호와를 찾으니까 위기의 때에도 여호와를 찾는다대하 14:11. 그 결과 승리하고 돌아오는데 선지자가 나타나 그들이 하나님만 찾는 행위에 상급이 있다고 말하자 아사는 더욱 하나님만 찾기로 굳게 결심한다대하 15:12-13. 그러자 하나님이 아사에게 다시 평안을 주셨다고 하는데 무려 20년의 평안이다. 처음에는 10년 동안 평안을 주셨는데, 이번에는 그 두 배인 20년 동안 평안을 주신 것이다.

중요한 것은, 계속 끈질기게 기도해야 한다는 것이다. 기도는 어려울 때만 잠시 하는 게 아니다. 기도에 대해서 붙는 수식어는 대부분 '항상', '쉬지 말고', '낙망하지 말고' 기도하라는 것이다. '끈질기게', '강청하며', '밤낮' 부르짖으라는 것이다. 다윗은 '평생 기도하리라'고 말했다. 기도는 항상, 끈질기게, 평생 해야 한다. 운동도 체질화, 습관화해야 유익이 오는 것처럼 기도도 내 습관, 내 체질이 될 때 거기서 진정 놀라운 하나님의 평안과 축복이 우리의 삶에 깃들게 된다.

1. 기도 사역을 시스템화하면 많은 열매를 맛본다

교회가 이 기도를 지속하여 열매를 맛보려면 기도 사역을 시스템화해야 한다. 개척 초기에 시작한 중보기도의 체인이 지금 36기까지 한 번도 쉬지 않고 하나님께 올려지고 있다. 함께 기도할 수 있도록 기도 사역 시스템을 효율적으로 만드니까 지난 19년간 중보기도가 쉬지 않고 계속된 것이다. 이러한 기도가 교회에 준 유익은 말로 다 할 수 없다.

첫째는, 기도가 교회와 성도를 보호한다.

주님의 기도가 제자들을 보호했다.

> ³¹시몬아, 시몬아, 보라 사탄이 너희를 밀 까부르듯 하려고 요구하였
> 으나 ³²그러나 내가 너를 위하여 네 믿음이 떨어지지 않기를 기도하
> 였노니 너는 돌이킨 후에 네 형제를 굳게 하라 눅 22:31-32

주님께서 기도하셨기에 베드로는 결국 다시 회복된 것이다. 이처럼 기
도할 때 성도들이 시험에 들지 않는다. 히브리서는 목회자들을 어떤 존
재라고 하냐면 히브리서 13장 17절에서 "그들은 너희 영혼을 위하여 경
성하기를 자신들이 청산할 자인 것 같이 하느니라"라고 했다. 여기서 '경
성한다'는 것은 목자가 양떼를 지키기 위해서 깨어 있는 것을 말한다. 깨
어 기도해야 한다. 기도로 성도들을 지키고, 교회를 지켜야 한다. 그런데
목회자 홀로 못한다. 중보기도팀을 만들 때 그들의 지속적인 기도 속에
서 하나님이 교회를 지켜주신다.

둘째로, 기도가 교회를 자라게 한다.

바울은 그가 개척하고 떠난 교회를 위해서 늘 기도하고 있음을 본다.
기도가 양육의 중요한 도구라는 것이다. 골로새서를 보면 바울이 에바브
라를 통해 그들 안에 복음이 열매 맺어 자라고 있다는 말을 듣는다. 그러
니까 바울의 반응이 뭐냐면 "이로써 우리도 듣던 날부터 너희를 위하여

기도하기를 그치지 아니하고 구하노니"골 1:9라고 말한다. 바울은 그들이 복음 안에서 자란다는 소식을 듣고 특별히 기도하기 시작한다. 그래서 "지혜와 총명으로 하나님의 뜻을 알게 하소서. 주님의 성품에 합당한 삶으로 하나님을 기쁘시게 하소서. 이를 위해 선한 열매가 풍성하게 하시고, 하나님을 더 알아가게 하시고, 능력으로 인내하게 하고 하나님께 감사하게 하소서"라고 기도한다.

이게 무슨 말인가? 기도할 때 이렇게 자란다는 것이다. 식물에 물을 주어야 자라듯, 영혼도 기도의 물을 주어야 자란다는 것이다. 골로새 교회를 개척하고 지도한 에바브라 역시 뭐라고 하냐면 "그가 항상 너희를 위하여 애써 기도하여 너희로 하나님의 모든 뜻 가운데서 완전하고 확신 있게 서기를 구하나니"골 4:12하라고 했다. 그들은 말씀으로만 사역하는 게 아니다 말씀을 전하고 그다음에 기도로 물을 주는 것이다. 중보기도 사역은 특별히 성도와 교회를 위한 사역이다. 기도할 때 교회가 든든히 자라가는 것이다.

셋째로, 설교자가 담대히 말씀을 선포하게 된다.

성도들에 의해서 펼쳐지는 기도 사역의 효과는 매주 예배를 인도하는 목회자가 가장 민감하게 직접적으로 경험한다. 예배를 위한 중보기도 사역이 시행되기 전에는 항상 예배 시간에 영적인 방해를 받고 준비한 설교를 은혜롭게 전하지 못할 때가 많았다. 소심한 성격이기에 설교 중 주눅 들기도 하고, 눈을 감고 있는 성도가 있으면 "내가 졸리게 설교하나? 내게 불만이 있나?" 하는 생각이 들었다. 마음이 눌리기도 했다. 하지만 기도 사역이 시행된 이후 지금까지 영적인 방해를 넉넉히 이기게 되고 담대하게 설교하게 되었다. 특히 기도 사역자들이 토요일에 따로 모여서 설교자를 위한 중보기도를 하고 있기에 방해받지 않고 설교 준비에 집중할 수 있게 되었다.

넷째로, 감동적인 예배와 성도들의 영적인 각성을 경험한다.

아울러 기도 사역 시행 후 예배 분위기가 확연히 달라졌다. 예배 전부터 성도들이 주님의 임재를 경험하며 기도로 준비하는 모습이 보이고, 대표 기도나 예배 찬양, 성가대의 찬양 순서 등이 진행될 때 눈물 흘리는 모습도 종종 나타나고, 설교 후 찬양과 기도 시간에는 많은 성도가 눈물로 회개하고 결단하는 모습도 보였다. 설교가 시작되기도 전에 이미 성도들의 마음이 준비되어 있기도 하였다. 기도 사역으로 인하여 예배 시간마다 성령의 임재가 전보다 더 충만한 것을 경험한다.

성령이 충만할 때 복음이 증거된다. 복음이 충만한 교회가 되는 것이 쉬운 일이 아니다. 설교 시간에 감동적인 예화, 도전적인 윤리, 결단을 촉구하는 설교를 하면 은혜를 받다가도 복음을 전하면 존다. 왜냐하면 복음은 성령께서 깨닫게 하지 않으면 그 은혜를 알 수 없기 때문이다. 예수님의 사역도 먼저 성령의 기름 부음을 받으시고, 그리고 3대 사역, 즉 가르치고 치유하고 선포하는 사역을 하셨다. 기도할 때 성령이 임재하시고, 그때 복음이 증거된다. 그리고 성령께서 복음의 능력으로 살아갈 수 있도록 힘을 주신다.

2. 몸에 맞게 기도의 엔진을 키우라(기도사역팀 결성)

평안 속에서 신도시에 예배당을 건축하고 교회가 급성장하기 시작했다. 그러다 보니 기존의 헌신 된 성도들에게 짐이 가중되었고, 기도에 힘쓰던 성도들까지도 많은 일로 바빠진 까닭에 기도를 소홀히 하게 되는 심각한 상황에 처하게 되었다. 초대교회의 사도들이 구제하는 일로 바빠서 기도와 말씀 전하는 일을 소홀히 하게 된 것처럼 기도의 사역자들이 많은 바쁜 일로 중보기도의 자리를 지키지 못하게 된 것이다. 교회의 규모는 커지는데 교회의 기도 사역자의 숫자는 이에 비례해서 증가하지 않을뿐더러 더 줄어들고 있었다. 교회의 기초가 되는 기도 사역에 균열이 생기는 위기를 맞이하게 된 것이다. 경험에 의하면 그 어떤 자리보다 기도의 사역자가 비운 자리는 쉽게 대신할 사람을 찾기가 어려웠다. 기도의 사역자가 기도 사역의 중요성을 알지 못하고 다른 사역과 쉽게 맞바꾸는 일은 교회와 하나님 나라에 있어서 큰 손실이 아닐 수 없다.

변화된 환경 속에서 더사랑의교회는 다시 한번 목회 철학을 정립할 필요가 있었다. 왜 교회가 존재하는가 하는 가장 본질적인 질문을 다시 던지며 함께 고민한 끝에 더사랑의교회의 목회 철학을 재정립하게 되었다. 예배당을 건축하고 교회를 광교로 이전하면서 교회명을 '더사랑의교회'로 바꾸게 되었다. '더'는 영어의 'THE'를 의미하는 것으로, 이 'THE'의 세 글자는 예수님의 지상에서의 3대 사역인 가르치고Teaching 치유하고Healing 전파하는Evangelizing 사역의 첫 글자Acronym를 조합한 것이다. 이 세 가지를 목회적으로 단순화한다면 말씀, 기도, 전도이다. 그런데 그 사역의 중심에 기도를 위치한 것이다.

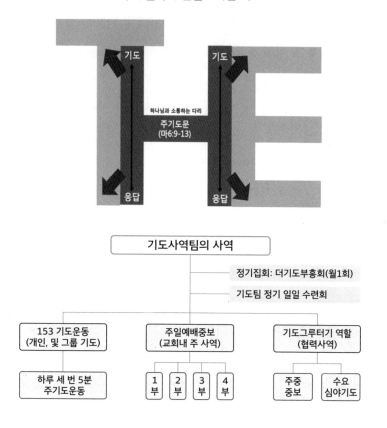

목회 철학의 연결고리인 기도

그래서 주기도문을 바탕으로 기도 사역을 재정립하고 기도 사역에 헌신할 기도사역팀을 결성하였다. 중보기도 사역에 훈련된 사람들을 대상으로 일 년에 한 번 모집하여 일 년 동안 헌신하게 한다.

3. 기도사역팀이 해야 할 일
첫째, 주일예배 중보기도 사역에 최우선 순위를 둔다.

기도의 용사들이 가장 힘을 모아야 할 때가 있는데. 그것이 바로 주일

예배이다. 주일에는 모든 성도가 모인다. 주일학교예배도 드린다. 초신자 불신자 등의 방문자들이 많다. 가장 치열한 영적인 전쟁이 벌어지고, 가장 많은 수확을 올릴 수 있는 시간이 바로 주일예배 시간이다. 따라서 기도사역팀의 힘을 일차적으로 주일예배에 집중시킨다.

둘째, 153 기도운동에 헌신한다.

하루 5분씩 세 번 주기도문의 정신을 가지고 부흥을 위해 기도한다. 구약의 성도들은 하루 세 번의 기도 습관을 이어왔다. 초대교회는 이 하루 세 번의 기도에 더해서 쉬지 않고 밤낮으로 기도에 전념하였다. 중세 그리스도인들과 수도사들은 예수님이 깊이 잠든 제자들에게 "너희가 나와 함께 한 시간도 이렇게 깨어있을 수 없더냐?"[마 26:40]라고 하셨던 도전에 토대를 두고, 날마다 시간을 정해놓고 기도하는 성무일도divine office 라는 것을 지켰다. 심지어 베네딕트 수도원에서는 하루 일곱 차례, 일곱 시간을 매일 기도와 시편 묵상에 전념했다. 매일 기도하는 규칙적인 훈련을 통해서 우리는 쉬지 않고 기도하는 삶을 살 수 있다. 매일 주기도문으로 기도함으로써 우리 마음속에는 항상 하나님 나라를 향한 관심이 타오를 수 있다. 지속적인 153 사역을 위해서 조별로 나누어서 서로 격려하고 점검하면서 이어간다. 이러한 사역을 통해서 놀라운 은혜가 함께 한다.

셋째, 기도사역팀은 교회내 기도 그루터기 역할 및 비상 기도단 역할을 한다.

이미 교회에서 효과적으로 이루어지고 있는 사역들이다. 기존의 기도 모임 및 사역을 활성화하기 위해서 각 영역에서 기도사역팀이 기도 그루터기 역할을 한다. R. A. 토레이R. A. Torrey는 교회에서 기도회가 가장 중요한 모임이 되어야 하고, 실제로 기도회가 올바르게 이행되기만 하면 가장 중요한 모임이 될 수밖에 없다고 말했다. 기도 모임을 살리는 역할을 맡는 것이다. 아울러 긴급한 기도에 대해서 늘 기도한다. 특별히 교회적으로 중요한 문제들을 위해서 기도한다.

4. 기도 동역자를 세우면 큰 유익을 경험한다

1) 기도 사역은 보편성과 전문성이라는 두 가지 요소를 다 가지고 있어야 한다.

누구나 전도해야 하지만 특별히 전도의 은사가 있는 사람들을 훈련하며 전도팀을 운영하듯이, 기도 사역 역시 누구나 해야 하는 보편적인 사역이면서도 동시에 기도의 은사가 있는 성도들을 따로 모아서 훈련하고 세워야 할 전문적 사역이다. 피터 와그너는 모든 그리스도인에게는 중보기도의 책임이 있다고 말하면서도, 동시에 중보기도의 은사를 받은 성도가 있다고 말한다.

그는 또한 한 교회에는 평균 5퍼센트의 성도들이 중보기도의 은사를 가지고 80센트에 달하는 중보기도를 담당하고 있다고 말한다. 실제로 교회 내에는 중보기도에 남다른 열정을 보이며 더 많은 시간을 정규적으로 기도하고 많은 기도 응답의 간증이 있는 성도들이 있다.

2) 기도 동역자의 은사와 유익

피터 와그너는 중보기도의 은사를 받은 사람의 특징으로 첫째는 오래

기도하되 최소한 하루에 한 시간 이상씩 매일 기도하고, 심지어 여러 시간 이상 기도하고, 둘째는 남보다 기도를 더 열심히, 깊이 하며, 셋째로, 기도하기를 즐거워하고, 넷째로, 기도 응답의 경험이 많고 그 간증이 극적인 편이라고 말한다.

교회에는 특별히 기도의 은사를 가진 분들이 있다. 그들을 기도 동역자로 삼으면 교회는 큰 유익을 경험할 수 있다. 존 맥스웰은 기도 동역자를 세우면 교회 안에서 기도가 최우선이 되고, 영적인 지도자들을 향한 든든한 지지가 이루어지며, 교회 안에 하나님이 역사하는 분위기가 생겨난다고 하였다. 그래서 그가 사역했던 스카이라인교회에는 120명의 기도 동역자가 있었고, 현재의 INJOY사역을 위한 기도 동역자로 300명이 넘는 사람이 있다고 말한다.

더사랑의교회는 중보기도 사역을 수료한 분들을 대상으로 기도 사역자를 훈련하여 세운다. 그분들은 평소에 하나님의 나라를 위해서 늘 기도하는 일에 전념하며, 특별히 담임목사와 교회의 영적인 사역을 위해서 집중 기도를 한다. 그분들을 통해서 나 자신이 경험한 유익은 이루 말할 수가 없다. 비록 소수의 사람이라 할지라도 기도에 훈련된 헌신자, 동역자는 반드시 필요하다.

지금까지 목회 여정에 수많은 위기가 있었지만 여기까지 온 것은 바로 기도에 함께 헌신해온 성도들 덕분이다. 우리 안에 이루어진 부흥, 은혜, 회심, 성령의 넘치는 생명력은 모두 지금도 계속 올려지고 있는 기도 때문이다. 기도의 우물을 다시 파자. 반드시 거기서 과거처럼 은혜의 생명수가 흘러나올 것이다.

결론 : 기도할 때 한계를 돌파한다

늘 어떤 한계 앞에서 뒤로 물러나는 사람들이 있다. 그 한계를 돌파하려면 기도해야 한다. 어떤 분야에서 일만 시간에 도달하면 전문가적인 소양이 생기고 새로운 차원이 열리듯이, 기도를 습관적으로 매일 하면 우리의 기도의 차원이 달라진다. 둑에 물이 쌓이면 어느 임계점에서 둑을 무너뜨리듯이, 기도의 용량이 커져서 결국 삶의 한계를 돌파하는 삶을 살게 된다. 그래서 이전에는 할 수 없었던 일을 할 수 있게 되는 것이다. 우리 주님께서 이 땅에 계시면서 하신 일이 바로 기도이다. 오직 한가지 무기, 기도로 모든 한계를 뛰어넘고 귀한 사명을 감당한 것이다. 그 예수님은 우리에게 오직 한가지 무기를 주셨다. 주님의 이름으로 기도하는 것이다. 하늘과 땅의 권세를 가지신 주님이 "내 이름으로 기도하면 내가 했던 일을 할 것이요 나보다 더 큰 일을 하리라"고 하셨다. 기도하면 한계를 뛰어넘는다.

▌이인호 목사

건국대와 총신대 신학대학원을 졸업하고 미국 풀러신학교에서 목회학으로 박사학위를 받았다. 사랑의교회에서 젊은이 사역을 통해 큰 부흥을 경험했고 영성 사역 등 총 8년간 사역을 감당했다. 2003년 5월에 수지에 교회를 개척했고, 2012년에는 광교 신도시에 교회를 건축하고, 이전해 더사랑의교회 담임으로 19년째 섬기고 있다. 사단법인 복음과도시 이사장 및 아세아연합신학대학교 이사로도 활동 중이며, 저서로는 로마서 강해 《믿음에서 믿음으로》 《기도하면 살아난다》가 있고, 최근에는 《기도하면 응답된다》를 출간하였다.

격차의 시대,
열정의 리더십으로 세워가는 교회

아무개로 '生'을 끝낼 것인가? 룻 4:1-4

옥성석 목사

충정교회 담임

들어가면서

28예수께서 이 말씀을 마치시매 무리들이 그의 가르치심에 놀라니 29이는 그 가르치시는 것이 권위 있는 자와 같고 그들의 서기관들과 같지 아니함일러라 마 7:28-29

1. 포즈

말씀이 육신이 되어 이 땅에 오신 주님이 맨 먼저 산상보훈을 주셨다. 어떻게 시작하는가?

예수께서 무리를 보시고 산에 올라가 앉으시니 제자들이 나아온지라

마 5:1

공생애 마지막에는 세상 끝날에 대한 징조를 알려 주셨다. 어떻게 시작되는가?

예수께서 감람 산 위에 앉으셨을 때에 제자들이 조용히 와서 이르되 … 세상 끝에는 무슨 징조가 있사오리이까 마 24:3

공통점은 앉아서 말씀하셨다는 것이다. 왜 앉으셨을까? 앉으신 포즈 속에 의미심장한 메시지가 담겨 있는 것은 아닐까? 그리고 보니 중요한 말씀을 하실 때는 언제나 앉는 포즈를 취하신다.

¹그날 예수께서 집에서 나가사 바닷가에 앉으시매 ²큰 무리가 그에게로 모여들거늘 예수께서 배에 올라가 앉으시고 온 무리는 해변에 서 있더니 마 13:1-2

현장에서 간음한 여인 사건을 처리하실 때도 이런 포즈를 취하신다.

앉으사 그들을 가르치시더니 요 8:2

그리고 죄 없는 자가 먼저 돌로 치라'고 하신다. 그리고 또 앉으신다. 왜 앉아서 판결을 내리실까?

헤롯도 중요한 연설을 할 때면 언제나 앉았다.

> 헤롯이 날을 택하여 왕복을 입고 단상에 앉아 백성에게 연설하니 12:21

로마교황도 중요한 교서를 발할 때는 언제나 앉아서 한다. 신약학자 마르쿠스 조엘은 "앉아서 가르침을 주는 것은 고대 랍비의 전형적인 자세로서, 그 자체가 중대한 가르침을 주겠다는 사인이다"라고 말했다. 그렇다. 그 지방에서는 고대로부터 중요한 메시지를 전할 때는 먼저 앉았다. 그러면 회중들은 '아, 저분이 지금 중요한 이야기를 하려는구나!' 하면서 집중을 했다.

그런데 본문에는 '앉는다'라는 단어가 1, 2, 4절에 무려 6번이나 언급되고 있다. 그만큼 중요한 일이 벌어지고 있다는 것을 암시한다.

2. 장소

또 하나 눈에 띄는 단어가 있다. 그것은 '성문'이라는 단어다. 룻기 4장 1절은 "보아스가 성문으로 올라가서"라고 시작한다. 성문은 어떤 곳인가? 단순히 백성들이 들락날락하는 통로였던가?

> 성문으로 장로들에게로 나아가서 말하기를 신 25:7

> 압살롬이 일찍이 일어나 성문 길 곁에 서서 삼하 15:2

> 그 행한 일로 말미암아 성문에서 칭찬을 받으리라 잠 31:31

성문은 재판하는 장소, 판결하는 곳으로 쓰였다. 그러니까 대단히 중요한 장소로 활용되었다. 지금 그 장소에서 어떤 일이 진행되고 있다. 분명 중요한 일임이 틀림없다.

3. 증인

> 사람의 모든 악에 관하여 또한 모든 죄에 관하여는 한 증인으로만 정할 것이 아니요 두 증인의 입으로나 또는 세 증인의 입으로 그 사건을 확정할 것이며 신 19:15

그런데 여기 증인으로 장로가 등장한다. 그것도 무려 10명이나 된다.

> 보아스가 그 성읍 장로 열 명을 청하여 … 룻 4:2

그렇다면 '앉다', '성문', '장로' 이 세 단어가 시사하는 게 뭘까? 지금 성문 즉 재판정에서 대단히 중요한 사건이 다뤄지고 있다. 그러므로 그냥 적당히 넘어가지 말라. 주의 깊게 살피면서 이 사건이 오늘 나에게 주는 교훈이 무엇인지를 놓치지 말라는 뜻이 담겨 있다. 그러므로 이 시간 우리 또한 본문을 그냥 적당히 넘기지 말고, 이 사건에 주의를 집중해야 한다.

먼저, 언제 있었던 일인가?

'사사들이 치리하던 때에' 있었던 일이다1절, 삿 21:25.

어디에서 있었던 일인가?

'베들레헴의 한 성문'에서 있었던 일이다1절.

어떤 사건이 다뤄지고 있었던가?

당시 그 땅에는 기업을 무르는 독특한 제도가 있었다. 이름하여 '고엘' 제도다. 고엘 제도란 '형제가 억울한 일을 만났을 때 다른 형제가 그 억울함이나 경제적인 어려움을 해결해주는 제도'다. 하나님께서 친히 제정하신 제도다. 여기서 중요한 건 당사자를 기준으로, 가장 가까운 친척부터 그 책임을 져야 한다는 것이었다.

그런데 베들레헴에 이 고엘 제도를 실행해야 할 사건이 터졌다. 나오미와 룻이 모압에서 돌아왔기 때문이다. 이들을 위해 기업 무를 책임을 감당해야 할 자가 있었다1, 3, 6, 8절. 그는 나오미와 룻의 가장 가까운 친척이었기 때문이다. 그런데 그 사람이 그 책임을 나 몰라라 하는 것이 아닌가. 그렇다고 해서 후 순위가 나설 수는 없었다. 그래서 보아스는 선 순위인 이 사람의 의중을 타진해보기 위해 자리를 성문에서 마련한 것이다.

그런데 그 재판은 너무 싱겁게 끝나 버린다.

그가 이르되 내가 무르리라 하는지라 룻 4:4

재판이 끝났다. 하지만 바로 그 순간 보아스가 이 고엘 제도의 이면에 있는 단서 조항에 대해 다짐을 받는다. 그 단서 조항은 무엇이었나?

보아스가 이르되 네가 나오미의 손에서 그 밭을 사는 날에 곧 죽은 자의 아내 모압 여인 룻에게서 사서 그 죽은 자의 기업을 그의 이름으로 세워야 할지니라 룻 4:5

단서 조항은 이것이었다. '그 죽은 자의 이름'이다. 내 이름이 아니다. 내 이름으로 등기하는 것이 아니다. 그런데 그 '기업 무를 자'는 바로 이 부분을 은근슬쩍 넘어가려고 했다. 그런데 보아스가 이 부분을 딱 지적한 것이다. 그러자 앞 순위는 뜨끔했다. 그래서 자신의 본색, 속마음을 드러낸다. 그게 6절이다.

그 기업 무를 자가 이르되 나는 내 기업에 손해가 있을까 하여 나를 위하여 무르지 못하노니 … 나는 무르지 못하겠노라 하는지라 룻 4:6

그러면서 어떤 액션까지 취하는가?

이에 그 기업 무를 자가 … 그의 신을 벗는지라 룻 4:8

이 액션이 의미하는 바는 무엇인가? 신명기 25장에 고엘 제도가 명시되어 있다.

그의 형제의 아내가 장로들 앞에서 그에게 나아가서 그의 발에서 신을 벗기고 그의 얼굴에 침을 뱉으며 이르기를 그의 형제의 집을 세우기를 즐겨 아니하는 자에게는 이같이 할 것이라 신 25:9

기업 무를 책임을 소홀히 하거나 적당히 눈가림으로 하는 자가 있을 경우, 이런 모욕을 가해도 좋다는 것이다막 14:65, 15:19. 그런데 이 사람은 지금 자신이 그런 모욕을 달게 받겠다는 것이다. 그만큼 그는 자기 이름, 자기 기업에 집착했다. 아니 자기만 생각했다. 중요하게 생각했다. 손에 꽉 쥐고 놓지 않으려 했다.

2. 본론

우리의 관심은 이것이다. 도대체 이 기업 무를 자가 누구였던가? 그 이름이 도대체 무엇인가? 룻기의 특징 중 하나는 등장인물들의 이름을 소상히 밝히고 있다는 점이다. 그런데 이 사람의 이름은 무엇인가? 1절을 보자. 그저 '아무개'라고 기록하고 있다. 왜 '아무개'로 처리했을까?1절

질문이다. 보아스가 이 사람을 "아무개여!"라고 불렀다. 정말 그렇게 불렀을까? 보아스가 이 사람의 이름을 몰랐을까? 그래서 "아무개여"라고 불렀을까? 이들은 둘 다 베들레헴 사람이요, 더군다나 아주 가까운 친척지간이다. 베들레헴 동네는 자그마하다. 숟가락, 젓가락 개수도 다 알 수 있다. 그런데 그 이름을 몰랐을까? 아니다. 보아스는 분명히 이름을 알았고, 그러므로 그때 분명히 그 사람의 이름을 불렀을 것이다. "성석 씨여!"라고 말이다.

그런데 왜 성경은 그때 보아스가 그를 "아무개여!"라고 불렀다고 기록했을까? 누가 이렇게 기록했을까? 룻기의 저자가 도대체 누구란 말인가? 사무엘이라고 하지만 확실치 않다. 하지만 분명한 것 하나는 룻기가

사사시대를 배경으로 하고 있기에 사사기의 저자가 룻기를 기록한 것이 틀림없다. 또 하나, 그 저자 또한 성령의 감동하심을 받아 사사기, 룻기를 기록한 것이 틀림없다.

그 저자는 먼저 사사들의 행적을 기록해 나갔을 것이다. 사사는 12명이다. 그런데 어떤 사사는 길게, 짧게, 어떤 사사는 그냥 한 줄로 처리해 버린다. 사사들을 똑같이 취급하지 않는다. 하지만 사사의 행적을 마무리할 때는 비슷하다. "누구누구가 사사로 몇 년 동안 지냈더라" 혹은 "~죽었더라"라고 끝맺는다. 그리곤 그다음 사사의 행적을 기록해 나간다. 사사기 13장부터는 삼손의 행적이다. 그는 삼손의 행적에 13장에서 15장까지 비교적 길게 할애를 한다. 그리고 이렇게 끝맺는다.

> 블레셋 사람의 때에 삼손이 이스라엘의 사사로 이십 년 동안 지냈더라
> 삿 15:20

이것은 삼손의 행적을 이제 끝냈다는 표시다. 이제부터는 다음 사사의 행적을 기록하겠다는 것이다. 그런데 이상하다. 이어지는 16장은 계속해서 삼손의 행적을 말한다. 분명 15장에서 끝내겠다고 했는데, 아니다. 그러더니 16장 31절에 와서 다시 이렇게 기록한다.

> 삼손이 이스라엘의 사사로 이십 년 동안 지냈더라 삿 16:31

왜 이런 흔적을 남기고 있는 것일까? 간단하다. 저자는 삼손의 행적을 분명 15장에서 끝내려고 했다. 그런데 그때 성령께서 감동하셨다.

"더 기록하라. 16장을 기록하라. 부끄럽기 그지없는 삼손의 행적, 여인들의 뒤를 쫓다가 머리가 깎이고, 눈 뽑히고, 놋 줄에 묶인 채 감옥에 던져진 이 삼손의 행적을 더 기록하여 남겨라."

"저는 그것만은 숨겨주고 싶었습니다."

"아니다. 사실은 비참한 사건이 주는 메시지가 크니라. 여기에 깊은 뜻이 있느니라. 있는 그대로 더 써 내려가라."

그래서 사사기 저자는 다시 펜을 들었고 16장을 기록한 것이다.

룻기도 마찬가지다. 그때 보아스는 분명 그 기업 무를 자의 이름을 알았다. 그래서 그 사람의 이름을 불렀다. "아무개여!"라고 하지 않았다. 그래서 룻기의 저자는 보아스가 불렀던 그 사람의 이름을 기록해 나갔을 것이다. '아무개'가 아니라 본명 '철수', '영희'라고 말이다. 그런데 바로 그때 성령께서 감동하신다. 지시하신다.

"그 부분을 고쳐라."

"네?"

"그 이름을 지워 버려라. 그냥 '아무개여'라고 기록하라. 자기 이름, 자기 기업에 그렇게 애착을 갖고 영원토록 후대에 남기려는 자는 이름조차도 지워진다는 것을 보여줘야 한다."

이렇게 앞 순위의 이 사람, 자기 이름을 그렇게 드러내고, 후대에 남기려 했던 이 사람, 이 사람이야말로 그 이름조차 성경에 남길 필요가 없는 그런 존재라는 것을 교훈하시기 위해 '아무개'라고 처리해 버리도록 하신 것이다.

"그냥 아무개로 처리해 버려!"

그래서 룻기 저자는 다시 펜을 들고 실제 이름을 지우고선 '아무개'로 정정한 것이다. 그 흔적이 고스란히 오늘 본문에 남아 있는 것이다.

나가면서

나는 내 기업에 손해가 있을까 하여 나를 위하여 무르지 못하겠노라

룻 4:6

'내 기업', '나를 위하여' 그는 그렇게 했다. 그렇다. 그는 짧은 인생의 길을 걸어가며 자신이 더 중요했다. 자기 기업, 자기 이름이 더 중요했다. 도움이 필요한 자들이 눈에 들어오지 않았다.

지극히 계산적이었다. 이기적이었다. 자기중심적이었다. 자기 이름이 최고였다. 곁에 기업 무를 자의 의무를 감당해야 할 자가 있음에도 모른 체했다. 외면했다. 자기 것을 꽉 쥐고 있었다. 강도 만난 자를 외면한 채 지나쳤던 제사장, 서기관처럼 말이다. 하지만 결과는 어떻게 됐는가? 아무개'로 生을 끝낸 존재가 되고 말았다.

하지만 보아스는 어떻게 했던가?

룻을 불쌍히 여겼다. 그와 함께하기를 원했다. 그래서 그녀를 아내로 맞이한다. 함께 인생의 길을 동행하기로 결심했다. 하나님이 이 둘 사이에 귀한 선물을 주셨다. 오벳을 주셨다. 이새를 주셨다. 다윗을 주셨다. 예수 그리스도를 주셨다. 그의 이름이 영원토록 빛나게 해 주셨다.

이 보아스가 누군가?

바로 우리 주님의 가장 아름다운 모형이다. 주님은 이 땅에 우리와 동행하기 위해 오셨다. 그는 우리의 질고를 지고 우리의 슬픔을 당하셨다사 53:4. 우는 자들과 함께하시며, 기뻐하는 자들과 함께하셨다.

'아무개'는 자신의 이름, 기업이 언제나 최우선이었다. 그의 눈에는 도움이 필요한 자가 보이지 않았다. 그 결과는 이렇게 비참했다. 하지만 보아스는 그 반대였다. 자신의 옷자락을 펴서 그녀를 덮어 주었다. '기업 무를 자'의 책임을 감당했다. 하나님께서 이런 그를 높이셨다. 오고 오는 세대에 그 이름이 빛나도록 하셨다. 영광 받게 하셨다. 그 이름 앞에 무릎 꿇게 하셨다. 더 나아가 장차 오실 메시아의 가장 이상적인 그림자로 우뚝 세워주셨다.

> 이러므로 하나님의 자녀들과 마귀의 자녀들이 드러나나니 무릇 의를 행하지 아니하는 자나 또는 그 형제를 사랑하지 아니하는 자는 하나님께 속하지 아니하니라 요일 3:10

> 우리는 형제를 사랑함으로 사망에서 옮겨 생명으로 들어간 줄을 알거니와 사랑하지 아니하는 자는 사망에 머물러 있느니라 요일 3:14

> 여호와께서 모세에게 이르시되 누구든지 내게 범죄하면 내가 내 책에서 그를 지워 버리리라 출 32:33

> 그들을 생명책에서 지우사 의인들과 함께 기록되지 말게 하소서 시 69:28

누구든지 생명책에 기록되지 못한 자는 불못에 던져지더라 계 20:15

무엇이든지 속된 것이나 가증한 일 또는 거짓말하는 자는 결코 그리로 들어가지 못하되 오직 어린 양의 생명책에 기록된 자들만 들어가리라 계 21:27

▌ 옥성석 목사

1989년, 30대 중반의 나이로 서울 서대문의 충정교회에 부임한 옥성석 목사는 제자훈련을 통해 교회 체질을 획기적으로 개선하던 중, 특별하신 섭리 가운데 일산신도시로 교회를 옮겨 현재까지 사역하고 있다. 말씀 선포에 생명을 걸고 있는 그는 성경에 대한 관점을 현대인들의 삶에 적용하는 부분이 탁월하다는 평을 듣는다. 그래서인지 그의 책들에 대해 마니아Mania층이 형성되어 있을 정도다. 《요한이 쓴 복음, 全 5券》《삶으로 읽는 로마서》 외에 다수의 책이 있다. 고신대학교B.A와 총신신대원 M.Div을 거쳐 Fuller Theological SeminaryD.Min를 수학했다.

격차의 시대,
열정과 소명으로 재생산하는 교회와 목회

박인화 목사

미국 뉴송교회 담임

"1분간 전원을 내립시다!"

미국 31대 대통령 허버트 후버가 내놓은 이색적인 제안이다. 1931년 10월 18일, 발명가로 알려진 토마스 에디슨이 세상을 떠났다. 후버 대통령은 토마스 에디슨의 장례가 진행되는 저녁 시간에 미국 전 지역에서 1분간 전원 스위치를 내리자고 제안했다.

하지만 그 제안을 실천하는 것은 불가능했다. 잘못하다가는 나라 전체를 마비시킬 뿐 아니라 응급실에 있는 수많은 환자의 죽음을 재촉할 수 있기 때문이었다. 후버 대통령이 전원을 내리자고 했던 것은 백열전구를 발명한 에디슨을 기억하자는 의도였다. 미국 전역에서 동시에 전원을 내리는 것은 불가능했지만, 에디슨을 통해 전깃불의 혜택을 본 사람 중 자원하는 사람은 미국 동부 시간 밤 10시부터 10시 1분까지 1분 동안 전원 스위치를 내리기로 했다.

에디슨은 작렬하던 해가 지고 난 황혼 무렵, 뉴저지 몽클레어에 있는 로즈데일 Montclair, New Jersey Rosedale 공동묘지에 안장되었다. 공동묘지 앞에는 강이 도도히 흐르고 있었고, 높은 빌딩들이 눈부시게 서 있는 뉴욕 맨하탄이 보였다. 수많은 조문객이 에디슨을 기념하기 위해 모여들었다. 10시 2분 전 CBS와 NBC 라디오에서는 "1분간 전원을 내립시다!"라고 하는 후버 대통령의 제안이 투박한 아나운서의 목소리를 통해 청취자들의 귓가에 울려 퍼졌다.

곧 밤 10시가 되었다. 에디슨이 출생한 오하이오Ohio주 밀란Milan을 선두로 전원을 내리기 시작했다. 순식간에 앞이 보이지 않는 캄캄한 밤이 찾아왔다. 백악관도 예외가 아니었다. 불야성처럼 밝던 뉴욕항New York Harbor도, 당당하게 성화를 들고 있던 자유의 여신상도 예외는 아니었다. 전기가 끊기니 라디오에서 흘러나오던 모든 음악 소리도 끊어졌다. 세상에 어둠이 찾아오자 사람들은 모두 숨을 죽였다. 인파로 가득했던 뉴욕의 극장가에는 단 한 대의 자동차도 움직이지 않았다AP news dispatch, 22 Oct. 1931; Montreal Gazette and Hartford Courant, Edison, Edmund Morris, Random House, 2019. 사람들은 어둠의 영향을 실감했다.

빛이 사라지면 세상에는 순식간에 어둠이 찾아온다. 화려한 도시 맨하탄도, 세계에서 가장 강력한 힘을 상징하는 백악관도, 성화를 높이 치켜든 자유의 여신도 무기력하게 한순간에 어둠에 빠지고 만다. 세상은 빛이 필요하다. 예수님은 세상의 빛이시다.

예수께서 또 말씀하여 이르시되 나는 세상의 빛이니 나를 따르는 자
는 어둠에 다니지 아니하고 생명의 빛을 얻으리라 요 8:12

예수님은 거센 바람에 흔들리는 정체성이라는 횃불을 든 제자들을 향
해 말씀하셨다.

너희는 세상의 빛이라 산 위에 있는 동네가 숨겨지지 못할 것이요
마 5:14

그리스도인은 세상의 빛이다! 빛이 비취지 않으면 화려한 도시 맨하탄
도, 세계에서 가장 강력한 힘을 상징하는 백악관도, 성화를 높이 치켜든
자유의 여신도 무기력하게 어두움의 나락으로 떨어지듯 세상은 어두운
낭떠러지로 곤두박질한다!

그리스도인은 그렇게 중요한 사람들이다. 제자 재생산은 선택이 아닌
특권이요 영광된 사명이다. 교회는 세상에서 유일하게 음부의 권세가 이
기지 못하는 예수님의 몸이다. 예수님께서 분부하신 제자 재생산의 영광
을 찾아올 때가 되었다. 세상은 예수님이 비추시는 빛을 기다리고 있기
때문이다.

제자 재생산을 시작하다

마태복음 25장에는 달란트의 비유가 기록되어 있다. 어떤 사람이 먼

타국으로 여행을 떠나며 세 종을 불렀다. 그들의 재능대로 달란트 다섯 개, 두 개, 한 개를 맡기고 떠났다. 오랜 후에 주인이 돌아와 종들과 결산하게 되었을 때, 주인에게 달란트를 받았던 종들은 주인에게 어떤 말을 들었을까?

잘 계획했구나! Well planned!
잘 생각했구나! Well thought!
잘 배웠구나! Well learned!
잘하였다! Well done!

계획, 생각, 배움 등 모두 중요하고, 필요하다. 하지만 주인은 종들이 장사하기를 원하셨다.

다섯 달란트 받은 자는 바로 가서 그것으로 장사하여 또 다섯 달란트를 남기고 마 25:16

"장사"란 일하다work, 노동하다labor, 이행하다perform, 사업하다do business, 해내다make happen의 뜻이다. 달란트를 받아 관리하는 종으로서 기도하며 계획하고 생각하자. 읽고 연구하며 배운 말씀을 되새김질하는 소처럼 반추하자. 그리고 Do business장사하여! 결국은 나가서 제자를 재생산해야 한다.

초대교회가 원자탄과 같은 영향력을 발한 것은 교회의 건물, 성도 숫자, 넉넉한 재정 때문이 아니었다. 그들은 예수님과 함께하며 배우고, 보고, 들은 것을 담대히 전했다. 초대교회의 영향력은 "너희는 가서 모든 민족을 제자로 삼으라"마 28:19라는 왕의 말씀에 순종한 결과이다.

제자 재생산은 다음과 같은 과정을 거쳐서 이루어진다. 복음을 듣고 구원을 받으면 영적 아이로 태어난다. 이것을 "구원의 은혜"엡 2:8-9라고 한다. 이제 막 출생한 아이의 특징은 누군가를 의존하는 것이다. 먹여주고, 입혀주고, 데려가고, 데려오고, 보호하고… 이와 같은 의존적 시기는 누구나 지난다. 그러나 의존이라는 주소지에서 이사하지 않고 계속 머물게 되면 자신과 이웃, 교회, 나아가 사회의 에너지를 뺏어가는 주인공이 된다. 교회는 말씀과 기도라는 무기를 가진 공동체이다. 그러나 미숙한 어린아이로만 가득한 탁아소nursery로는 세상에 아무런 영향을 줄 수 없다. 필자는 제자 재생산 훈련을 하면서 구원받은 이후의 성도들 영적 현주소를 아래와 같이 구분했다.

미숙이 - 성숙이 - 소명이 - 생산이 - 확산이*

교회에는 다양한 직분과 사역이 있다. 에베소 교회에는 사도, 선지자, 복음 전하는 자, 목사와 교사가 있었다. 21세기에는 교회, 신학교, 다양한 파라 처치para-church가 있다. 그렇다면 위에 열거한 다양한 직분과 사역이 존재하는 궁극적인 목적은 무엇일까? 성경은 성도를 온전케 하여 봉

---

* 제자 재생산에 대한 구체적인 원리와 사례, 그리고 방법론에 관한 책은 교회진흥원기독교한국침례교회 기관 산하의 요단출판사를 통해 출판된, 박인화, 2021.《제자 재생산 비타민》(서울: 요단출판사), 책을 통해 본고에서는 제자 재생산의 원리와 방법론 중에서 성숙이와 생산이에게 초점을 맞추어 소개하도록 하겠다.

사의 일을 하게 하는 것이라고 한다_{엡 4:11-12}.

성도를 열매로 비유하여 생각해보자.

열매는 다음의 4가지 특징이 있다.

1. 열매는 뿌리_{씨앗}의 특성을 반영한다

예를 들면, 사과나무는 사과를 열매로 맺는다. 수박씨를 뿌리면 수박을 열매로 거둔다.

2. 열매는 가시적이다

눈에 보이지 않는 투명한 열매를 보았는가? 마찬가지로 제자를 재생산하면 제자가 보인다. 예수님의 열두 제자는 눈에 보이는 가시적 열매였다. 마찬가지로 바울의 제자 디모데, 디도, 오네시모도 가시적으로 눈에 보이는 사람들이었다.

3. 열매는 다른 사람이 먹는다

사과나무가 사과나무의 열매를 먹지 않는다. 열매는 다른 사람을 위한 것이다. 다른 사람이 사과를 먹고 사과의 영양분을 통해 유익을 얻는다. 마찬가지로 교회가 열매를 맺으면 가정, 일터, 사회 속에서 그리스도인으로서 의와 공의를 행한다. 그리고 열매로서 사람들에게 유익을 주게 된다.

4. 열매 안에는 씨앗이 있다

열매 안에는 씨앗이 있다. 그래서 열매를 열면 작은 씨앗들이 보인다.

그 씨를 뿌리면 또 다른 열매를 확산하게 되는 것이다.

역대상을 읽다가 솔로몬 성전의 기둥에 대해 생각하게 되었다. 두로 출신 히람은 놋을 만지는 사람이었지만 자신의 분야에 최선을 다했다. 당시는 금으로 방패를 만들고 은을 귀하게 여기지 아니한 때_{열상 10:21}였다. 사람들이 크게 가치를 부여하지 않았지만, 놋으로 솔로몬 성전의 두 기둥 꼭대기에 석류 이백 개를 줄줄이 붙였다. 석류는 씨앗이 많은 과일이다. 필자는 석류가 교회의 재생산을 의미한다고 생각한다. 교회의 사명은 예수님의 부활을 전함과 동시에 석류 안의 많은 씨앗처럼 재생산하라는 메시지가 아닐까?

제자 재생산을 위해 영적 지도자들은 성도들이 자신을 의존하게 해서는 안 된다. "이는 성도를 온전하게 하여…." 의존이 아닌 온전케 함이 영적 지도자가 하는 일이다. 그렇다면 '온전'과 '의존'의 차이는 무엇일까?

의존	온전
안다	한다
배웠다	**가르칠 수 있다**
오라	간다
보았다	**보여 준다**
자신 없다	해 보겠다

뉴송교회에는 "나는 평신도니까…"라는 유리 천장_{glass ceiling}의 한계를 깬 성도들이 매우 많다. 노년, 장년, 청장년, 청년, 청소년, 유년 등 나이와 직분의 한계를 깬 사람들이 얼마나 많은지 모른다. 유년부터 노년에 이

르기까지 새벽 경건회 말씀 인도, 훈련 인도, 선교지 주일 설교와 섬김을 통해 "그리스도의 몸을 세우려 하심이라"엡 4:13b를 체험하고 있다.

목회자 입장에서 성도들이 자신을 의존하는 것은 싫지 않다. 누군가에게 필요한 사람이 되는 것은 스스로 중요한 사람이라는 가치를 부여하기 때문이다. 그러나 생각해보자. 의존하는 사람이 많지 않을 때는 감당할 수 있지만, 만일 그 수가 백 단위로 늘어난다면 탈진의 구덩이에 빠지는 것은 시간문제이다. 목회자를 의존케 할 것인가, 아니면 에베소서 4장의 말씀대로 성도를 온전케 할 것인가는 영적 지도자가 선택해야 할 몫이다.

성도의 성숙을 위해 교육하라

한때는 교육을 "cram in"지식, 정보, 내용을 벼락치기로 머릿속에 주입하는 것으로 생각하려는 경향이 있었다. 이는 매우 잘못된 생각이다. "교육"educate의 라틴어 어원에 따르면, 'draw out'이끌어내다, 찾아내다라는 뜻이다. 이 정의에 따르면, 내용을 강의하고 들려주며 토의하도록 하는 것은 교육의 한 부분에 불과하다. 이러한 교육은 학생이 선생님으로부터 배운 내용을 오래 혹은 정확히 기억하지 못하는 한계가 있다. 나머지는 배운 내용을 직접 해보게 함으로써 이해했는가를 확인하는 것이다. 이것이 교육이다. 듣게 하고 보여주며, 해보게 하는 것이 교육의 목적이며 성취이다. 이와 같은 교육의 목적과 성취를 다음과 같이 표현할 수 있다.

Tell me말해주세요 - I will forget잊을 것입니다

Show me보여주세요 - I will remember기억할 것입니다

Involve me참여시켜주세요 - I will understand이해할 것입니다[*]

마태복음 25장 달란트의 비유에서 칭찬받을 받은 종servant은 어떤 종이었는지 기억하는가? 주인이 칭찬한 종은 나가서 장사한 종servant이었다. 칭찬받은 종은 자신에게 기회가 주어졌을 때 주인에게 보고 배운 대로 행한 사람이다. 올림픽이나 운동경기의 중계방송을 보다가, 절호의 순간에 패배하는 모습을 보면 얼마나 답답한지 모른다. 그것이 경기를 관람하는 관객의 마음이며, 군중이 가진 심리이다.

입장을 바꾸어 선수로 뛰어보면 상황은 달라진다. 득점을 올리고, 랩타임의 1초를 줄이는 것이 얼마나 어려운지, 불가능에 가까운 일이라는 현실임을 깨닫게 된다. 경기를 관람하는 관객에게는 쉽게 보이지만, 정작 선수가 되면 어렵다. 그래서 해보는 것이 중요하다. 제자 재생산의 한 부분으로 새벽 경건회를 인도한 성도들은 예외 없이 고백한다. "설교가 이렇게 힘든 줄 몰랐습니다."

예수님이 직접 보여주신 제자훈련 방법은 "학원식 공부 방식"이 아니다. 인도자가 보여주고 함께 할 때, 미숙이는 성숙하게 되고 조금씩 성장하게 된다. 이렇게 할 때야 비로소 성도는 의존이 아닌 온전으로 나아가게 되고, 봉사의 일을 하며, 그리스도의 몸을 세우게 되는 것이다.

---

[*] 박인화, 2019. 《하나님의 방법은 사람: 평신도를 세우는 재생산 목회》 서울: 요단 출판사.

[11]그가 어떤 사람은 사도로, 어떤 사람은 선지자로, 어떤 사람은 복음 전하는 자로, 어떤 사람은 목사와 교사로 삼으셨으니 [12]이는 성도를 온전하게 하여 봉사의 일을 하게 하며 그리스도의 몸을 세우려 하심이라 엡 4:11-12

제자 재생산으로 …

나라든 교회든 인구 감소 문제를 푸는 열쇠는 어렵지 않다. 자녀를 낳으면 된다. 그리고 그 자녀가 또 자녀를 낳는 재생산이 일어나면 인구 감소, 그리스도인 감소를 막을 수 있다. 제자 재생산을 가장 원하시는 분은 예수님이시다. 재생산을 목표하고 전심을 다 하면 음부의 권세가 감당하지 못한다. 제자 재생산하는 교회는 어떤 모습일까?

얼마 전에 청년부에서 싱글로 있다가 결혼해서 자녀 둘을 낳은 한 자매가 주일예배 대표기도를 했다. 마음으로 얼마나 대견하고 기뻤는지 모른다. 청년부에 속해 있던 자매들은 결혼 전까지 최고의 멋쟁이들이다. 그러다가 좋은 형제를 만나 연애하다가 결혼한다. 그리고 얼마의 시간이 지나면 자녀를 낳은 엄마가 된다. 그런데 결혼 전에는 멋진 싱글이었던 자매가 자녀를 낳으면 변하는 것이 있다. 바로 "아가씨"에서 "엄마"가 되는 것이다. 자녀를 낳기 전에는 "나" 중심으로 살던 자매들이 출산 후에는 자녀를 위해 모든 것을 희생한다. 자매들의 모성애가 확실히 나타나는 것이다.

자녀를 낳는 여성에 관련하여 2020년 5월 5일 〈NY Times〉에서 아래

제목으로 기사가 실렸다.

> "This is your brain on Motherhood:How pregnancy and
> parenthood kick neurological development into high gear."*
> 어머니가 되면 나타나는 뇌의 특징: 임신과 육아를 통해
> 신경 발달이 활발해진다.

여성이 임신하면 몸에 동시다발적인 신체의 변화와 함께 두뇌에도 변화가 생긴다. 임신과 함께 무드mood에도 변화가 찾아온다. 2002년 임페리얼 칼리지 런던Imperial College London의 연구 결과에 의하면 임신 전, 중, 후에 두뇌에 변화가 찾아온다. 그 두뇌의 변화를 마미 브레인mommy brain이라고 하는데, 이는 다른 누군가가 원하고 필요로 하는 것을 두뇌가 인지하는 것이다. 이를 통해 엄마와 아기 사이에는 유대감mother-baby bonding이 형성된다. 사람의 두뇌는 돌처럼 딱딱해서 변형이 불가능한 것이 아니다. 뇌는 유연plasticity하다. 뇌는 스스로 구조를 재편성할 수 있는 능력이 있다The brain's ability to reorganize itself. 이와 같은 뇌의 변화는 나중에 손주를 보거나 누군가를 돌봐주는 역할을assume other caretaking roles 충분히 감당하게 하는 것이다.

---

* Jenni Gritters, May 5, 2020. "This is your brain on Motherhood: How pregnancy and parenthood kick neurological development into high gear," 1-3, New York Times. 참조, https://www.nytimes.com/2020/05/05/parenting/mommy-brain-science.html
Gritters, May 5, 2020. "This is your brain on Motherhood: How pregnancy and parenthood kick neurological development into high gear," 1-2.

예수님께서 가르쳐 주신 재생산은 영적인 제자를 낳는 것이다. 영적으로 자녀를 낳은 '생산이'가 되면, 자녀를 낳는 것과 키우는 것이 얼마나 어려운지를 더욱 절감하게 된다.

제자 재생산은 생각대로 되지 않는다. 제자 재생산을 비판하는 이유는 자기가 실제로 그 위치에 들어가 보지 않았기 때문이다. 아직 자녀를 낳아본 경험이 없는 미혼의 성인들은 "왜 자녀를 저렇게밖에 키우지 못하는가?" 하며, 버릇없는 자녀들을 잘 지도하지 못하는 것처럼 보이는 부모들을 쉽게 비판하는 경향이 있다. 그러나 막상 본인이 자녀를 낳아 키워보면 모든 어머니가 위대해 보이고, 자녀를 낳아 양육하는 것이 결코 쉬운 일이 아니라는 사실을 깨닫게 된다. 똑같은 어머니의 역할이 이렇게 달라 보이는 이유는 본인이 직접 낳아보았기 때문이다.

성경을 읽으며 "예수님은 왜 12명의 제자만 남기셨을까?"라는 의문을 가져본 적이 있다. 그러나 제자 재생산을 시작한 이후, 예수님이 얼마나 위대하신 분인지 깨닫는다. 12명의 자녀를 낳고 키우는 어머니를 생각하면 쉽게 이해될 것이다. 예수님의 열두 제자는 자살한 가룟 유다와 자연사한 요한을 제외하고 모두 순교했다. 예수님께서 얼마나 제자들을 잘 키우셨는지 알 수 있다. 예수님은 제자 재생산의 모델이시며 위대하신 분이다!

예수님의 제자 재생산에 초점을 맞추면 일회적 기쁨이 아니라 지속적인 기쁨을 맛보게 된다. "아, 왜 진작 제자 재생산을 하지 않았던가!" 나는 예수님의 제자로 그리스도의 몸을 세우는 성도들을 보면 얼마나 자랑스러운지 모른다. 동시에 "왜 좀 더 일찍 시작하지 못했을까?"라는 아쉬움도 남는다.

▌박인화 목사

"제자 재생산"을 목회철학으로 평신도를 예수님의 제자로 양성하기 위해 삶을 던진 목회자이다. 담임으로 섬기는 댈러스 뉴송교회는 예수 그리스도의 대사명을 실현하기 위해 지역사회 섬김과 미전도종족에게 복음을 전하는 선교에 앞장서고 있다. Patten University(B.A.)와 Southeastern Baptist Theological Seminary(M.div & MACE)를 졸업하고 Dallas Baptist University (Doctor of Divinity)에서 목회학 박사학위를 받았다. 현재 미 남침례교단 텍사스주 총회(BGCT)의 실행위원(Executive Board Director)과 미주 남침례회 한인교회 총회(CKSBCA) 교육부 이사장으로 섬기고 있다. 저서로는 《하나님의 방법은 사람》(요단, 2019), 《목회서신》(요단, 2021), 《제자 재생산 비타민》(요단, 2022)이 있다.

격차의 시대,
열정으로 복음을 전하는 교회

김태규 목사

서울은혜교회 담임

　지난 2년여간의 코로나 팬데믹 상황은 성도들에게도 목회자들에게도 열정적으로 마음 놓고 복음을 전할 수 없는 위기의 상황이라고 할 수밖에 없는 것 같다. 그런데 성경 말씀을 통해 모든 위기가 전화위복의 하나님의 기회라고 말씀하신 대로 오히려 하나님의 기적을 체험할 기회라고 믿는다.

　서울은혜교회는 코로나 팬데믹이 시작한 해인 2020년 10월 중순에 성전을 강남에서 하남으로 이전하게 되었다. 성전 이전 이후 어느 날 새벽 예배를 마친 후 성전 주변을 걷는 데 매서운 바람이 몰아쳐 왔다. 바람이 몰아쳐 오는 순간에 새로운 지역에서의 목회에 대한 큰 두려움이 몰려오게 되었다. 마치 선교지에 온 것과 같은 느낌이 들었다. 그런데 어느 순간 사도행전 18장 9절에서 10절의 말씀이 떠올랐다.

⁹밤에 주께서 환상 가운데 바울에게 말씀하시되 두려워하지 말며 잠잠하지 말고 말하라 ¹⁰내가 너와 함께 있으매 아무 사람도 너를 대적하여 해롭게 할 자가 없을 것이니 이는 이 성중에 내 백성이 많음이라 하시더라 행 18:9-10

아덴에서 크나큰 실패를 경험한 사도 바울에게 주신 말씀은 두려움 속에서의 위로의 음성이요, 고린도에 하나님의 예비된 영혼들이 있다는 강력한 전도의 부르심이었다. 이 말씀을 통해 저의 심령에 전도에 대한 강력한 마음이 솟아오르도록 해 주셨다.

그래서 다음날 새벽기도회에서 하나님께 이 지역에서의 전도의 지혜를 구했다. 기도하는 중에 교회가 이사를 왔으니 이사 떡을 나눠주면서 전도하라는 감동을 주셨다. 또한 담임목사가 이 시국에 먼저 전도의 발을 떼고 성도들에게 전도의 모범을 보여야겠다는 감동을 주셔서 떡집에 가서 떡집 주인을 전도하면서 떡을 주문하고, 교회의 예배 안내 스티커를 제작하여 부착하고, 전도 가방에 넣어서 하루에 수십 군데의 전도 대상자를 찾아다니며 전도했다.

감사하게도 2021년 한 해에 저를 통해 86명의 새가족을 교회에 인도하게 해 주셨다. 그리고 나서 수, 목, 금, 토요일 오전 10시에 모여 교역자들에게도 간증하고 함께 매일 전도를 나간 결과 2021년 한 해에 교역자들을 통해 총 250명을 전도하게 되었다. 그중 어떤 부목사님, 전도사님은 50명이 넘는 새가족을 교회에 모시고 왔다.

그 이후에 어느 순간부터 성도들도 도전을 받아 관계 전도에 발을 들여놓고 교회 매일 전도에 나와 함께 전도하기 시작했고, 2021년 한해에 총 520명의 새가족을 교회에 모시고 오게 되었다. 그중에 207명이 교회 새가족 정착 프로그램에 참석하여 수료하고 교회에 정착하게 되었다.

그리고 2022년도부터는 새가족 정착율을 높이기 위하여 1명의 새가족을 5번까지 교회에 모시고 오면 5명 전도한 것으로 정하고 전도하기 시작했다. 나는 담임목사로서 금년 한해에 100명의 전도 목표를 세우고 전도한 결과, 2022년 7월 31일 주일 현재 91명의 새가족을 교회에 모시고 왔고, 7월 31일 주일 현재 전 교인이 총 1,035명의 새가족을 교회에 모시고 오게 되었다. 오직 하나님께만 영광을 올려드린다.

오늘은 어떻게 코로나의 어려운 시기에 강의 제목대로 열정적으로 복음을 전하는 교회가 되게 해 주셨는지에 대하여 나누기를 원한다. 그래서 이 시간에 서울은혜교회에서 성도들에게 전도에 대하여 가르치는 내용을 소개하고 간증하면서 전도의 원리와 방법을 나누려고 한다.

전도는 왜 하며, 어떻게 하는가?

[참고] 서울은혜교회 전도 강의안' 삽입

26내가 아버지께로서 너희에게 보낼 보혜사 곧 아버지께로서 나오시는 진리의 성령이 오실 때에 그가 나를 증거하실 것이요 27너희도 처음부터 나와 함께 있었으므로 증거하느니라 요 15:26-27

1. 성도는 반드시 전도해야 합니다

1) 전도는 주님의 지상명령이기 때문입니다.

주님의 지상명령이란 주님의 가장 중요한 최고의 명령이란 뜻이며 전도가 최우선의 명령입니다.

2) 우리 속에 계신 성령님께서 전도하기를 원하시기 때문입니다.

왜냐하면 성령님은 예수를 증거 하기 위하여 이 땅에 오셨기 때문입니다. 오늘 본문을 보시면, "내가 아버지께로부터 너희에게 보낼 보혜사 곧 아버지께로부터 나오시는 진리의 성령이 오실 때에 그가 나를 증언하실 것이요 너희도 처음부터 나와 함께 있었으므로 증언하느니라"요 15:26-27 라고 말씀하십니다.

저는 현재 세 자녀를 두고 있는데 제가 집사 때 첫 아이를 낳기 전에 유산의 시련을 겪게 되었습니다. 새벽 예배를 드리면서 하나님께서 왜 이러한 시련을 허락하셨는가를 놓고 기도하는데, 어느 날 새벽에 하나님께서 감동으로 "지금 네 아이가 유산돼서 슬퍼하는 것처럼 내가 이 땅에 죽어가는 영혼들을 보면 슬프단다! 네가 나가서 전도하라!"는 마음을 주셨습니다. 그 순간에 저에게 회개의 영이 임하면서 하나님의 나라와 의를 구하지 못하고 신앙생활 했던 것을 회개하였고, 그날 저녁부터 회사를 마치고 마켓 앞에 나가서 전도하기 시작했습니다. 그리고 나와 관계된 사람에게 관계 전도하고, 토요일마다 노방전도를 나가게 되었고, 그해에 감사하게 많은 새가족을 교회에 모시고 나올 수 있게 되었습니다.

이후 신학대학원을 들어가서 하나님과 3학점짜리의 전도학 강의를 들는다고 생각하고 매주 토요일마다 노방전도를 나가고, 그 당시에 거의 매주 새가족을 교회에 모시고 오게 해 주셨습니다. 그러던 어느 날 사역을 시작하며 전도 담당 전도사로 섬기게 되고, 목사 안수를 받고, 신학교에서 전도학 강의를 하고, 해외 신학교에서 전도 강의와 횃불회 목회자 전도 세미나 등을 하게 되었습니다. 그러한 과정을 통해서 깊이 깨달은 것은 전도는 주님의 지상명령이며, 성령님께서 내 안에 오셔서 전도하시기를 원하신다는 것입니다.

3) 전도야말로 우리가 바라는 모든 축복을 받는 비결입니다.

주님은 분명히 말씀하셨습니다.

> 너희는 먼저 그의 나라와 그의 의를 구하라 그리하면 이 모든 것을 너희에게 더하시리라 마6:33

그런데 그 나라와 의를 구한다는 뜻이 무엇일까요? 그중의 하나가 바로 전도를 말합니다. 저는 전도를 통하여 복음의 기쁨을 체험하고, 전도에 순종할 때 전도의 기름 부으심을 주시며, 영권 권세와 인권 권세, 하늘의 상급과 물권 권세를 주시고 뜻밖의 열매들을 주신다는 것을 깨닫게 되었습니다.

사랑하는 우리 성도 여러분! 전도는 바로 우리 성도의 의무일 뿐만 아니라 우리의 특권임을 기억하시기 바랍니다!

그러면 전도를 왜 해야 하며 어떻게 해야 할까요?

1. 전도를 해야 할 많은 이유

우리가 전도할 때 올바른 동기를 가지고 전도해야 합니다. 왜냐하면 올바른 동기로 하지 아니하는 어떤 신앙생활도 하나님 앞에서는 아무 소용이 없기 때문입니다. 우리가 전도해야 할 많은 이유가 있습니다. 오늘은 세 가지만 말씀드리겠습니다.

1) 전도는 하나님 아버지께서 품고 계시는 가장 안타까운 심정이기 때문에 우리는 전도를 해야 합니다.

에스겔 18장 23절에는 하나님의 가장 안타까운 심정이 나와 있습니다.

> 나 주 여호와가 말하노라 내가 어찌 악인의 죽는 것을 조금인들 기뻐하랴 그가 돌이켜 그 길에서 떠나서 사는 것을 어찌 기뻐하지 아니하겠느냐"

즉 우리 아버지께서는 악인이 죄 가운데서 지옥으로 떨어지는 것을 가장 안타깝게 여기신다는 뜻입니다.

저는 처음 예수님을 만나고 성경을 읽으면서 누가복음 19장 41절에서 42절의 말씀을 읽고 큰 충격을 받았습니다. 예수님을 영접하지 않기 때문에 지옥으로 갈 수밖에 없는 예루살렘 성민들을 위하여 주님께서 울고 계셨기 때문입니다.

그리고 사도행전 8장, 9장, 10장에 나오는 사건들을 다시 한번 조명해 주셨습니다. 사도행전 8장에는 빌립 집사의 이야기가 기록되어 있습니다. 빌립 집사는 초대교회에서 처음 세움 받은 일곱 집사 중의 한 사람이었습니다. 역시 일곱 집사 중 한 사람인 스데반 집사가 순교한 후 빌립 집사는 사마리아에 가서 열심히 복음을 전하고 있었습니다. 그의 손을 통하여 많은 능력이 나타나며 많은 사람이 주님 앞으로 돌아왔습니다. 그런데 그때 천사가 나타나서 빌립 집사에게 지시했습니다.

예루살렘에서 가사로 내려가는 길까지 가라 행 8:26

그곳은 사람이 살지 않는 광야였습니다. 그러나 빌립 집사는 천사의 지시에 순종하여 그곳으로 갔습니다. 빌립 집사가 그곳에 이르렀을 때 마침 예루살렘에 올라가서 예배를 드리고 고국으로 돌아가고 있는 에디오피아 환관을 발견했습니다. 그는 에디오피아 여왕 간다게의 국고를 맡은 재무장관과 같은 사람이었습니다. 그는 병거를 타고 고국으로 돌아가고 있는 길이었습니다.

그런데 사도행전 8장 29절에는 다음과 같이 기록이 되어 있습니다.

성령이 빌립더러 이르시되 이 병거로 가까이 나아가라 하시거늘

행 8:29

빌립이 성령님의 지시에 순종하여 그 병거로 다가갔을 때 그 환관은 이사야서 53장을 큰 목소리로 읽고 있었습니다. 빌립 집사가 그 환관에게 물었습니다. "당신이 읽는 것을 깨닫느뇨?"30절 환관이 답변합니다.

"지도하는 사람이 없으니 어떻게 깨달을 수 있겠습니까?"31절

그리고 빌립을 청하여 병거에 올라앉게 하고 묻습니다. "선지자가 말하고 있는 이 사람이 선지자 자신을 가리키는 것입니까, 다른 사람을 가리키는 것입니까?"34절 빌립 집사가 그때 예수님에 관한 이야기를 해줍니다. 그 환관은 그 자리에서 예수를 믿기로 하고 세례를 받게 됩니다.

사도행전 9장에는 사울의 이야기가 나와 있습니다. 사울이 아직 바울로 개명하기 전입니다. 그는 예수 믿는 사람들을 잡아서 예루살렘으로 압송하기 위하여 대제사장으로부터 체포영장을 발급받고 다메섹 성으로 다가가고 있었습니다. 그때 홀연히 밝은 빛이 비치며 주님 자신이 공중에 나타나셨습니다. 우리 예수님께서는 사울에게 온갖 말씀을 다 하셨습니다. "사울아 사울아 어찌하여 네가 나를 핍박하느냐"행 9:4, "나는 네가 핍박하는 예수라"5절, "네가 일어나 성으로 들어가라 행할 것을 네게 이를 자가 있느니라"6절라고 말씀하시고, 결국 아나니아를 통해 사울이 예수님에 대하여 듣고, 회복하고, 세례를 받고, 전도 사역을 시작하게 되었습니다.17-20절

사도행전 10장에는 고넬료의 이야기가 나와 있습니다. 그는 로마 군대의 백부장이었습니다. 그가 기도할 때 천사가 나타났습니다. 천사는 그에게 여러 가지 지시를 합니다. "네가 지금 사람들을 욥바에 보내어 베드로라 하는 시몬을 청하라 저는 피장 시몬의 집에 우거하니 그 집은 해변에 있느니라 하더라"행 10:5-. 그리고 결국 베드로를 통해 고넬료와 가족과

온 집을 구원하셨습니다.

사랑하는 우리 성도 여러분! 우리가 사랑하는 우리 하나님 아버지께서
는 이 시간도 잃어버린 영혼들 때문에 눈물을 흘리며 안타까워하시지만,
우리를 향하신 그분의 사랑 때문에 우리 믿는 자를 통해 전도하기를 원
하십니다.

2) 우리는 진리를 맡은 청지기이기 때문에 전도하지 않으면 안 됩니다.

진리란 무엇일까요? 영원히 변치 아니하고 보편타당성이 있는 것이 진
리입니다. 그런데 이 세상에는 영원무궁하고 보편타당성이 있는 것이 전
혀 존재할 수가 없습니다. 왜냐하면 우리가 보는 이 하늘과 땅은 불사름
을 당하기 위하여 간수되어 있기 때문입니다벧후 3:7.

이 땅에 있는 모든 것에는 종말이 있기 마련입니다. 영원무궁하고 보편
타당한 것은 오직 하나님의 뜻밖에 없습니다. 우리 인간에게 계시된 하
나님의 뜻이야말로 영원무궁하며 보편타당한 진리입니다. 그런데 우리
인간에게 공개된 하나님의 뜻이 무엇입니까? 그것은 우리 같은 죄인도
예수만 믿으면 구원을 받을 수 있다는 사실입니다. 이것이 바로 진리요
복음입니다.

그래서 진리는 새로운 법과도 같은 것입니다. 우리가 알고 있는 구법은
말합니다. "죄인은 멸망하게 되어 있다." 그러나 새로운 법은 말합니다.
"우리 같은 죄인도 예수만 믿으면 멸망치 아니하고 영생을 얻을 수 있
다." 그런데 법이란 누구에게나 통용되는 것입니다. 그런데 아무리 좋은
법이 나와도 사람들이 이 법을 알지 못하면 아무 소용이 없습니다.

그런데 하나님께서는 이 진리를 우리 손에 맡겨 주셨습니다. 그렇기 때문에 우리가 전하지 아니하면 세상 사람들은 이 진리를 전혀 알지 못합니다. 에스겔 3장에 보면 파수꾼의 이야기가 나옵니다. 성에 파수꾼을 세웠는데, 적군이 쳐들어오는데도 나팔을 불지 아니하면 성안에 살고 있는 사람들은 알지 못하여 죽지만, 그 피 값을 반드시 그 파수꾼에게서 찾겠다고 말씀하십니다. 우리는 세상 사람들에 대하여 이러한 파수꾼과 같습니다. 우리가 복음을 전하지 아니하면 세상 사람들은 자신의 죄 때문에 멸망하지만, 그 핏값을 우리에게서 찾겠다는 뜻입니다.

그래서 사도 바울은 고린도전서 9장 16절에서 다음과 같이 고백하고 있습니다. "내가 복음을 전할지라도 자랑할 것이 없음은 내가 부득불 할 일임이라 만일 복음을 전하지 아니하면 내게 화가 있을 것임이로라"고전 9:16. 그러므로 우리가 전도하지 않는 것은 하나님의 눈에는 악이 되는 것입니다. 우리가 악을 행하며 어떻게 하나님과의 교통이 가능하며 그분의 사랑과 축복 속에 살 수가 있겠습니까?

사랑하는 우리 성도 여러분! 우리는 이 귀한 진리 즉 복음을 맡은 청지기이기 때문에 우리는 부지런히 전도해야 합니다. 1970년도에 신문에 난 기사입니다. 괌도의 정글 속에 사람이 살고 있는 것 같다는 보고가 들어왔습니다. 어떤 사람은 정글을 지나가다가 그 정글 속에서 사람 그림자가 나타났다가 사라졌다고 보고하고, 또 정글 근처의 인가에서 사람이 먹는 음식물이 없어졌다는 보고도 들어왔습니다. 정부 당국에서는 세계 제2차 대전 중에 괌도에 진주했던 일본군이 전멸하고 살아남은 패잔병이 전쟁이 끝났다는 사실도 알지 못하고 정글 속에 숨어 살고 있다는 결론을 내렸습니다. 그래서 미국 정부와 일본 정부가 합작으로 많은 전단을 만들어서 정글 여기저기에 뿌렸습니다.

그 전단에는 전쟁이 끝났기 때문에 일본 패잔병이 정글에서 나오더라도 포로로 잡히지 않고 가족에게로 돌아갈 수 있다는 글이 적혀 있었습니다. 그뿐만 아니라 경비행기로 정글 위를 날면서 확성기로 그 사실을 말했답니다. 그 일본 패잔병이 그 소리를 듣고, 또한 전단을 읽어보고 정글에서 나왔습니다. 그는 전쟁이 끝난 줄을 몰랐기 때문에 정글 동굴 속에 숨어서 27년을 살아왔답니다. 옷은 다 해지고, 짐승을 잡아서 그 가죽으로 아랫도리만 가리고 있는 모습이 신문에 났습니다. 그는 뱀이나 쥐를 잡아먹고, 나무껍질도 벗겨 먹으면서 27년간 암흑의 생활을 해 왔던 것입니다. 그는 27년 만에 고국으로 돌아가서 가족의 품에 안길 수 있었습니다.

전쟁이 이미 다 끝났는데도 그 패잔병은 왜 27년이라는 긴 세월 동안 그 고생을 했겠습니까? 그것은 전쟁이 끝나서 그가 정글에서 나와도 포로로 잡히지 아니하는 새로운 법이 나왔는데, 이 사실을 몰라서 그는 필요 없는 고생을 한 것입니다.

우리 주변에 있는 많은 이웃이 같은 처지에 놓여 있습니다. 죄인도 예수를 믿으면 영원히 살 수 있는 법이 생겼는데, 이 법을 알지 못하기 때문에 그들은 죽음을 숙명으로 알고 살아가고 있습니다. 그런데 우리가 그 법을 맡았기 때문에 우리가 전하지 아니하면 그들이 알 길이 없는 것입니다.

3) 하나님께서 이미 치르신 대가 때문에 우리는 전도하지 않으면 안 됩니다.

누가복음 14장 16절에서 24절 사이에는 잔치 비유가 나와 있습니다. 어떤 사람이 큰 잔치를 준비하고 많은 사람을 청하였습니다. 그런데 사람들은 여러 가지 핑계를 대며 그 잔치에 오지를 않았습니다. 그 사람은 종들에게 빨리 시내의 거리와 골목으로 가서 가난한 자들과 병신들과 소경들과 저는 자들을 데려오라고 분부합니다. 그래도 그 자리가 차지 아니했을 때 주인은 종들에게 사람들을 강권해서라도 잔치 자리를 채우라고 말씀하십니다.

주인은 왜 그토록 그 자리를 채우기를 원했겠습니까? 그것은 이미 그 잔치를 배설하기 위하여 값을 다 치렀기 때문입니다. 그렇기 때문에 우리가 전도하지 않는다는 것은 그분이 이미 치르신 값을 무가치한 것으로 만들어 버리고 마는 것입니다. 그래서 주님께서는 오늘도 "너희가 길과 산울로 나가서 사람을 강권하여 데려다가 내 집을 채우라"눅 14:23라고 말씀하고 계시는 것입니다.

2. 전도를 어떻게 할 수 있겠습니까?

전도의 방법에 대하여 말씀드리겠습니다.

1) 새가족 제자화의 관점에서의 전도의 2가지 종류

1-1) 전도 대상자인 그 사람을 자신이 다니는 교회로 인도할 수 없는 경우입니다.

예를 들어 비행기 옆 좌석에 앉은 사람이나 혹은 먼 곳에서 우연히 만난 사람의 경우입니다. 이런 경우에는 내가 만난 예수님에 대하여 나누고, 주님을 만나기 전의 나의 상태와 주님을 만난 후의 나의 삶에 대하여 간증하십시오. 그러나 보다 확실하게 복음을 전하여 그 영혼을 구원하기 위해서는 전도 훈련을 받아야 합니다.

1-2) 전도 대상자를 우리 교회로 모시고 올 수 있는 경우입니다.

이 경우에는 꼭 오이코스 전도를 하시기를 바랍니다. 사도행전 16장 31절에 "주 예수를 믿으라 그리하면 너와 네 집이 구원을 얻으리라"의 '집'이 희랍어로 '오이코스'로, 가정, 권속, 집안 식구 등을 나타내는 단어입니다. 그러므로 오이코스란 나와의 관계 속에 있는 사람들을 뜻합니다. 오이코스에는 크게 두 가지가 있습니다.

첫째, 형성된 오이코스로서, 나와의 관계 속에 있는 사람들에게 먼저 전도하라는 뜻입니다. 가족, 친척, 동창, 직장 동료, 혹은 고향 친구 등 가까운 관계에 놓인 사람들의 명단을 만들어서 그들을 위하여 기도하며 전도해야 합니다.

둘째, 창조적 오이코스로서 보다 적극적인 뜻이 있습니다. 믿는 성도가 불신자를 찾아가서 그에게 전도하기 전에 먼저 그와 더불어 창조적으로 친밀한 관계를 형성하고 그를 교회로 모시고 옴으로 구원을 얻게 하는 것을 뜻합니다.

우리 교회에서 이런 전도 방법을 권장하는 이유가 있습니다. 그것이 바로 우리가 주님의 지상명령을 수행하며 새가족을 제자화할 수 있는 유일한 방법이라고 보기 때문입니다. 우리 주님의 지상명령은 우리에게 전도만 하라고 분부하지 않으시고 전도한 그 사람을 제자로 삼고 또한 그가 주님께서 명하신 모든 분부를 지켜 행하게 하라고 분부하고 계십니다. 그런데 새가족 한 분이 우리 교회에 발을 붙이고 제자가 되며 제자답게 살고, 또한 제자로서 사역할 수 있기까지는 많은 세월이 필요로 합니다. 그 많은 세월 동안 마귀는 절대로 쉬고 있지 않습니다. 끊임없이 그가 가는 영광의 길을 가로막고 그를 쓰러뜨리기 위하여 애를 쓰는 것입니다. 그렇기 때문에 그 오랜 세월동안 그를 붙들어 주는 친구가 필요한 것입니다. 그래서 어떤 전도 대상자를 교회로 모시고 오기 전에 그와 더불어 먼저 오이코스 관계를 만들라고 말씀을 드리는 것입니다.

2) 오이코스 전도 단계

2-1) 전도 대상자를 위해 기도해야 합니다.

전도 대상자를 위하여 간절히 기도하시고 기도 가운데 어떤 사람이 마음에 떠오르면 그를 찾아가십시오. 전도 대상자 리스트를 만들어야 합니다. 우리 교회에서는 333 기도전도운동을 하고 있습니다. 333 기도전도운동은 3개월 동안 3명의 전도 대상자들을 위해 3분간 기도하며 전도하는 운동입니다. 전도 대상자 기도 노트를 만들어서 계속 기도하고, 또한 자신의 모든 오이코스 전도 대상자들의 이름을 기록하여 매일 정시기도 시간과 무시로 기도해야 합니다. 그러면 전도할 때 하나님께서 전도의 문을 열어주십니다.

또한 우리를 위하여 기도하되 하나님이 전도할 문을 우리에게 열어 주사 그리스도의 비밀을 말하게 하시기를 구하라 내가 이것을 인하

여 매임을 당하였노라 골 4:3

2-2) 전도의 지혜와 접촉점을 구해야 합니다.

전도를 위해 기도할 때 하나님께서 전도의 지혜와 접촉점을 주십니다. 예를 들어, 서론에도 말씀을 드렸듯이 우리 교회가 강남에서 전도했을 때는 아파트 단지를 전도할 때 아파트 앞이나 주변에 거점을 마련하여 테이블을 펴고 전도 대상자들과 접촉하며 전도하기도 했는데, 하남에 와서는 교회가 이전하여 이사 떡을 나누며 전도하라는 지혜를 주셔서 그대로 순종할 때 하나님께서 전도의 열매를 주셨습니다.

2-3) 전도 대상자와 관계 형성을 해야 합니다.

조건 없는 사랑과 친절을 베푸십시오. 전도하기 위하여 사랑과 친절을 베푸는 것이 아니라 주님의 심정으로 그를 사랑하고 친절을 베푸십시오. 이웃을 진정으로 사랑하게 되면 자연히 그분에게 가장 좋은 것을 주고 싶어지는 것입니다. 그런데 그분에게 가장 좋은 것이 무엇입니까? 바로 영생의 선물이 아닙니까? 우리가 그분을 진심으로 사랑할 때 그분에게 무리 없이 복음을 전하게 되는 것입니다. 그리고 그들이 필요로 하는 것이 무엇인지 관찰하시고 가능한 한 그 필요를 채워드리십시오. 왜냐하면 사람들은 자신이 느끼고 있는 필요를 채워줄 때 그 사람에게 감사를 느끼며 끈끈한 인간관계 속으로 들어오게 되어 있습니다.

31그런즉 너희가 먹든지 마시든지 무엇을 하든지 다 하나님의 영광을 위하여 하라… 33나와 같이 모든 일에 모든 사람을 기쁘게 하여

나의 유익을 구치 아니하고 많은 사람의 유익을 구하여 저희로 구원을 얻게 하라 고전 10:31-33

예를 들어, 너희가 먹든지 마시든지 무엇을 하든지 다 하나님의 영광을 위해 하고, 나와 같이 모든 일에 모든 사람을 기쁘게 하여 나의 유익을 구치 아니하고 많은 사람의 유익을 구하라고 하셔서 식당에 가거나 카페를 갈 때 먹고 마시는 목적을 하나님의 영광을 위해 전도하며, 말씀대로 다른 사람의 유익을 구할 때 영혼 구원의 역사가 나타날 수 있습니다. 저는 성전이 하남으로 이전된 후에 떡을 들고 식당이나 카페에 전하면서 교회에 다니는지 여부를 묻고, 식사도 하고 커피를 마시면서 전도해왔습니다. 현재까지 저를 통해서 식당 8군데와 카페 4군데를 전도하고, 교회의 교구를 맡겨서 지속적으로 정착할 수 있도록 돕고 양육을 하고 있습니다. 가능한 주인이 장사에 이윤을 남기도록 도와드리면서 전도할 때 감동하셔서 교회에 전도되고, 지속적으로 관심을 가질 때 정착할 수 있게 되었습니다. 중요한 것은 나의 청을 거절하지 못할 정도로 친밀한 관계를 맺어가도록 노력하는 것입니다.

2-4) 교회로 인도하시기 바랍니다.

2-5) 본 교회에서 실시하는 새가족 정착 프로그램으로 인도하시기 바랍니다.

2-6) 제자로 양육될 때까지 영적 후원자가 되시기 바랍니다.

결론

우리가 주님의 지상명령을 수행하기 위하여 오이코스 전도가 절대 필요 불가결한 방법임을 기억하시기 바랍니다. 물론 이렇게 하려고 할 때 많은 수고가 따릅니다. 그러나 해산의 고통이 없는 곳에 해산의 기쁨도 없음을 기억하시고 힘들지만 오이코스 전도를 하셔야 합니다.

그런데 감사한 것은 우리가 전도하기 위하여 철저한 결단을 내리고 발을 뗄 때 성령님께서 전도의 어려운 부분을 도맡아 해 주신다는 사실입니다. 왜냐하면 전도는 우리가 홀로 하는 것이 아니라 성령님과 동업으로 하는 것이기 때문입니다. 그러므로 여러분의 전도 과정 가운데 성령님께서 선두에 서시도록 열심히 기도하시고, 또한 성령님을 의존해야 합니다.

우리 모두 전도를 열심히 하여 주님을 기쁘시게 하고, 주님께서 예비하신 모든 축복을 받아 감당하시기를 주님의 이름으로 축원합니다.

▌ 김태규 목사

미국 탈봇 신대원을 졸업(M.Div.)하고, 현재 경기도 하남에 있는 서울은혜교회 담임 목사로 섬기고 있다. 세계선교와 제자화의 비전을 품고 현재 18개국에 31가정의 선교사를 파송해 협력하고 있다. 탄자니아, 캄보디아, 인도네시아 등에 신학교를 건축해 현지인을 제자화 하는 등 모든 족속으로 제자 삼는 선교에 최선을 다하고 있다. 또한 전도에 최우선 순위를 두어 전 교인을 전도자로 무장하고 전도 사명자를 양성하여 지역 복음화에 집중하고 있다.

격차의 시대,
열정으로 복음을 전하는 교회 2

박성원 목사

산돌교회 담임

들어가는 말

어느 교회는 총동원전도를 실시하였지만 총동원전도 무용론을 말하는 경우가 있다. 참으로 안타까운 이야기이다. "길과 산울 가로 나가서 사람을 강권하여 데려다가 내 집을 채우라"눅 14:23는 주님의 분부대로 행하고도 그 기쁨과 행복감을 함께 경험하지 못한 경우이다. 이러한 안타까운 결과의 원인이 무엇인가? 총동원전도 자체가 열매 없는 행사이기 때문인가? 아니면 총동원전도의 준비와 진행 시스템에 있어서 부족한 부분이 있기 때문인가?

총동원전도는 일시에 수많은 불신자에게 복음을 들려주는 전도법이다. 그래서 후속 양육과정이 제대로 준비되어 있지 않으면 등록한 새가족들을 정착시키지 못하는 경우가 많이 있다. 이런 점에서 총동원전도 전략을 세우고 새가족 양육 시스템을 갖추는 것은 매우 중요하다. 말하자면 "어떻게 전도할 것인가?"의 질문과 함께 "어떻게 양육할 것인가?"의 질문에 동시에 답할 수 있는 준비를 해야 한다. 밑 빠진 독에 물을 붓듯 제자리걸음을 하지 않으려면 총동원전도 전략과 새가족 양육에 영적, 인적, 물적 자원을 총동원하여 쏟아붓고, 모든 것이 준비된 상태에서 새가족을 맞이해야 한다.

총동원전도의 전략과 실제

1. 한국교회 전도의 현주소

1) 한국교회 전도는 가능한가?

한국교회는 이제 쇠퇴기에 접어들었다고 말하는 사람들이 있다. 교회가 부흥하는 것은 고사하고 현상을 유지하는 것만도 대단한 일이라고 이야기한다. 과연 한국에서 전도는 불가능한 것인가? 아니면 가능한 것인가?

2) 전도, 무엇이 문제인가?

전도가 안 되는 것은 복음을 받아들이지 않는 사람들의 문제인가? 아니면 현재 한국교회가 사용하는 전도 전략이 문제인가?

3) 전도, Paradigm Shift하라.

교회의 문턱을 낮출 수 있는 방법인가? 전도 방법은 끊임없이 새로워져야 한다. 불신자의 눈높이에 맞추어 전도 방법을 새롭게 디자인해야 한다.

2. 총동원전도의 전략

교회는 하나님이 함께 하시기 때문에 전도하면 반드시 부흥한다. 전도해도 부흥이 되지 않는 것은 전도 전략이 잘못되었기 때문이다. 전도는 사단과의 영적인 전쟁이다. 따라서 우리는 이 영적 전쟁을 승리로 이끌기 위해서 보다 효과적이고 효율적인 전도 전략이 반드시 필요하다.

1) 담임목사가 선봉에 서라.

총동원전도는 교회의 모든 것을 총동원하여 불신자들을 불러 모아 복음을 전하는 것이다. 이것은 교회 프로그램의 일부분이 아니라 교회의 가장 중요한 사명이다. 따라서 총동원전도는 담임목사가 가장 선봉에 서서 추진해야 한다. 교회는 담임목사에게 전권을 위임하고, 담임목사는 교회의 모든 것조직, 일정, 예산을 총동원하여 실시해야 한다.

2) 기도 프로그램을 강화하라.

총동원전도는 가장 강력한 영적 전쟁이기 때문에 교회는 최대한 기도 프로그램을 강화해야 한다. 전 교인을 기도 프로그램에 동참시키고, 매 예배 시 합심 기도하며, 교역자와 장로 기도회, 40일 릴레이 기도회, 기관별 기도회 등 기도에 사활을 걸어야 한다. 기도하는 만큼 전도가 된다.

3) 총동원전도를 모든 행사의 최우선 순위에 두라.

총동원전도가 모든 행사에 우선한다는 것은 교회가 총동원전도를 교회 부흥의 중심에 두어야 한다는 것이다. 교회 행사를 기획할 때 가장 우선적으로 조직, 일정, 예산을 선행해야 한다는 것이다.

4) 불신자들의 눈높이에 맞추라.

불신자들은 영적인 지식이 전무하다고 보아야 한다. 그러므로 모든 것을 불신자들의 눈높이에 맞추어야 한다. 전도 자체가 불신자들에게 거부감을 주지 않도록 하며 그들에게 친숙하게 다가설 수 있도록 맞추어야 한다. 예배도 불신자의 눈높이에 맞추어야 하며, 전도 접촉점도 불신자의 눈높이에 맞추어서 그들에게 맞는 선물, 연예인, 문화행사 등을 준비해야 한다.

5) 교회의 모든 조직을 충분히 활용하라.

총동원전도는 반드시 조직이 필요하다. 총동원전도는 그야말로 모든 것이 총동원된 전도이다. 그러므로 구역 조직은 전도에, 사역 조직은 봉사에, 교사와 찬양대도 전도의 모든 조직에 동참하여 최선을 다할 수 있도록 해야 한다.

6) 일정 기간을 정하고 전도에 집중하라.

총동원전도는 D-day 50일 전에 행해지는 "50일 선포주일"부터 시작된다. 교회는 "50일 선포예배"를 통해서 총동원주일을 D-day로 선포하고, 그날부터 50일 동안 사력을 다해 집중적인 전도에 들어간다.

7) 마음을 움직이는 홍보 전략을 마련하라.

총동원전도의 또 하나의 전략은 전도의 붐을 조성하고 전도의 분위기로 이끌어가는 것이다. 이것은 홍보 역할을 십분 활용하는 것이다. 모든 성도가 총동원전도가 시작되었음을 알게 하고, 또한 모든 성도가 구령의 열정을 회복하고 총동원전도의 일정에 참여할 마음가짐을 가질 수 있도록 전략적인 홍보 전략을 마련해야 한다.

8) 전도 대상자를 미리 작정하게 하라.

총동원전도를 성공적으로 이끌어 가는 데는 전도 대상자 작정이 중요한 위치를 차지한다. 총동원전도 50일 선포주일 이후 2주 동안 구역에서는 전도 대상자를 예비 작정해야 한다. 전도 작정주일에는 공식적으로 전도 대상자를 작정하게 된다.

9) 누구나 쉽게 전도하게 하라.

한국교회는 전도의 부담을 교인들에게 전부 지우는 경향이 있다. 전도의 부담은 교회가 최대한 담당하고, 성도들에게는 부담을 최소화해야 한다. 총동원전도는 초신자도 동참할 수 있는 전도 방법이므로 성도들이 교회로 데려오기만 하면 나머지는 교회가 책임지도록 한다.

10) 양육 가능한 인원을 데려와라.

양육이 가능한 인원을 데려와야 한다. 인도자가 감당할 수 없는 인원을 데려오면 양육할 수 없다. 총동원전도의 성공 요인은 양육이 좌우한다. 많은 교회가 전도에 실패하는 원인 중의 하나는 양육이 불가능한 대상을 많이 데려오는 것이다. 노인정, 동호회, 계모임 등이다. 물론 이들도 전도해야 하지만, 한꺼번에 단체로 등록하면 양육이 어려우므로 자신과 관계된 분들을 데려와야 한다.

11) 반드시 면담하고 돌아가게 하라.

당일 예배에 참여해서 선물만 받고, 연예인 구경만 하고 가면 안 된다. 반드시 면담을 해야 한다. "차 한잔하고 가세요. 5분이면 됩니다." 예배실에서 대그룹 모임만 참석하고 돌아가게 하면 안 된다. 면담실에서 꼭 얼굴 도장을 찍어야 한다. 면담의 핵심은 '심방 약속을 잡는 것'이다. 그러기 위해서는 사전에 면담 요원을 철저히 준비하고 훈련시켜야 한다.

12) 후속 정착 프로그램을 준비하라.

전도보다 어려운 것이 양육이다. 전도의 열매를 잘 맺어야 교회가 부흥한다. 새가족들이 전도되어 정착하려면 양육이 필요하다. 양육 시스템과 재초청할 수 있는 또 다른 접촉점을 만들어야 한다.

3. 총동원전도의 실제

총동원전도는 크게 4단계로 볼 수 있다. 단계별로 계획을 세워서 시기에 늦지 않도록 추진해야 한다.

1) 총동원전도 1단계: 기획

총동원전도 기획부터 총동원 50일 선포주일 전까지의 기간으로 이 기간은 기획하는 기간이다. 일정이나 예산은 미리 세워져야 하며, 적어도 총동원전도 100일 전에 준비위원회가 세워져야 한다. 총동원전도 준비위원회를 구성하여 방향성, 일정, 각부서 조직, 예산, 선물 등을 결정하고 추진해야 한다.

① 총동원전도 방향성 제시
② 총동원전도 조직 구성
③ 총동원전도 일정 수립
④ 총동원전도 예산 확보
⑤ 총동원주일 출연진 섭외
⑥ 총동원주일 선물 결정
⑦ 총동원주일 초청장 제작

2) 총동원전도 2단계: 전도

50일 선포주일부터 초청주일D-day 전까지이며 이 기간은 전도 대상자들과 관계를 맺으며 전도하는 단계이다. 프로그램을 준비하고 기도하는 단계이다.

① 매주 전도 설교, 필요시 전도 강사 초청
② 전도 대상자 작정 – 구역 예비 작정, 당일 본 작정
③ 개인별 파이브 생명 운동 – 전도 수첩 확인
④ 기도회 – 40일 릴레이, 교역자&장로, 구역별, 기관별
⑤ 당일 프로그램 준비 – 새가족 눈높이에 맞는 프로그램 및 복음적 설교
⑥ 홍보 – 현수막, 포스터, 영상 등
⑦ 총동원전도 노래 및 구호 제창
⑧ 초청장 배부

⑨ 총동원전도 50일 기간 주보 지면 홍보

⑩ 알곡 전도자 시상

3) 총동원전도 3단계: 초청

총동원주일과 총동원의 날_{수요일}, 환영주일에 그동안 관계를 맺어온 사람들을 교회로 초청하는 기간이다.

① 전도 대상자 초청

② 등록

③ 선물 교환

④ 총동원주일_{총동원의 날} 당일 프로그램 진행

⑤ 환영주일 프로그램 진행 – 재초청

⑥ 결신

⑦ 면담을 통한 관계 형성 및 심방 약속

4) 총동원전도 4단계: 양육

총동원전도 초청 프로그램을 마치고 후속 양육 단계이다.

① 전화 심방_{2~3일 이내}

② 교역자 심방_{2주 이내}

③ 구역으로 연결_{새가족 심방 때 구역장 동행}

④ 주일 성경공부_{5주}

⑤ 수요 성경공부_{5주}

⑥ 새가족 수련회

⑦ 새가족 환영회

새가족 양육의 실제

1. 새가족 양육의 목표

1) 자연스럽게 복음을 받아들이고 예수 그리스도를 영접하게 한다.

2) 강력한 친분 관계를 형성시켜 줌으로써 자발적인 신앙생활을 유도한다.

3) 등록한 새가족의 누수 현상을 최대한 방지하며 교회 정착을 극대화시킨다.

2. 새가족 양육을 위한 준비

1) 등록-면담-심방-교육에 이르는 효율적인 양육 시스템을 준비한다.

2) 새가족의 눈높이에 맞는 프로그램을 통하여 다양한 접촉점을 마련한다.

3) 새가족을 섬길 수 있는 조직과 인적 자원을 계발하고 훈련한다.

3. 새가족 양육 시스템

양육 시스템을 갖추는 문제는 총동원전도가 일회적인 행사가 아닌 생활 속의 관계 전도이고, 불신자 대상으로 한 전도이기 때문에 매우 중요하다. 양육 시스템은 교회 안에 초청된 불신자들이 복음을 듣고 예수 그리스도를 영접해 하나님의 자녀로 새로 태어나고, 말씀 안에서 양육되어 자라나 제자화하는 데까지 이르도록 돕기 위해 만들어진 새가족 관리 체계이다. 교회에 초청된 새가족들이 교회 내에 뿌리내리고 은혜의 경험을 할 수 있도록 조직화된 양육 시스템을 만드는 것이야말로 총동원전도

의 성패를 판가름하는 시금석이다. 총동원전도의 새가족 양육 시스템은
D-day 당일 5단계와 D-day 이후 7단계의 2가지 과정으로 요약할 수 있
다.

4. D-day 당일 새가족 맞이하기 5단계

1) 등록: 교양있게 밝은 미소와 부드러운 목소리로 친절하게
새가족을 맞이한다.

예배실 입구에 등록대를 설치하고 등록담당자를 세워 등록을 받는다.
이때 인도자는 등록대에서 등록카드를 작성한 후 당일 선물을 지급받는
다. 반드시 인도자와 새가족이 함께 와서 등록을 하는데, 등록용지의 각
란을 정확하게 기록하게 한다. 새가족만 오고 인도자가 없는 경우에는
별도로 등록 처리한다. 이분들에게는 선물을 당일에 주지 않고, 추후 교
역자가 심방할 때 전달하도록 한다.

2) 예배실 안내: 안내위원을 곳곳에 배치해 예배실로 인도한다.

새가족을 예배당으로 인도할 때는 예배를 편안하게, 집중해서 드릴 수
있도록 가장 좋은 자리로 인도한다. 이때 인도자가 새가족과 함께 예배
를 드리면 더욱 좋다. 새가족들을 환영하는 분위기를 고취하고, 자연스
러운 예배의 분위기를 조성하기 위해 축복하는 찬양 CD를 틀거나, 평상
시 주일예배의 고정된 틀에서 벗어나 새가족 눈높이에 맞는 열린 예배를
진행한다. 새가족이 담임목사님을 통해 복음을 집중해서 들을 수 있도록
방해요인이 없도록 한다.

3) 결신의 시간

예배 시간에 담임목사의 설교 후에 결신의 시간을 통해 새가족들이 예수 그리스도를 영접할 수 있는 시간을 갖는다. 인도자는 가급적 새가족이 결신의 손을 들 수 있도록 권면한다. 손을 들어 결신을 표시하는 새가족들에게 환영축하 선물장미꽃 한 송이을 전달한다. 안내위원들은 결신하는 새가족들이 갖고 있는 결신카드등록용지 이면에 자동적으로 기록되는 NCR 용지를 수거하여 전화 심방과 새가족 심방과 양육에 참고자료가 되게 한다.

4) 면담실 안내

예배 후 새가족은 인도자의 안내로 면담실로 이동한다. 이때 양육담당자는 면담실 밖에서부터 새가족들을 맞이한다. 면담 장소는 2주 전부터 주보 및 포스터로 홍보한다.

Tip1_ 당일에 등록한 새가족은 반드시 면담한다. 절대 그냥 보내면 안 된다. 면담 장소에 내려오면 먼저 좌석을 안내하고, 차 또는 커피를 주문받는다. 자연스럽게 다과를 드시도록 권한다.

Tip2_ 면담의 핵심은 심방 약속을 잡는 것이다. 병원에서 진료 예약하듯이 잡는다. 사전에 준비한 심방 일정표를 보며 심방 약속을 잡는다. 가급적 1~2주 이내 일정으로 약속을 잡는다.

Tip3_ 면담 장소에 오지 않은 새가족은 2~3일 이내 전화로 면담 또는 심방을 권면한다.

박성원

5) 교역자 면담

교역자는 면담실에 오신 새가족들이 귀가하기 전에 짧게 기도해드린다. 다만 순서는 심방 약속을 잡은 분을 먼저 기도해드리고, 심방 약속을 잡지 못한 분은 나중에 기도해드린다. 기도할 때는 새가족의 이름을 넣어서 기도하도록 하고, 기도 후에는 "그럼 심방 때 뵙겠습니다"라고 웃으면서 '눈도장'을 꼭 찍도록 한다.

[D-day 당일 5단계]

5. D-day 이후의 새가족 인도과정 7단계

1) 심방

① 전화 심방

총동원에 온 새가족의 마음은 변하기 쉬우므로 최대한 빠른 시간 안에 그들의 마음을 잡아 줄 후속 관리가 필요하다. 총동원에 등록한 새가족 현황을 빠른 시간 안에 새가족 담당자가 전화 심방을 하게 한다. 이때 새가족의 상태를 파악한다. 새가족의 상태에 따라 A, B, C 등급을 나누어 기록한다A: 계속 출석할 가능성이 있는 사람, B: 반신반의 고민하고 있는 사람, C: 그냥 한번 나와 본 사람. 전화 심방결과는 새가족 담당자가 정리해서 교역자에게 전달한다.

② 직접 심방

허브 밀러_{Herb Miller} 박사의 연구에 의하면 교회에서 새가족을 심방함에 있어 36시간 이내에 방문할 경우 85%가, 72시간 이내에 방문할 경우 60%가, 7일 이내에 방문할 경우 15%가 정착하게 된다는 결과를 얻었다고 한다. 새가족 심방은 신속히 이루어져야 하며, 교역자, 새가족 담당자, 구역장_{인도자} 등 3~4명의 인원이 심방하는 것이 좋다.

심방은 새가족을 교회에 적응시키는데 효과적인 하나의 방법이다. 가정이라는 장소에서의 만남은 서로 간에 친밀감을 더해주기 때문이다. 그런 의미에서 꼭 새가족의 집을 '방문'하기만 할 필요는 없다. 상황에 따라 인도자 또는 구역장이 자신의 집으로 새가족을 '초대'하는 것도 좋은 심방 방법이다.

총동원주일이 지나면 총동원에 등록한 새가족과의 빠른 만남을 위해 총동원주일 이후 2주간에 걸쳐 총력심방주간을 갖게 된다. 종종 심방을 회피하는 가정이나 심방이 어려운 가정들이 발생하는 경우도 있는데, 이런 경우에는 인도자나 구역장의 집에서 심방을 받도록 권유하여 이후 만남의 연결고리를 지속시키는 것이 중요하다.

Tip1_ 심방 시간에 새가족이 일대일로 복음을 듣게 하고 영접기도까지 할 수 있도록 한다.
새가족 마음에 교회에 계속 다녀야겠다는 마음이 들도록 해야 한다.
Tip2_ 심방 시 상담할 내용
ⓐ 교회 나오게 된 계기, 과거 신앙 경험

ⓑ 가족 신앙 유무, 기도 부탁할 내용

ⓒ 복음 제시 및 영접기도

ⓓ 주일 또는 수요 성경공부에 참여할 수 있도록 권면

ⓔ 구역에 연결

2) 새가족을 구역에 연결

가급적이면 새가족 심방할 때 새가족이 소속될 구역을 연결해준다. 구역장은 자신의 구역에 새가족이 편성되었을 때 갓난아이를 키우는 유모의 마음으로 새가족에 대한 세심한 부분까지 관심을 기울이고, 새가족이 교회에 잘 정착할 수 있도록 최대한 돕는다. 아울러 구역 식구들과 함께 예배를 드리며 친교를 나누고 특별히 총동원에 온 새가족을 위한 구역 내 환영파티를 함으로써 새가족이 본 교회의 한 가족이 되었다는 소속감을 갖게 한다.

Tip_ 새가족 정착의 가장 핵심적인 역할을 하는 사람이 바로 구역장이다. 구역장 교육을 통해 자질이 향상되고 영적으로 성장하는 구역장으로 키우라.

3) 새가족 성경공부

5주 과정으로 운영되는 새가족 성경공부는 주일예배 후에 있으며, 수요 오전 시간에도 운영할 수 있다. 새가족 성경공부의 교육주제는 1과 인간과 죄, 2과 믿음과 예수 그리스도, 3과 하나님, 4과 성령과 생활, 5과 성경이다.

Tip1_ 새가족 성경공부는 새가족들에게 신앙을 심어주는 아주 중요한 요소이다. 새가족 성경공부를 철저히 준비해서 가르쳐야 한다. 교리적으로, 성경적으로, 예화 중심으로, 어느 것이든 상관은 없다. 중요한 것은 새가족들이 재미있고, 즐겁고, 그러면서도 신앙에 확신을 가질 수 있어야 한다. 새가족이 궁금해하는 신앙적인 해답을 분명하게 전해주도록 한다.

Tip2_ 강의식 성경공부가 아닌 소그룹 형태로 신앙교육을 할 수도 있다. 소그룹 나눔과 친교 및 간단한 식사를 준비하여 다양하고 풍성한 섬김으로 새가족 양육 프로그램을 준비한다.

4) 새가족 수련회

새가족 성경공부주일 및 수요일 5주 과정을 마친 새가족을 대상으로 실시한다. 새가족 수련회는 구원의 확신과 신앙 성장을 초점으로 실시하게 되는데, 교회에 대한 소속감이 더해지며 성도 간의 친교가 빨라져서 교회 생활에 쉽게 적응하게 된다. 프로그램은 찬양, 이전에 등록한 새가족의 간증, 담임목사의 구원의 확신에 관한 메시지, 세족식, 기도회 순으로 진행된다.

5) 새가족 환영회

새가족 성경공부와 수련회를 마친 새가족들이 한자리에 모여 축하하는 시간으로 새가족 환영회를 갖는 것이 효과적이다. 프로그램의 진행은 서먹함을 없애기 위해 새가족을 소개하는 시간을 우선 갖는다. 소개가 끝나면 지난번 총동원에 와서 신앙생활하고 있는 분 중에 1~2명을 선정해 간증하게 한다. 간증이 끝나면 새가족들에게 축복송을 불러주고, 준비한 꽃과 선물을 전해 준다. 이후에는 담임목사와 함께 교구별로 사진 촬영이 이루어지고, 함께 식사를 나누며 교제의 시간을 갖는다.

6) 양육서신

새가족 심방 이후 새가족의 효과적인 양육을 위해서 교회에서 준비한 5주간의 양육서신또는 SNS을 발송한다. 서신또는 SNS을 통해 새가족을 양육하는 것은 효과적인 방법이다. 서신또는 SNS이 갖는 독특한 호감 때문에 다방면으로 좋은 효과를 나타낸다. 서신또는 SNS은 하나님의 사랑과 구원의 메시지를 전하고, 교회 생활에 쉽게 적응하도록 안내해 주는 효과가 있으며, 아울러 새가족들에게 교회가 나에게 관심을 갖고 있다는 생각이 들도록 하는 중요한 양육 프로그램이다.

7) 알곡 페스티벌

새가족의 알곡 기준은 3가지, 즉 심방, 성경공부 수료, 12주 출석이다. 알곡이 된 성도들을 위한 특별한 예식으로 축하한다. 본 교회에 등록한 새가족을 대상으로 등록 후 6개월 이내에 실시한다. 연 2회 진행되는 이 예식에 구역장을 비롯한 구역 식구들이 동참하여 기쁨의 시간이 되도록 한다. 알곡 페스티벌은 새가족이 교회 공동체의 한 가족이 되었다는 소속감을 줄 뿐 아니라 총동원전도의 열매를 볼 수 있기 때문에 기존 교인들에게도 전도 효과를 줄 수 있다.

[D-day 이후 7단계]

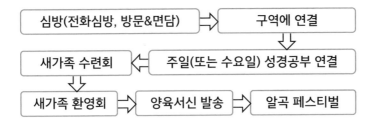

총동원전도를 통해 기대할 수 있는 효과

1. 교회에 미치는 영향

1) 교회가 부흥할 수 있다.

한국교회 자연 감소율_{사망, 이사, 낙심 등}은 평균 10%이다. 그러나 총동원전도 정착율은 평균 15~20%이다. 매년 정기적으로 불신자들이 복음을 들을 수 있는 기회를 마련해야 한다.

2) 일회성이 아닌 지속적 전도가 가능하다.

총동원전도는 해마다 정기적으로 계속하기 때문에 한번 전도하고 약속했더라도 그날 예배에 오지 않았으면 다음에 다시 올 것을 권면할 수 있다. 그러므로 일회성이 아닌 지속적 전도가 가능한 것이다.

3) 교회의 영적 토양을 성숙하게 한다.

전도는 담임목사의 목회철학이기에 전도에 대해 온 교회가 열정을 가지고 참여하게 된다. 계속되는 총동원전도는 전도에 대한 거룩한 부담감을 온 성도들이 가지면서 기도 운동이 일어나고, 물질적 헌신이 아깝지 않다는 열정으로 발전하게 된다.

4) 교회의 내적 강화 훈련이 된다.

50일 동안 전도 훈련을 자연스럽게 하는 기간이 된다. 매년 50일 동안 전도 훈련을 하다 보면 자연스럽게 전도의 마인드와 열정이 생기게 된다. 이런 훈련은 평상시에도 전도가 가능하도록 만든다. 총동원전도는 50일 동안의 준비를 하면서 역할을 분담하여 행사를 기획하고 진행하게 되므로 교회의 내적인 조직력을 강화하게 된다.

2. 교인에게 미치는 영향

1) 전도에 자신감을 갖게 해준다.

총동원전도는 기존 예배와는 달리 불신자를 초청하기 위한 다양한 프로그램을 준비하여 불신자를 초청한다. 예를 들어 지명도 있는 연예인, 유명 음악가등을 섭외하여 찬양과 간증, 작은 콘서트 등을 한다. 그러므로 평소의 예배에 불신자를 초청하기는 부담이 되지만 좋은 순서를 준비하고 있기에 성도들이 전도에 자신감을 가지고 불신자를 초청하는 것을 볼 수 있다.

2) 전체 교인이 하나 될 수 있게 한다.

총동원전도는 말 그대로 전 교인이 총력으로 전도하는 프로그램이다.

특히 D-day 직전 두 주간은 총력 전도주간이다. 이때는 지역별로 모여 합심으로 기도하며 함께 전도를 나가고, 교역자는 지역장의 전도 상황을 보고받으며, 구역장은 구역 식구들이 전도 대상자들과의 약속을 잘 지키고 당일에 꼭 나올 수 있도록 격려한다. 이렇게 총동원 50일 선포주일 이후 총력전도주간과 총동원전도 초청 당일 주간까지 온 교회가 전도하는 일에 집중한다. 그러므로 불신자들을 구원하는 일에 온 교회가 하나 되고, 전교인이 전도의 열정 가운데 하나가 된다.

3) 가정을 복음화하게 한다.

그리스도인들은 먼저 불신 가족 구원을 위한 기도를 포기하지 말아야 한다. 놀라운 것은 해를 거듭할수록 두 번, 세 번, 계속적으로 여러 번 초청하는 중에 그들이 말씀을 듣게 되고, 결국 그리스도를 영접한다는 것이다.

나가는 말

1. 기도, 기도, 기도하라.

"기도한 만큼 정착한다!"

2. 전도 대상자를 작정하라.

"작정하면 있고, 안 하면 없다!"

3. 부담 없이 쉽게 인도하게 하라.

"교인이 인도하면 교역자는 양육한다!"

4. 양육에 50% 이상 준비하라.

"전도는 쉽게, 양육은 철저하게!"

5. 전도 집중교회가 되게 하라.

"한 영혼을 가슴에 품고, 엎드려 기도하고 일어나 전도하자!"

▌박성원 목사

장로회신학대학원(M.div.)을 거쳐 Fuller Theological Seminary에서 목회학 박사 과정(D.Min) 중에 있다. 주안장로교회에서 부목사로 18년 동안 사역하면서 총동원전도를 총괄하였다. 2017년부터 매년 20여 개 교회를 대상으로 총동원전도 컨설팅 사역을 지원하였다. 2022년 9월부터 인천산돌교회 담임목사로 사역하고 있다.

공정

PART 4

격차의 시대, 성경적 세계관으로 본 공정 이슈들

이정훈 교수 ㅣ 울산대학교 교수

격차의 시대, 차별금지법과 성경적 공의와 정의

조영길 변호사 ㅣ 법무법인 아이엔에스 대표

격차의 시대, 하나님의 공의와 정의, 그리고 복음 통일

조요셉 목사 ㅣ 물댄동산교회 담임

격차의 시대, 정(情)이 있는 목회

이건영 목사 ㅣ 인천제2교회 원로

격차의 시대,

성경적 세계관으로 본 공정 이슈들
하나님의 언약과 통치에 관한 소고: 한국교회와 그리스도인들의 현대적 광야

이정훈

울산대학교 법학과 교수

종교개혁과 법치주의, 그리고 자유

크리스천이 된 뒤로 유독 필자를 강렬하게 사로잡는 두 개의 단어가 있다. 바로 "언약과 통치"다. 2014년 연구 때문에 유난히 추웠던 겨울을 일본 고베에서 보내고, 봄꽃이 질 때 잠시 집에 들러 이삿짐을 바꾸어 영국의 에딘버러 대학으로 갔다. 곧 여름이 될 에딘버러는 아름다웠고, 법과대학 소속 필자의 연구실 앞에 있는 '메도우 파크'는 싱그러웠다.

2007년 회심하고 본격적으로 기독교 자연법 연구에 심취해 있었던 필자에게 종교개혁의 역사적 현장은 설렘임을 넘어서 영성과 지성에 충격을 주기에 부족함이 없었다. 여름이 되고 스코틀랜드의 변덕스러운 비바람 속에서 종교개혁의 유적지를 답사하며 은혜에 흠뻑 취했던 필자는 하나님의 절대주권과 그분의 통치를 머리가 아닌 나의 생명과 존재 그 자체로 받아들이고 있었다.

필자는 미국 헌법의 기원을 역사적으로 추적하면서 영미 정치에 등장한 법치주의와 자유민주주의의 뿌리를 찾기 위해 격하게 방랑했다. 17세기 웨스트민스터 총회에 스코틀랜드 대표로 참여한 신학자 사무엘 러더포드Samuel Rutherford는 필자가 찾던 해답의 열쇠를 던져 주었다. 초판이 1644년에 출판된 "법이 왕이다Lex Rex"라는 그의 저서는 세속정부가 법의 지배를 받아야 하며, 국왕의 권력도 법의 지배 아래 있다는 놀라운 주장을 담고 있다. 1644년 조선은 인조 22년으로, 청나라에 볼모로 잡혀갔던 세자가 귀국했던 해이다. 사무엘 러더포드의 언약신학에 관한 1655년의 저서는 "법이 왕이다"와 더불어 미국 건국에 영향을 준 책으로 유명하다.

칼빈주의를 기반으로 한 존 녹스의 종교개혁과 그 이후에 이를 계승 발전시킨 신학적·법학적·정치적 성취들은 우연이 아니었다. 그리스도인들의 종교의 자유와 양심의 자유를 지키고, 이 땅에 하나님이 기뻐하시는 세속정부와 하나님의 통치를 실현하겠다는 뜨거운 열망의 본질은 바로 하나님의 언약을 생명으로 여기는 그의 백성들의 믿음에 있었다. 왜 영미가 구현한 법치주의와 자유민주주의는 종교개혁과 신학적·신앙적 토대 위에서 성숙할 수밖에 없었는가를 깊이 깨닫는 순간이었다.

이러한 법과 정치의 사상사를 이해할 때 우리는 이 모든 역사의 출발이 모세오경이라는 사실에 놀라게 된다. 출애굽기 19-31장은 하나님과 자기 백성의 언약 체결에 관한 내용이다. 창세기에서 하나님께서 아브라함과 맺으신 언약은 하나하나 역사적으로 성취된다. 하나님을 배반한 백성들은 징계를 받고 회개하며 돌이켜 하나님의 용서를 받는다. 백성들은 유사한 실수와 배반을 반복하지만 자비로우신 하나님은 용서하시고 새로운 기회를 주신다. 소망은 사라지지 않는다. 약속하신 땅과 새로운 나라에 대한 소망이 사라지지 않는 것은 백성들의 성품이나 본성에 기인하는 것이 아니라 하나님의 자비로우시고 완전하신 사랑과 성품에 의한 것이다.

하나님 나라와 세속 국가는 동일하지 않다. 그러나 우리 그리스도인들은 하나님이 우리에게 주신 법_{율법, 도덕법으로서의 자연법}이 세상의 정치, 경제, 사회, 문화 전 분야의 기준이 되고, 하나님의 통치가 이 땅에서 실현될 수 있도록 도구로 부르신 그의 백성들이다.

우리의 정의와 공의는 이 법에 있는 것이 아니라 오직 하나님을 믿음으로 말미암는 것이다. "칭의"를 떠난 법과 정의가 모두 불법일 뿐이라는 법학자이자 신학자인 자끄 엘륄의 격언은 이 시대를 사는 그리스도인들에게 예외가 될 수 없다. 자신을 내어주심으로 십자가의 대속으로 우리를 구하시고 부활하신 예수 그리스도가 우리 인생과 삶에서 실질적인 왕이 되시는 것이 바로 우리가 갈망하는 그의 언약이자, 그의 통치인 것이다.

우리는 종교개혁의 역사를 통해 법치주의와 자유민주주의라는 근대적 인권을 보장하는 국가체제와 자유롭게 교회를 세우고 마음껏 우리 하나님을 경배하고 찬양할 수 있는 자유_{헌법이 보장하는 기본권}를 주신 것이 하나님의 은혜였음을 알 수 있다.

대한민국의 건국과 발전, 그리고 위기의 도래

사무엘 러더포드에서 출발하여 미국 건국의 아버지 중 한 분인 존 위더스푼 목사로 이어지는 법치와 자유민주주의의 근간이 된 신앙과 사상이 미국과 대한민국의 건국으로 이어졌다. 대한민국 국민으로서 세계 속에서 갖게 되는 높은 자부심은 부패와 무능, 그리고 오욕으로 얼룩진 유교 국가 조선에서 기인하는 것이 아니다. 위대한 기독교의 역사에서 우리 선각자들이 미국에서 온 선교사들로부터 이러한 복음과 신앙의 전통을 물려받아 독립정신을 길러 독립을 성취하고, 유교적 왕조 국가가 아니라 하나님의 은혜로 자유민주 공화국을 건국하고 발전시켰다는 역사적 사실에 기인하는 것이다.

그러나 70여 년간 교회 부흥과 기적적인 발전을 이룬 공화국은 위기에 직면했다. 사실 교회가 위기에 직면하게 된 것은 한국만의 문제가 아니다. 청교도혁명과 명예혁명으로 상징되는 법치와 자유민주주의의 원조 국가이자, 미국 건국의 근간이 되는 위대한 신앙과 신학의 진원지인 영국도 교회가 붕괴되고 신앙의 전통이 사라지는 아픔을 겪었다. 영국의 지식인들이 무신론과 유물론의 나라가 되었다고 자랑하는 기독교 박해국으로 전락한 것이다. 이제 영국에서는 여성으로 불러 달라는 수염 기른 남성 환자의 요구를 거절한 기독교인 의사가 해고당하고, 기독교인 교사가 레즈비언 학생에게 예수님의 사랑을 전했다고 해고당하는 것이 일상이 되었다.

미국에서도 데이비드 림보David Limbaugh가 2004년 베스트셀러가 된 책, 《"박해 : 좌파들은 어떻게 크리스천들과 전쟁을 벌이고 있는가?》

Persecution: How Liberals are Waging War Against Christians를 출판했다. 공립학교에서 기독교 동아리는 불허하면서도 동성애 동아리는 허가해서 기독교인들을 역차별하고, 공적 영역에서 기도와 성경을 제거하는 시대가 미국에 어떻게 도래하게 되었는지 설명해 주는 이 책은 집요한 반기독교 정치-문화 투쟁의 실상을 보여준다. 이러한 국제적 흐름들이 본격적으로 한국에 상륙했다. 본격적인 한국교회의 위기가 시작된 것이다.

이러한 서구의 동성애를 앞세운 교회파괴 현상과 법, 정치, 문화 전반의 반기독교적 흐름은 '정치적 올바름'Political correctness이라는 '정치 아젠다'를 넘어서 제도와 법으로 체계화되면서 기독교인의 종교의 자유와 표현의 자유를 위협하고 있다.

복음주의를 가장한 교회 내 정치투쟁

한국교회에 이러한 유럽과 캐나다에서는 이미 법과 제도로 정착되었고, 미국에서는 데이비드 림보의 표현처럼 전쟁을 치르고 있는 반기독교적 흐름들이 어떻게 상륙해서 확산되었는가? 이 문제는 매우 흥미롭다.

"청어람ARMC이하 청어람", "성서한국", "느헤미야 기독연구원" 등 복음주의를 표방하는 단체들이 사실은 복음주의 운동이 아니라 교회 내에서 정치투쟁을 벌이고 있었다. 이러한 복음주의를 표방한 교회 내 정치투쟁들은 필자의 저서 "기독교와 선거, 교회는 어떻게 정치에 참여해야 하는가PLI, 2020"에 상세히 설명되어 있다. 지면의 한계상 여기서는 자세히 다루지 않도록 하겠다.

청어람은 1974년의 "로잔언약"에 기초한 순수 복음주의 단체라고 주장하지만, 로잔언약은 제1항부터 3항에 이르기까지 하나님의 목적, 성경의 권위와 능력, 그리스도의 유일성을 강조한다. WCC의 흐름에 대항해 성경의 무오류성의 권위를 수호하고, 그리스도의 유일성을 타협하는 혼합주의를 배격하는 로잔언약으로 상징되는 복음주의 운동이 "기독교인의 사회적 책임"을 강조했다는 이유로 왜곡되어 한국에 동성애-동성혼 지지 정치투쟁, 주한미군 철수 운동, 국가보안법 폐지 운동 등으로 이어졌다. 필자는 이러한 단체와 정치 세력들이 "복음주의"를 내세워 초교파적으로 교회의 경계심을 해체한 후 성공적으로 교회에 침투하여 영향력을 확대했다고 보고 있다.

　필자는 역설적으로, 그렇다면 왜 한반도 복음화와 세계 복음화를 위한 진정한 복음주의 운동은 한국에서 일어나지 않았는가를 반문하고 싶다. 1974년 스위스 로잔에서 열린 로잔대회의 배후에는 필자가 존경하는 세계적인 부흥사 빌리 그레이엄 목사님의 헌신이 있었다.

　빌리 그레이엄 목사님은 비본질적인 사소한 것들에 대해서는 집착하지 않으시고 심지어 본인의 명성에 누가 될 수 있는 열악한 조건들도 무시하시고 선교를 위해 헌신하셨다. 우리의 자세는 비본질적인 사소한 몇 가지 조건들이 마치 고차원적인 신앙의 핵심 요소인 양 하여 대립과 갈등을 조장해 온 것은 아닌지 반성하게 된다.

　심지어 동성애-동성혼 쓰나미와 기독교 박해의 세계적인 흐름이 한국에 본격적으로 상륙하여 기승을 부리자 이러한 위기 상황을 영업과 세력 확장의 기회로 삼는 경박한 흐름들이 우후죽순처럼 등장하기도 했다. 21대 총선에서는 공적 정당으로서 제대로 체계도 갖추지 못한 채, 사실상 일인이 지배하는 부끄러운 사당私黨에 '기독'이라는 명칭을 붙여 의석을 얻기 위해 활동하면서 교회와 기독교인들에게 지지를 호소했다.

지난 2022년 광화문에서는 앞에서 필자가 설명한 법치주의와 자유민주주의의 근간이 되었던 기독교적 가치 그리고 역사와 양립할 수 없는 전체주의적 구호들이 터져 나왔고, 이로 인해 교회가 많은 시민의 비난과 멸시를 받게 되었다. 교회의 잘못된 정치 참여는 역설적으로 교회 혐오와 반기독교 정서를 부추기는 결과를 초래할 수도 있다. 코로나 방역 상황과 국가적 위기 속에서도 대규모 정치집회를 성공시키기 위해 "코로나에 걸려도 광화문 집회에 오면 하나님이 고쳐 주신다" 등의 몰상식한 발언으로 교회가 신천지 수준의 반사회적 집단으로 주요 언론에 의해 매도되기도 하였다. 이런 잘못된 대응으로 교회는 정치적으로나 사회적으로 더 큰 위기에 직면해 있다.

이런 상황 속에서 필자는 우리 그리스도인들과 교회에 호소한다. 지금은 하나님을 반역한 이스라엘 백성들을 하나님께서 버리지 않으시고, 광야에서 백성들을 재정비하셔서 약속의 땅으로 진입하게 해주시는 "민수기"의 영성과 신앙이 필요한 때라고 확신한다. 따라서 경박하고 성경적이지 않은 교회의 잘못된 정치 참여 행태를 깊이 성찰·반성하고, 위기를 기회로 삼아 하나님의 사역이 아닌 산업을 확장 시키려 했거나 정치적 야망의 실현 도구로 교회와 성도들을 이용했던 모든 죄를 회개해야 한다.

위기의 극복과 언약의 성취

다가올 교회 핍박을 두려워할 것이 아니라, 오히려 핍박은 은혜임을 명심하자. 위기 속에서 이를 기회로 삼으려 했던 교회 내의 악하고 부도덕한 세력들은 핍박이 시작되면 사라질 것이다. 우리는 더욱 하나님의 목적에 따른 믿음과 전도, 그리고 성경의 권위를 우리 삶으로 보여주는 사역을 강화해 나가야 한다. 특히 성경적 세계관을 정치, 경제, 사회, 문화전 영역에 확산시키는 사역은 모든 그리스도인의 사명이다. 이 과정에서 새롭게 교회는 부흥할 수 있다.

대한민국 건국 이후 세계가 부러워하는 경제적 번영 속에서 교회도 양적으로 엄청난 부흥의 시대를 보냈지만, 이 과정에서 교회가 늘 놓쳐서는 안 되는 교육과 신앙의 질에 무감했음을 인정하자. 그래서 출애굽 했던 1세대가 하나님을 배반하고 실패했듯이 우리가 실족했음을 아프게 받아들이자. 성찰과 회개가 기적을 만들 것이다. 우리가 다시 하나님 앞으로 돌아와 하나님의 언약과 통치를 전심으로 갈망할 때 하나님께서는 우리에게 약속하셨던 아름다운 땅을 허락하실 것이다. 믿음의 신세대가 질적으로 성장하여 약속의 땅으로 들어가서, 이전과는 다른 본질을 회복한 참 신앙을 기초로 하나님이 원하시는 국가를 건설하도록 최선을 다해 교육하고 확산시키고 전도하는 사역에 헌신하자.

17세기 사무엘 러더포드의 등장과 존 위더스푼과 같은 영성과 지성의 거장이 미국을 건국했던 위대한 역사는 우연이 아니었다. 바로 우리 시대는 "민수기"의 영성으로 재무장해야 할 때라고 다시 한번 강조하고자 한다. 하나님은 우리가 그를 향한 강력한 믿음으로 빛과 소금이 되어 당신의 통치를 실현할 도구로 우뚝 서기를 원하시는 참 좋으신, 사랑이 한량없으시고, 영원하신 절대주권의 통치자이시다. 격변의 시대 속에서도, 하나님의 언약을 사랑하고, 그분의 통치를 갈망하는 교회들로 더 뜨거워지는 시간이 되기를 기도한다.

▌ 이정훈 교수

동국대학교 불교학과를 졸업하고 서울대학교 대학원 법학과를 졸업했다(법학박사). 현재 울산대학교 사회과학대학 법학과 교수이다. 영국 에딘버러대학교 객원 연구원과 일본 고베대학교 객원교수를 역임했다. 횃불트리니티신학대학원을 졸업(MTS)했으며 카이캄 소속 PLI(Practical Leadership Institute)의 대표로서 복음주의 성경적 세계관 교육을 통한 교육 선교에 헌신하고 있다.

격차의 시대,

차별금지법과 성경적 공의와 정의

포괄적 차별금지법의 자유 침해성과 부당성:
소위 욕야카르타 원칙의 내용을 중심으로

변호사 조영길

법무법인 아이앤에스 대표

서론

21대 국회 중인 지금 정의당이 2020. 6. 29. 발의한 "차별금지법안"이하 "정의당안"과 국가인권위가 제안한 평등법안이하 "인권위안", 더불어민주당 이상민 의원, 박주민 의원, 권인숙 의원들이 2021년에 각각 대표 발의한 "평등에 관한 법률안이하 "평등법" 등은 성적지향과 성별정체성생물학적 성별과 사회적 성별인 젠더를 구별되지 않게 사용되고 있으므로, 구별을 위해 이하 "젠더정체성"이라고만 한다을 다른 다양한 20여 가지가 넘는 차별금지 사유들과 함께 포함시키는 소위 '포괄적 차별금지법'이하 특별히 달리 언급하지 않는 한 "차별금지법"으로만 부른다으로 평가된다. 우리나라에서 포괄적 차별금지법 제정 시도는 2007년 정부가 법안을 발의한 것을 시작으로 17대, 18대, 19대 국회에서 도합 7차례나 발의

되었으나 많은 국민의 반대에 직면하여 제정에 성공하지 못했다. 21대 국회에서만 차별금지법이 4차례 발의된 상태이고, 성적지향이나 성별 정체성의 개념을 포함할 수 있는 개념인 가족 형태_{동성 가족을 포함할 수 있음}를 이유로 한 차별금지 조항을 포함하는 소위 유사 또는 준 차별금지법안도 여러 개_{예: 건강가정기본법 개정안, 채용 절차 공정화에 관한 법률 개정안, 인권정책기본법안 등} 발의되어 있다.

포괄적 차별금지법을 반대하는 가장 중요한 이유는 동성 성행위를 포함하는 개념인 성적지향과 남자와 여자 이외의 분류할 수 없는 성이나 자신의 성별에 관한 인식이라는 인간이 선택하는 다양한 성 개념인 소위 젠더gender 개념을 수용한 성별 정체성 개념*_{이하 "젠더정체성"으로 부르고자 한다}이 차별금지 사유로 제시되는 것에 반대하는 과반의 국민 여론**, 특히 기독교계의 일치된 입장***이 강경하기 때문이다.

---

* 남녀 구별을 말할 때도 성 정체성 용어가 사용된다. 젠더 개념을 포함하는 성 정체성 개념을 법문 용어처럼 성 정체성으로 사용하면 육체적 구별을 말하는 성 정체성인지, 젠더 개념이 포함된 것인지 구별되지 않는다. 모호하고 구별이 어려운 용어들은 동성애차별금지법 제정을 추진하는 세력들이 공격이나 반박을 피하기 위해 자주 활용하는 방법이므로 이에 이용당하지 않기 위해서도 젠더 개념을 수용한 정체성은 "젠더정체성"으로 부르는 것이 적절하고, 남녀 구별을 의미하는 정체성 개념은 "남녀 정체성"으로 부르는 것이 적절하다.

** 정확한 개념을 설명하지 않은 여론조사는 차별금지법 찬성 여론이 많지만, 정확한 개념을 설명한 여론조사는 반대 여론이 더 많다.

*** 기독교계의 90% 이상이 가입된 것으로 알려진 교회연합단체 한국교회총연합회_{한교총}, 그리고 한국교회연합_{한교연}, 한국장로교총연합_{한장총} 등은 일관되게 차별금지법을 반대해오고 있다. 소수교단 한국기독교장로회_{기장}는 교단 입장이 차별금지법을 찬성하나 소속 교회 중 상당수 교회는 반대하며, 그 비중은 5%를 넘지 않는 것

성적지향과 젠더정체성을 차별금지사유에 포함하는 포괄적 차별금지법 제정 시도는 우리나라에서만 진행되는 것이 아니다. 19세기 말부터 시작하여 현재까지 주로 유럽과 북미의 주요 국가들에서 동시다발적으로 진행되어왔다. 그리고 유엔과 EU의 인권기구들이 소속 회원 국가들에게 포괄적 차별금지법 제정을 반복하여 권고하는 상황이다.

　포괄적 차별금지법을 제정해야 한다는 근거로 가장 자주 제시되는 것이 '포괄적 차별금지법 제정은 보편적인 국제인권법이 요구하는 정당한 인권보호법'이라는 주장이다. 성적지향과 젠더정체성이 보편적 국제인권법에서 인정되는 차별금지사유라는 것의 근거로 제시되는 것이 소위 '욕야카르타 원칙'이다. 욕야카르타 원칙은 일반적으로 그 권위가 인정되는 국제인권법 적용 원칙처럼 인식되는 경우가 많다. 국제인권보호라는 외적인 모양에 미혹되어 주요 선진국의 개신교회는 차별금지법을 지지하는 세력과 그 실체의 반 성경성을 이유로 반대하는 세력으로 분열되었고, 지지교회 세력이 더 우세하여 차별금지법 제정을 저지하지 못했다.

　본고에서는 차별금지법의 주된 내용들이 기원하고 있는 소위 욕야카르타 원칙이 가지는 사실상의 영향력과 그 영향력의 근거로 인식되는 권위가 정당한 것인지를 먼저 검토한다. 그리고 소위 욕야카르타 원칙과

으로 알려져 있다. 특히 호남, 그중에서도 광주광역시 교단협의회(기장 교단도 포함됨)는 현재까지 계속하여 차별금지법 반대 성명을 발표하며 강력한 반대운동에 동참해 오고 있다.

보편적으로 인정되는 인권 원칙들의 중대한 차이가 무엇이고, 그 차이에는 정당한 근거가 있는지를 검토한다. 다음으로는 각 원칙들을 고찰하면서 각 원칙들이 내포하고 있는 보편적 인권인 신앙 및 양심의 자유를 침해하는 독재성과 부당성에 대하여 고찰해보고자 한다.

욕야카르타 원칙의 사실상 영향력과 부여되는 권위의 타당성 검토

1. 욕야카르타 원칙의 근거 문헌들에서 나타나는 포괄적 차별금지법의 핵심 목표

정식 명칭은 "성적지향과 젠더정체성 관련 국제인권법 적용의 욕야카르타 원칙The Yogyakarta Principles on the Application of International Law in Relation to Issues of Sexual Orientation and Gender Identity"이다. 그 외에 다양하고도 정당한 차별금지 사유들을 망라하는 포괄적 차별금지법 제정을 요구하는 원칙의 이름이 포괄적 차별금지 인권 원칙이 아니라는 점을 주목하여야 한다. 이 원칙은 포괄적 차별금지법이 제시하는 다양하고도 정당한 차별금지 사유들을 하나하나 동일한 비중을 가지고 다루는 것이 결코 아니다. 성적지향 및 젠더정체성을 차별금지사유로 추가하는 것이 핵심 목표임이 욕야카르타 원칙의 정식 명칭에서부터 명백히 드러난다.

욕야카르타 원칙의 내용들을 살펴보아도 포괄적 차별금지 사유들로 열거되는 다른 사유들, 남녀, 인종, 피부색, 출신민족 등은 성적지향 및 젠더정체성을 이유로 한 차별과 함께 발생한다는 소위 복합 차별이 있다는 점을 언급할 때만 거론되고, 성적지향 및 젠더정체성을 배제한 상태에서 다른 차별금지 사유들은 독립적인 차별금지 사유로 전혀 언급되지 않는다. 실제로 세계 각국에서 포괄적 차별금지법을 제정하려 할 때 성적지향 및 젠더정체성이 차별금지 사유에 없는 포괄적 차별금지법 제정은 시도되지 않았다는 점을 보더라도 핵심 목표가 무엇인지를 분명히 드러낸다. 한편, 성적지향 및 젠더정체성 차별금지법이라는 개별적 차별금지법으로도 제정된 시도가 전혀 없었다.

이를 종합해보면 차별금지법안이 제시하는 20여 개 이상의 다른 정당한 다수의 차별금지 사유들이 포함된 포괄적 차별금지법을 제정하려는 주된 이유는 성적지향 및 젠더정체성을 차별금지 사유로 하려는 것이 그 핵심이자 주된 목표임이 분명하다. 그리고 다양한 차별금지 사유들을 망라하는 포괄적 차별금지법으로 제정하려는 것은 성적지향 및 젠더정체성만을 독자적 차별금지사유로 하는 차별금지법을 제정할 때 국민 다수의 동의를 얻기 어렵다는 점을 고려한 것이 분명하다. 결국 성적지향 및 젠더정체성 이외의 정당한 차별금지 사유들을 포괄하여 차별금지를 규정하고, 차별에 대하여 강력한 법적제재를 가하는 포괄적 차별금지법은 결국 "성적지향 및 젠더정체성 차별금지법"의 제정을 숨기기 위한 위장술이라는 점을 부인할 수 없게 된다. 욕야카르타 원칙도 "성적지향 및 젠더정체성 관련 국제인권법 적용원칙"이라는 전체 이름으로 부르는 것이 그 실체를 분명히 나타낸다는 점에서 적절하다고 할 수 있다.

2. 욕야카르타 원칙의 권위의 허상과 실상

2006. 11. 6.부터 9.까지 인도네시아 욕야카르타의 가자마다 대학에서 열린 회의에서 29인의 자칭 인권_법 전문가 그룹이 세계인권선언 30개 조항 형식을 모방하여 29개 조항의 이 원칙을 제정하였다. 2010. 8. 욕야카르타 원칙을 가속도를 내어 구현하기 위한 지침서로 제정한 것이 "욕야카르타 원칙에 대한 활동가 가이드"이다. 제정 10주년을 기념하여 2017. 11. 10. 기존 29개 원칙에 9개 원칙을 추가하고, 111개의 국가 의무를 추가해 "욕야카르타 원칙 플러스 10"을 제정했다.

욕야카르타 원칙 제정자들은 UN 등 국제기구로부터 어떠한 정당한 권한도 위임받은 바가 전혀 없음에도 그 발표를 UN 기구가 위치한 제네바의 UN 기구 앞에서 행하고, UN 기구인 인권이사회는 이 원칙을 근거로 각국에 포괄적 차별금지법 제정을 촉구할 것을 권고하였다. 제정자들이 UN 인권기구 내에서 활동하던 자신의 지위 내지 영향력을 이용하여 UN 인권이사회를 움직였고, UN 인권이사회는 욕야카르타 원칙의 권고에 따라 2007. 11. 5. _{포괄적} 차별금지법 제정권고안을 대한민국을 포함한 UN 회원국들에 발송하였다.

국가인권위도 2009. 8. 25.자 성전환자 성별 변경 시 인권침해 진정 사건_{06진차 525, 06진차 673 병합}에서 결정문 별지 관련 규정으로 욕야카르타 원칙을 제시하였다. 이어 2019. 3. 20. 17 진정 0726700 결정에서는 "유엔인권최고대표의 보고서에서 인용되고 우리나라 국가인권위원회의 결정문에 인용되며 몇몇 국가의 법원 판결문에도 등장하는 등 구체적 사안과 관련하여 성적지향 및 성별 정체성 인권보장을 위한 국제적인 기준으로 인정되면서 그 권위를 인정받고 있다"고까지 평가하고 있다. 결국 유엔 인권기구의 보고서에서 인용되고 지극히 일부 국가들의 법원에서 인용된 것만으로 국제적 기준의 권위가 인정된다는 국가인권위의 판단이 지극히 부당하고 우려스럽다.

유엔 사회권규약위원회가 2009. 7. 2. 일반논평에서 세계인권선언 차별금지사유인 기타 신분에 성적지향 및 젠더정체성이 포함된다는 권고안을 제안한 바가 있다. 그러나 위원회의 권고는 결코 유엔의 의사결정이 아니다. 유엔 산하 한 기구의 견해일 뿐이다. 유엔 회원국들에게 준수할 국제법적인 의무를 부과하는 유엔의 결정은 유엔 총회의 결의뿐이다. 유엔 총회는 욕야카르타 원칙을 승인한 바가 결코 없다. 위 사회권 규약 권고안은 같은 해 12. 28. 제64차 유엔 총회에서 심의되었는데, 위 유엔 총회는 사회권규약위원회의 일반논평을 환영한다는 문구를 삭제하는 결의안을 채택함으로써 그 권고를 명확하게 거부하였다. 따라서 욕야카르타 원칙이 유엔이 승인한 원칙이라는 주장은 전혀 사실이 아니다. 동성애를 옹호하는 일부 법률가들 및 운동가들이 자신들의 신념과 주장을 정리한 것에 불과한 욕야카르타 원칙을 우리나라 국가인권위가 인권보장을 위한 국제적 기준으로 그 권위를 인정받는다고까지 판단한 것은 권위를 위장한 주장에 미혹된 명백한 오판이 아닐 수 없다.

3. 보편적 인권 "원칙"으로 호칭하는 용어 전술의 위험성

보편적 인권 원칙이라는 이 용어는 욕야카르타 원칙을 소개할 때 의도적으로 붙이는 수식어이다. 이 명칭의 일반적 의미가 주는 권위 때문에 오해하기 쉽다. 보편적 인권 원칙이라는 용어는 인간이면 누구나 따라야 하고 수용해야 하는 올바른 기준인 진리나 정의의 핵심 개념을 포함하는 용어들이다. 이러한 이유로 욕야카르타 원칙은 자신이 보편적 인권 원칙이므로 각 국가들은 이 원칙을 수용하여 입법, 사법, 행정, 교육 등 공적 영역뿐만 아니라 사적 영역까지 반드시 반영해야 하는 의무가 있다고 반복하여 주장하고 있다.

이러한 주권 침해적 요구가 부당하게 여겨지지 않는 것은 이 보편적 인권 원칙이라는 이름이나 용어가 갖는 영향력 때문이다. 욕야카르타 원칙은 결코 보편적 기준도, 보편적 인권도, 올바른 기준도 아니다. 부도덕한 동성 성행위와 자연 질서에 위반하는 성전환 행위를 정당화하려는 잘못된 주장들에 불과한 거짓 보편적 인권, 거짓 원칙이다. 따라서 잘못된 수식어가 주는 오해에서 벗어나려면 '욕야카르타 원칙'이라고 부르는 것보다는 '소위 욕야카르타 원칙'이라고 지칭하는 것이 적절하다.

소위 욕야카르타 원칙과 보편적 인권 기준의 중대한 차이들

1. 혼합주의적 위선적 위장술과 효과적인 대응 방안

욕야카르타 원칙은 국제적으로 인정되는 보편적인 인권 기준들과 자신들의 부당한 주장들을 혼합하여 자신들의 잘못된 주장들을 보편적 인권인 것처럼 보이도록 하는 방법을 초지일관 사용하고 있다. 구체적으로 보면 세계인권선언을 그대로 인용하는 듯 시작하다가 세계인권선언에서 인정하지 않는 내용들을 첨가하고, 세계인권선언에 있는 핵심 내용은 주목되지 않게 빼버리는 방법을 사용한다. 정당한 것과 부당한 것을 함께 섞어 부당한 것이 쉽게 발견되지 못하도록 하는 방법, 진리와 거짓을 함께 섞어 거짓이 쉽게 인식되지 못하도록 하는 방법, 선과 악을 함께 섞어 악이 쉽게 드러나지 않데 하는 방법 등을 사용하는 것이다. 이러한 방법을 혼합주의적, 위선적 위장술이라고 부를 수 있다.

이러한 위장술에 이용당하지 않는 방법은 정당한 것, 진리, 선을 먼저 정확히 인식하는 것이다. 그리하여 이것과 조금이라도 다른 것이 첨가되어 있거나 빠진 것을 분별해 내는 것이다. 따라서 먼저 보편적 인권 기준을 정확히 인식한 후 이와 비교하여 무엇이 더 추가되었거나 무엇이 빠졌는지를 주목하면 소위 욕야카르타 원칙의 부당성이 명확하게 드러난다.

2. 세계인권선언이 인정한 정당한 인권의 제한 기준의 부당한 삭제

욕야카르타 원칙은 세계인권선언 형식을 모방하고 그 내용 일부를 반복한다. 그리하여 세계인권선언과 동일한 보편적 인권의 권위를 입으려 한다. 세계인권선언은 총 30개 조항으로 되어 있는데 욕야카르타 원칙은 총 29개 원칙으로 되어 있다. 1개 조항이 차이가 난다. 무엇을 뺀 것일까?

그것은 인권의 합당한 제한을 규정한 제29조의 내용이다. 세계인권선언 제29조는 인권이 정당화되지 않고 제한될 수 있는 상황을 규정하고 있다. 그것은 바로 공공질서와 사회의 도덕률을 위해 법률로 제한할 수 있다고 하는 취지가 명시되어 있다. 공공질서를 파괴하는 범법적 행위를 위해 인권을 주장할 수 없고, 사회의 선량한 윤리나 도덕을 위반하는 행위를 위해 인권을 주장할 수 없다는 것으로 지극히 당연하고도 마땅한 내용이다.

욕야캬르타 원칙에는 성적지향 및 젠더정체성을 내세워 공공질서 위반의 책임으로부터 면책받으려는 내용들이 많고, 도덕이나 윤리의 기준으로 동성애와 성전환을 반대하는 것을 인권침해로 모는 내용들이 많다 예를 들어 19원칙과 20원칙은 공공질서 및 도덕 개념이 성적지향 다양성 지지하는 의사표현 자유 행사나 집회, 결사의 권리 행사를 제한할 수 없다고 규정하고 있다.

인권은 기본적으로 자유권을 의미한다. 동성 성행위나 성전환 행위를 할 자유라고 하더라도 공공질서를 훼손하거나 윤리 도덕을 위반하는 내용으로 행사되어서는 안 된다는 것은 지극히 자명하다. 법과 윤리를 준수하기 위하여 자유권적 인권도 제한될 수 있다는 것은 지극히 타당한 진리이다. 법과 윤리를 준수할 자유가 참된 자유임을 보여준다는 점에서 세계인권선언 제29조는 보편타당한 원칙이다. 법과 윤리적 제한이 없는 자유 주장은 자의와 방종을 초래할 뿐이다.

3. 정당한 차별금지 사유들과 혼합하는 성적지향 및 젠더정체성의 부당성

1) 정당한 차별금지 사유들의 공통된 특징

차별금지 사유들을 다양하게 언급한 권위 있는 국제인권 관련 문건은 유엔 헌장, 세계인권선언이 있다. 1945. 6. 26. 제정된 UN 헌장 제1조 제3호에 '인종, 성별Sex, 언어, 종교에 따른 차별 없이 모든 사람의 인권 및 기본적 자유에 대한 존중을 촉진하고 장려함에 있어 국제적 협력을 달성한다'라고 규정하고 있다. 1948. 12. 10. 제정된 세계인권선언 제2조는 '모든 인간은 인종, 피부색, 성Sex, 언어, 종교, 정치적 또는 기타 견해, 민족적 또는 사회적 출신, 재산, 출생 또는 기타의 신분과 같은 어떠한 종류의 차별 없이 권리와 자유를 향유할 자격이 있다'라고 규정한다. 대한민국 헌법 제11조 제1항은 '모든 국민은 법 앞에 평등하다. 누구든지 성별, 종교, 또는 사회적 신분에 의하여 정치적, 경제적, 사회적, 문화적 생활의 모든 영역에 있어서 차별을 받지 아니한다'라고 규정한다.

보편적 인권으로 인정되는 정당한 차별금지 사유들은 다음 2가지 중의 하나이다. 첫째는, 인간의 선택권이 거의 없는 인간의 상태인종, 피부색, 성, 언어, 민족적 또는 사회적 출신, 재산, 출생, 기타의 신분들이다. 둘째는, 선택하더라도 외부의 행동화되지 않은 내면의 신념종교, 정치적 또는 기타 견해이다.

따라서 인간의 자유로운 선택권이 보장된 외부적 특정 행동들은 모두 각자의 가치관에 따라 찬성과 반대가 가능하므로 정당한 차별금지 사유에 들어올 수 없고, 들어와서도 안 된다. 선택이 가능한 외부 행동이 법률상의 차별금지 사유에 들어오면 그 행동에 찬성하는 가치관을 따라 행동하는 사람들만 차별 위험에서 자유롭고, 그 행동에 반대하는 가치관을 가진 사람들은 자신들의 가치관을 따라 행동하는 것이 법률상 금지되는 차별에 해당할 위험에 놓인다. 그 결과 그 행동 찬성자들이 법으로 반대자들을 차별금지법 위반으로 몰아 억압하게 되는 결과를 초래하게 된다. 선택 가능한 외부 행동에 대한 반대자들의 보편적 인권인 양심, 신앙, 학문, 표현언론의 자유를 침탈하는 무서운 결과가 초래되는 것이다.

2) 성적지향이 정당한 차별금지 사유가 될 수 없는 이유

욕야카르타 원칙은 차별금지법처럼 성적지향을 차별금지 사유로 포함시킨다. 그런데 이 성적지향은 동성 성행위들을 포함하는 용어이다.

욕야카르타 전문은 성적지향을 다른 젠더, 동일 젠더, 복수 젠더에 대한 성적 끌림 느낌과 성관계를 맺을 능력으로 정의하고 있다. 마치 성적지향에는 동성 성행위라는 행동이 포함되어 있지 않은 것처럼 보이나 실제로 법 적용이 그렇지 아니하다. 동성 성행위라는 인간 행동을 반대하는 견해를 표현해도 부정 관념을 표시하여 정신적 고통을 준 괴롭힘 개념을 매개로 하여 성적지향 차별 금지 조항을 위반한 것으로 적용하므로 성적지향에는 동성 성행위라는 개념이 포함되는 것으로 법을 적용하게 된다. 성적지향을 차별금지 사유로 삼아야 한다는 주장은 성적지향에 포함되는 동성애 등이 바꿀 수 없는 존재 내지 상태이므로 인간 개개인의 고유의 성적 자기 결정권으로 존중되어야 한다는 점을 근거로 들고 있다.

그러나 동성애 유전자가 있다는 1993년 해머의 사이언스지 발표 논문은 2005년 해머 자신에 의하여 결론이 번복되었고, 동성애 유전자를 찾으려는 최근의 과학적 노력들은 모두 헛수고로 끝났다. 반면, 슈퍼컴퓨터의 도움으로 인간의 모든 유전자를 철저히 검색하는 소위 제놈 검색 능력이 발달함에 따라 유전자 검색은 더욱 정확해져 갔는데, 제놈 검사를 한 모든 최근의 과학적 조사들은 동성애 유전자가 없다는 결론에 계속 도달하고 있다. 동성애 유전자는 없다는 것이 최근 2016년 존스 홉킨스 대학이나 2018년 브로드 인스티튜트의 가나 교수 연구팀의 연구 결론이다. 동성애 유전자는 없다는 것이 의학의 정설이 되어가고 있다. 법이나 윤리의 평가 대상인 동성 성행위는 유전되거나 변경할 수 없는 것이 결코 아니다.

대부분 인간의 외부 행동이 자유의지의 통제하에 있듯이 동성 성행위도 인간이 의지적 결정으로 하지 않기로 얼마든지 자유롭게 선택할 수 있는 인간의 외부 행동이다. 성적지향이 포함하는 개념인 성적 이끌림은 인간 내면의 감정이다. 그 내면의 감정은 법적 윤리적 평가 대상이 아니나, 모든 인간은 자신의 동성애 감정을 따를 것인지 아니면 거부할 것인지를 선택할 수 있는 자유의지를 가지고 있다. 따라서 선택 가능한 인간 행동은 자유로운 찬성과 반대의 대상이 될 수밖에 없다. 동성 성행위는 선택 가능한 외부 행동임이 명확하고 누구나 자신의 의지로 얼마든지 하지 않기로 의지적 결정을 하고 하지 않는 선택을 실행할 수 있다. 동성애를 차별금지법의 차별금지사유로 포함하면 도덕적, 윤리적 찬반 대상이 되는 동성 성행위에 대하여 법이 강제적으로 정당화함으로써 이에 대하여 도덕적 내지 윤리적 비난을 할 자유가 봉쇄된다. 나아가 동성 성행위를 반대하는 가치관을 가진 사람들의 신앙, 양심, 학문, 언론의 자유가 위협당한다. 한편, 동성 성행위가 초래하는 개인과 사회에 초래하는 보건적, 도덕적, 재정적 유해성은 이를 반대할 정당한 이유가 된다.

3) 젠더정체성이 정당한 차별금지 사유가 될 수 없는 이유

욕야카르타 원칙 전문은 젠더정체성을 성별에 대해 개인이 느끼는 경험, 출생 시 부여되는 성별과 일치할 수도, 일치하지 않을 수도 있다고 정의하고 있다. 남자와 여자의 성별을 인간이 임의로 변경, 선택할 수 있다는 젠더gender 개념을 포함하는 개념이다. 이 젠더정체성도 차별금지 사유에 포함할 것을 요구하는 것이다.

인간의 성별은 생물학적인 육체로 결정된다. 인간의 심리, 인식, 선택이 작용할 여지가 없다. 성별을 결정하는 유전자 XY남성나 XX여성는 인간의 몸을 구성하는, 조가 넘는 세포 하나하나에 다 들어 있다. 이를 변경하는 것은 결코 불가능하다는 것이 생물학의 진리이다. 성별의 변경은 인간의 능력, 선택 범위 밖이라는 것이 과학적 진리이다. 성전환 행위인 호르몬 요법, 외성기 성형술, 성별 정정 제도 등은 인간의 타고난 성을 바꾸는 것이 결코 불가능한데도 불구하고 이를 가능하다고 믿는 헛된 인간의 행동일 뿐이다.

인간의 무모한 성별 변경 시도를 도덕적, 윤리적으로 정당하다고 인정하지 않는 가치관을 가진 사람들도 많다. 성전환 행위의 수용이 초래할 동성애의 정당화, 가정 질서의 혼란, 여성 안전권의 위협 등은 선량한 가정 윤리에 반하므로 이를 반대할 이유가 된다. 성전환 행위엄밀하게 말하면 "성전환 내지 성 선택을 했다는 의사표시 행위" 역시 얼마든지 인간이 선택의 자유를 가진 외부적 행동이다. 따라서 이는 각자의 가치관에 따라 찬반 대상이 되고, 따라서 차별금지 사유로 삼는 것은 정당화될 수 없다. 요컨대 성적지향 및 젠더정체성 차별금지는 보편적 인권 기준에서 인정되는 개념이 결코 아니다.

4) 신앙, 양심의 자유 등을 박탈하는 무서운 소위 혐오표현 규제론의 독재성

한편, 차별금지 사유에 성적지향과 성별 정체성을 포함하는 소위 포괄적 차별금지법* 또는 동성애차별금지법의 제정을 추진하는 인권위나 이를

---

* 성적지향의 대표적인 것이 동성애이고 성별 정체성 차별금지론도 동성애 정당화론으로 연결되므로 차별금지 사유에 성적지향이나 성별 정체성을 포함하는 차별

주장하는 논문들은 한결같이 성적지향과 성별 정체성을 이유로 한 차별을 해석할 때 일반적인 법 해석론인 행위 비난과 행위자 비난을 구별하는 일반적인 해석론을 취하지 않는다. 동성 성행위라는 인간의 행동이나 성전환 내지 젠더 선택이라는 인간의 행동_{이하에서는 동성 성행위와 성전환 행위를 함께} _{의미하는 용어로 "동성 성행위 등"이라고만 한다}에 대해서만은 동성 성행위 등이라는 인간 행동을 비판, 반대, 비난하는 의견을 표현하는 것을 동성애자 내지 성전환자에 대한 비판, 반대, 비난으로 간주하는 해석을 하는 것이다. 동성애나 성전환에 대한 적대적 평가가 동성애자 내지 동성애 옹호자, 성전환자 내지 성전환 옹호자들에게 정신적 고통이나 언어적 괴롭힘을 가하고 있다는 점을 논거로 이러한 해석론을 정당화한다. 동성애 등에 관한 한 행위와 행위자를 분리할 수 없다는 법이론도 동일한 맥락에서 주장된다.

인권위가 발주하여 발간한 2차례의 보고서, 2005년 조여울 책임연구자가 작성 제출한 "국가인권정책기본계획 수립을 위한 성적 소수자 인권 기초현황 조사", 2016년 홍성수 책임연구자가 작성 제출한 "혐오표현 실태조사 및 규제방안 연구"의 결론은 동일하다. '동성애를 비정상적

금지법은 동성애차별금지법으로 부르는 것이 적절하다는 것이 필자의 판단이다. 이하 동성애차별금지법으로 지칭할 때는 차별금지 사유에 성적지향이나 성별 정체성을 포함하는 법을 의미하는 것으로 사용하도록 하겠다.
* 국가인권위원회(연구책임자 조여울), 국가인권정책기본계획 수립을 위한 성적 소수자 인권 기초현황조사, 2005년도 국가인권위원회 인권상황실태 연구용역보고서, 국가인권위원회, 2005, 80면, pp. 92-93. 103면; 국가인권위원회(연구책임자 홍성수), 혐오표현 실태조사 및 규제방안 연구, 2016년 인권상황 실태조사 연구용역보고서, 국가인권위원회, 2016, 13면, pp. 22-24.

으로 표현하는 상담', '이성애가 정상적이라는 상담', '동성애를 도덕적이고 윤리적인 문제로 다루려는 시각 자체', '인간은 남녀가 결합해서 서로 사는 것이 정상이라는 표현', '동성애는 선량한 성도덕에 반하는 성적 만족 행위'라는 표현' 등을 모두 차별행위로 예시하고 있다. 차별금지법 제정을 지지하는 학계의 대표적 논문들도 동일한 입장이다. 대법원 국제인권법연구회 학술대회의 기조 발제문인 홍성수 교수 발표의 "표현의 자유의 한계: 혐오표현 규제의 정당성과 방법"의 입장도 동일하다.*

해외의 차별금지법 위반 적용의 다수 사례도 동성애자를 특정하여 개인과 집단을 반대한 것이 아니라 동성 성행위라는 인간 행동을 반대하거나 부정적으로 표현한 사안들이다. 이처럼 동성 성행위나 성전환 행위에 대한 비난에 적용되는 행위 비난을 행위자 비난과 동일시 하는 동성애차별금지법의 괴이한 법 해석론은 아래에서 보는 바와 같이 신앙, 양심, 학문, 언론 등에서 인간의 자기 의견을 자유롭게 표현할 기본적 자유권의 본질을 침해하는 중대한 부작용을 초래한다.

인격권 보호를 위해 표현행위를 금지하는 일반적인 법리는 비난의 대상이 행위인지 아니면 행위자인지에 따라 구별하여 행위자에 대한 비난 중 특정한 개인 집단에 대한 반대나 비난이 불특정 다수인이 인식할 수 있는 상태에서 공연히 행해진 경우에만 개인과 집단의 인격권 보호를 위하여 인정된다. 이러한 취지에서 제정된 범죄가 형법상의 모욕죄나 명예훼손죄이다.

---

* 홍성수, "표현의 자유의 한계: 혐오표현의 규제의 정당성과 방법", 대법원 국제인권법연구회 학술대회, 2013. 9. pp. 314-315.

비난 대상이 사람이 아닌 단지 인간의 일반적인 행위 중의 하나라면 이는 피해자가 특정되지 않은 단순한 가치관 표현 행위이므로 형법의 규제 대상으로 삼지 않는다. 인간의 선택 행동에 대하여 자유로운 찬반 의견 표현의 자유를 보장하는 것은 문명국가 형법의 대원칙이다. 비난하는 표현의 금지 대상을 행위자를 넘어 인간의 찬반 선택이 나뉘는 외적인 행위 그 자체로 삼는 경우에는 행위나 인간 이외의 대상에 대하여 가지는 인간의 자유로운 견해와 사상, 즉 자유롭게 보장되어야 할 가치관이나 관점의 표현을 법으로 통제하는 결과를 초래하는 심각한 문제가 발생한다.

헌법재판소는 사상과 의견의 자유로운 표현 보장의 중요성을 다음과 같이 판시했다.

"사회 구성원이 자신의 사상과 의견을 자유롭게 표현할 수 있다는 것이야말로 모든 민주사회의 기초이며, 사상의 자유로운 교환을 위한 열린 공간이 확보되지 않는다면 민주정치는 결코 기대할 수 없기 때문이다. 따라서 민주주의는 사회 내 여러 다양한 사상과 의견이 자유로운 교환 과정을 통하여 여과 없이 사회 구석구석에 전달되고 자유로운 비판과 토론이 활발히 이루어질 때 비로소 그 꽃을 피울 수 있게 된다. … (중략) … 어떠한 사상이나 견해가 옳고 가치 있는 것인지를 판단하는 절대적인 잣대가 자유민주 체제에서는 존재할 수 없다. 만약 국가 또는 사회 다수가 그러한 절대적인 잣대를 가지고 사상과 견해를 재단한다면 그것이야말로 자유민주헌법이 가장 경원시하고 경계해야 할 것이 아닐 수 없다."**

헌법재판소는 다양한 가치관을 자유롭게 표현할 자유를 보장하는 것이 민주주의의 대원칙이고 국가가 절대적인 가치관을 법으로 강요한다면 그것이야말로 자유민주주의를 파괴하는 전체주의적 독재가 된다는 점을 분명히 한 것이다.

따라서 동성 성행위라는 인간의 행동이나 성전환이라는 인간의 행동에 대하여 사람들은 누구나 찬성이나 반대의 자유로운 사상과 의견을 가질 수 있고, 이러한 각자의 사상과 의견의 자유로운 표현이 보장되는 것이 자유민주사회의 대원칙이다.

성적지향이나 젠더정체성을 차별금지사유로 법제화하여 동성애와 성전환에 대하여 지지나 찬성 의견만 법으로 허용되고 이에 대한 비판, 비난, 반대하는 의견을 표현하는 것을 차별로 몰아 법으로 금지하는 경우, 이는 동성 성행위 등을 지지하는 견해나 동성애 등의 반대를 금지하는 견해만 절대적으로 옳다고 강요하는 것이 된다. 이는 결국 동성성행위 및 젠더 선택 행위에 대한 반대의 자유가 억압되는 동성애 독재, 동성애 전체주의의 결과를 초래하게 된다.** 이렇게 혐오표현규제론이 차별금지법으로 입법화되면 동성애나 성전환 등에 대하여 자유민주주의 최대의 적인 전체주의적 독재를 초래하게 된다. 차별금지법이 시행되는 경우

---

* 헌법재판소 1998. 4. 30. 선고 95헌가 16 전원재판부 판결
** 유럽과 북미국가들에서 동성애에 대한 전체주의totalitarianism가 출현해 반대자들이 탄압받고 있다는 점은 가브리엘 쿠비가 그의 저서 《글로벌 성혁명》에서 자세히 언급하고 있다(가브리엘 쿠비 지음, 정소영 옮김, 《글로벌 성혁명》, 밝은 생각, 2018, pp. 398-413.

우리 국가 사회에서 억압당하고 빼앗길 자유는 아래에서 보는 바와 같이 실로 엄청나다.

4. 정당한 보호 대상 피해들과 혼합하는 괴롭힘 내지 고통의 예방이라는 교활한 논거들

보편적 인권으로 보호해야 할 피해들에 상해와 폭력으로부터의 보호는 마땅히 인정된다. 그러나 욕야카르타 원칙 전문은 상해와 폭력이라는 정당한 보호 대상 피해들을 언급하며 가만히 괴롭힘, 차별, 배제, 비난, 선입견 등을 침해 유형으로 언급한다. 괴롭힘, 차별, 배제, 비난, 선입견 등은 그 자체로 모두 금지해야 할 행동들이 아니다. 법으로 금지해야 할 괴롭힘 중 신체적 고통은 전면적이지만 정신적 고통은 대단히 제한적이다. 예를 들어 사실을 다수인에게 공개해 명예를 훼손하거나 모욕적 언행으로 정신적 고통을 주는 것은 법으로 금지되는 것이 마땅하다.

그러나 이러한 방법과 정도에 이르지 않는 고통이나 괴롭힘을 법으로 금지할 것인가는 신중하게 결정해야 한다. 의견의 교환에서 오는 정신적 고통 등은 진리 규명을 위한 표현의 자유를 누리기 위해 불가피하게 감수해야 하는 고통이지 법으로 보호해야 할 고통은 아니다.

이처럼 정신적 고통을 포함하는 확장 개념이 성적지향 및 젠더정체성 차별금지조항과 결합하면 동성애와 성전환 행위를 혐오함으로써 동성애자와 성전환자에게 정신적 고통을 주는 것을 금지해야 한다는 소위 혐오표현 금지조항으로 기능을 한다. 이상민 의원의 평등법안 등은 모두 "부정 관념을 표시하여 정신적 고통을 주는 행위"를 괴롭힘 조항으로 정의

하고 이를 차별에 포함시킨다.

혐오표현 금지조항으로 기능할 수 있는 표현들은 욕야카르타 원칙 곳곳에서 발견된다. 5원칙의 "모든 형태의 괴롭힘 방지", "폭력 근간의 편견 퇴치" 문구, 6원칙의 "통신 측면에서의 명예, 명성 공격", 9원칙의 "정신적 학대 금지" 문구, 10원칙의 "잔혹, 비인도적 또는 굴욕적 대우를 받지 않을 권리" 문구, 16원칙의 "괴롭힘 등 모든 배제로부터의 보호" 문구, 17원칙의 "건강을 해치는 차별금지" 문구 등등이 모두 동성애나 성전환 반대 의견 표현 행위로 초래할 정신적 고통을 포함할 수 있는 문구들이다. 이러한 문구들은 소위 혐오표현 금지조항으로 부르는 조항으로 기능한다. 이것이 차별금지 사유에 포함된 성적지향 및 젠더정체성과 결합하면 그 위력은 대단히 커진다. 동성 성행위와 젠더 선택 행위를 반대하는 의견 표현 행위로 동성애자나 성전환자 또는 다른 의견을 가진 자들이 정신적 고통 즉 괴롭힘을 받았다고 호소하는 경우 소위 혐오표현으로 인권침해 내지 차별행위로 판단할 수 있는 근거조항으로 작용하는 것이다.

동성 성행위_{동성애} 반대와 성전환 반대는 혐오표현이므로 법률로 금지해야 한다는 주장의 가장 큰 논거는 그 표현을 듣는 동성애자나 성전환자가 정신적인 고통을 받기 때문이라는 점을 든다. 정신적 고통도 고통의 하나이고, 인간이 인간에게 고통을 주면 안 된다는 지극히 당연해 보이는 주장이 수많은 사람들의 동의와 지지를 얻고 있다. 이 주장은 보편타당성이 있는가? 겉모습은 고통받는 자를 보호한다는 정의로운 모습을 가졌다. 그러나 결코 정의에 부합하지 않고 오히려 정의에 적대적이다.

진리가 정확하고 분명하게 선포될 때 진리에서 벗어난 거짓된 생각, 행동, 성품을 가지고 있는 인간들은 그 이성이나 양심에 고통을 느끼기 마련이다. 진리 앞에서 거짓된 것을 믿었던 사람들의 마음이 상하고 고통을 경험할 수 있다. 서로 의견을 교환하는 과정에서 상반된 가치관이 충돌할 때 사람들은 정신적 고통을 경험할 수 있다. 이러한 가치관의 표현 과정에서 발생하는 정신적 고통을 법으로 보호하려 한다면 정신적으로 고통을 주는 가치관의 표현을 금지하여야 한다. 특히 잘못된 것과 부도덕한 것을 잘못이라고, 부도덕하다고 하는 적대적 표현을 금지할 수밖에 없다. 이렇게 되면 자유민주주의 사회에 필수적인 기본권인 가치관 표현의 자유가 본질인 신앙의 자유, 양심의 자유, 학문의 자유, 언론의 자유 등이 침탈된다. 자유민주사회에서 보장되어야 할 사상의 자유시장을 억압하여 진리의 규명을 막게 되고, 잘못되고 위험하며 부도덕한 것의 폐해에 대하여 경고받지 않은 국민들이 그 위험에 고스란히 노출되게 된다. 국가가 특정한 대상이나 행위에 대하여 일체의 부정적 의견 표현을 금지하는 전체주의적 독재가 초래되는 것이다. 불의, 부도덕, 악을 미워하는 것은 의와 도덕, 선을 지향하는 인간이 가지는 자연스러운 감정이나 마음이다.

특정한 사람이나 사람들을 적대하고 모욕하여 정신적인 고통을 주는 것은 당연히 금지되어야 하는 것이고, 실정법도 모욕죄와 명예훼손죄로 금지한다. 그러나 인간의 잘못된 행동이나 잘못된 주장들이나 생각들을 자신이 가지는 신앙, 이성, 양심, 가치관에 근거하여 반대하는 것은 이와는 다른 가치관이나 생각을 가진 인간의 마음을 상하게 하고 고통을 주지만, 이는 가치관이나 진리를 교환하는 행위이지 결코 사람에 대한 비난이 아니다. 오히려 정신적 고통을 수반하는 진리의 선포는 그를 통해 진리를 규명할 수 있으므로 이를 결코 막지 말아야 한다. 이것이 막히면 결국 인간이 진리를 발견하여 믿고 따름으로써 얻을 수 있는 유익을 막는 것이다. 진리를 표현하고 가르치고 나누는 과정에서 오는 고통은 금지되는 것이 아니라 오히려 적극 권장되어야 한다. 금지할 고통은 진리를 표현하는 것이 초래하는 고통이 아니라 사람이나 사람들을 직접 공연히 모욕 명예훼손하는 등 사람을 비난하는 것이 초래하는 고통이다.

5. 정당한 여성운동을 훼손하는 젠더 이데올로기

남녀 간의 합리적 이유 없는 차별을 금지하는 정당한 여성운동은 보편타당성을 가진다. 육체적 남녀 간의 성별을 이유로 한 차별을 금지하는 양성평등 운동 역시 보편타당성을 가진다. 세계인권선언과 유엔 헌장이 지지하는 정당한 차별금지사유에는 남녀 간의 육체적 성별이 포함된다.

욕야카르타 원칙은 그 전문에서 성적지향 및 젠더정체성에 대한 존중이 양성평등 실현에 필수적이라고 주장한다. 과연 그러한가? 결코 그렇지 않다. 성적지향 존중은 동성 성행위를 반대하면 안 된다는 의미인데 이것은 남녀 차별금지나 양성평등이나 정당한 여성운동과 전혀 무관하다.

젠더정체성 존중은 오히려 여성의 정당한 권리를 중대하게 침해한다. 육체적으로 남성인 사람이 자신을 여성으로 인식하고 존중해 줄 것을 요구하는 경우 여성으로 인정해서 여성 전용 화장실, 탈의실, 목욕탕 이용을 허용하고, 여성들만의 스포츠 경주에 참여를 허용해야 하는 경우 여성의 안전권과 공정한 경기 참여권은 중대하게 훼손되는 것이다.

한편, 젠더는 남녀의 육체적 구별을 부정하는 개념이어서 궁극적으로 여성성의 고정을 인정하지 않는다. 성별 정체성의 가변성 및 유동성을 인정하는 개념이기 때문이다. 따라서 육체적 여성들만의 고유의 보호나 안전 영역이 인정되지 않는 개념이다.

젠더정체성 존중은 여성 고유의 정당한 권리와 보호를 주장하는 여성운동이나 양성평등 실현에 필수적이라는 욕야카르타 전문의 주장은 결코 사실이 아니다. 오히려 젠더정체성 차별금지가 법제화된 국가들에서 젠더 이데올로기로 인해 얼마나 여성의 안전권과 여성들의 공정한 경쟁이 침해받고 있는지를 직시해야 한다. 진정한 여성운동, 진정한 양성평등 운동은 여성권을 중대하게 침해하고 훼손하는 젠더정체성 존중 프레임, 젠더 이데올로기와 단호히 결별해야 마땅하다.

6. 정당한 인권침해 회복 노력과 혼합하는 포괄적인 강제적 제재들이 파괴하는 구성요건 명확성 원칙

세계인권선언은 보편적 인권이 침해되었을 때 각 국가의 법원이 인정하는 절차에 의하여 구제를 받도록 하는 것이 원칙이고, 각 국가가 인권침해를 예방하고 침해의 회복을 위하여 노력하도록 하는 조항을 두고 있을 뿐 국가들에게 법률적 의무를 부과하지 않는다. 모든 국가가 최고의 자기 결정권인 주권을 가지고 있다고 인정되기 때문이다.

그런데 욕야카르타 원칙은 인권침해자에 대하여 철저히 형사, 민사, 행정상의 무거운 법적 책임을 부과하도록 입법, 행정, 사법 교육 등 제반 조치를 취하라고 강력하게 의무를 부과하고 있다. 이를 구현하기 위한 포괄적 차별금지법이 민사손해배상, 행정 이행강제, 형사처벌, 강제교육 등의 강제적인 법적 제재를 가지고 있는 것은 욕야카르타 원칙이 국가의 강력한 강제적 제재를 요구하고 있기 때문이다.

근대 현대의 법학들은 형사, 민사, 행정상의 강력한 제재는 피해 유형들을 충분히 역사적으로 검증한 후 그 요건을 세밀하고 엄격하게 정하고, 제재도 정교하게 하여 오남용을 막도록 발달해왔다. 특히 차별금지에 대한 법적 제재에 대하여는 차별금지 사유 하나하나마다 피해 유형들이 다르고 구제 수단들이 다르므로 개별적인 차별 유형에 따라 구제에 대한 강제적 제재에 대한 요건을 엄격하게 세분화하여 오남용을 막도록 발달해 왔다.

인권침해의 정당한 사유들을 망라하고 정당하지 못한 차별금지 사유까지 섞어 한꺼번에 규정하고, 제재도 민사소송, 행정소송, 형사소송 등 모든 강한 제재를 가하도록 하는 방법은 포괄적 차별금지법 이외에는 사용하지 않는 방법이다. 이러한 방법은 제재의 구체적 타당성에서 오남용의 여지가 너무 커진다. 그리고 다양한 차별금지사유에 공통되는 침해와 구제를 획일화하는 것은 거의 불가능하다. 이렇게 해석 적용에 있어서 오용·남용의 여지가 많은 불명확하고 확장해석 가능한 요건과 제재를 사용하면 이는 자의적 법 해석과, 적용하려는 법치주의에 반하는 독재에 이용당하게 되는 것이 역사적 교훈이다.

포괄적차별금지법이 인권보호를 위하여 발달한 모든 제재에 대한 구성요건 명확성의 원칙을 성적지향 및 젠더정체성에 관련하여 파괴하려고 하는 목적은 동성애와 성전환에 대한 반대행위에 대하여 모든 강력한 법적 제재를 가해 금지하려는 무서울 정도의 폭력적 억압을 법의 이름으로 가능하게 하려는 것이다. 포괄적 차별금지법이 동성애와 성전환을 반대하는 가치관을 가진 사람들의 신앙, 양심, 학문, 언론의 자유가 고용, 경제, 교육, 국가 등의 모든 영역에서 강력히 침해받는 근거로 사용되어 온다는 것은 수많은 탄압 사례들에서 분명히 드러나고 있다.

욕야카르타 원칙 곳곳에서 국가의 법률, 행정, 사법 등을 통해 동성애 반대와 성전환 반대를 철저히 탄압하겠다는 의지가 섬뜩할 정도로 드러난다.

28원칙은 국가는 성적지향 및 젠더정체성을 이유로 인권침해된 피해자들이 배상, 재발방지가 되도록 보증하고, 적합한 모든 수단으로 완전한 배상을 받도록 법, 절차를 만들어야 하고 배상받는데 소요되는 비용을 재정적으로 지원해야 하며, 차별 방지를 위한 모든 공립학교 교사 학생 전문기관 등을 대상으로 훈련 인식 프로그램을 시행하도록 의무를 지우고 있다. 29원칙은 국가에게 인권침해자에 대한 법적 책임을 확실하게 하기 위해 형사, 민사, 행정, 기타 감시체계 구축할 의무를 부과하고 인권침해범을 신속 철저한 조사, 기소, 적합한 처벌을 하도록 요구하고 있다.

문제는 욕야카르타 원칙이 말하는 인권침해에는 동성애나 성전환에 대한 반대 가치관을 표현하는 행위까지 포함한다는 데 있다. 반대 가치관을 표현하고 행동하는 사람들을 국가가 강제적인 법과 정책으로 철저히 억압하라고 요구하고 있는 것이다. 동성애나 성전환에 대하여 지지 찬성만 허용되고, 반대는 국가의 무서운 제재를 받는 동성애 또는 성전환 독재를 하도록 모든 국가에게 요구하고 있는 것이 욕야카르타 원칙의 실제 모습이다.

7. 국가 사회 거의 모든 영역들로 확장되는 자유박탈적 독재 및 전체주의

욕야카르타 원칙은 동성애나 성전환을 반대할 자유들이 사회의 거의 모든 영역에서 박탈하라고 요구한다.

3원칙은 성 정체성 변화를 위해 의료적 시술, 성전환수술, 호르몬치료 등이 강제되어선 안 된다고 요구하여 타고난 남성이나 여성의 육체로도 다른 성으로 인정받게 하고 있다. 이것이 초래하는 여성의 안전권과 공정한 경쟁의 권리는 중대하게 침해된다는 점은 살펴보았다. 4원칙은 합의된 동성애는 모든 영역에서 범죄화하지 않도록 요구하여 군대 등에서도 동성애를 허용하도록 요구하고 있다. 6원칙은 통신 측면에서의 명예, 명성 공격 금지를 내걸고 동성애 반대 의견 등이 정보통신 수단에 의하여 표현할 자유를 금지하고 있다. 7원칙은 체포, 구금의 사법권을 제약함으로써 동성애를 금하는 군형법의 실효성을 무력화시키려 한다. 9원칙은 구금 시의 정신적 학대 금지로 구금 시설에서의 동성애 등 반대 의견 표현의 자유를 박탈한다. 10원칙은 잔혹, 비인도적 또는 굴욕적 대우를 받지 않을 권리를 내세워 동성애와 성전환 반대 의견 표현의 자유를 억압한다. 11원칙은 동성애와 성전환에 대한 비난, 숙박 및 고용 차별 보호를 내세워 동성애와 성전환 반대 신념을 가진 단체가 운영하는 숙박 및 고용시설에서의 신앙의 자유 표현을 침해한다. 12원칙은 고용 영역에서 동성애 및 성전환에 대한 반대 의견 표시와 이에 대한 반대 신념을 가지는 단체의 채용 거절이나 해고 등의 권리를 제약한다. 16원칙은 성적지향 및 젠더정체성 관련 다양성을 존중하는 방향으로 교육하고 괴롭힘 등 모든 배제로부터 보호할 것을 요구함으로써 동성애와 성전환에 대한 반대, 비판, 위험 등 일체의 부정적 교육을 할 신앙, 양심, 학문의 자유를 박탈한다. 17원칙은 건강을 해치는 의료서비스 차별을 금지함으로써 정상적인 치료인 탈동성애 치료, 탈 트랜스젠더 치료 등과 같은 전환치료의 자유와 권리를 침해한다. 18원칙은 성적지향 및 젠더정체성은 치료되거나 억제될 의료문제로 다루는 것을 금지하고 아동의 동의 없는 신체 변형을 금지함으로써 전환 치료의 권리와 자유를 박탈하고, 유전자 기형인 간성을 적절한 시기에 치료하고 받을 권리와 자유를 박탈한다. 19원칙은 의사표현 및 표현의 자유가 성적지향이나 젠더정체성을 가진 사람들의 권리를 침해하지 않도록 요구함으로써 동성애와 성전환을 반대하는 표현의 자유를 박탈한다. 20원칙은 사상, 양심 및 종교의 자유가 인권에 부합하지 않는 방식은 금지된다고 하여 동성애와 성전환을 반대할 사상, 양심 및 종교의 자유를 박탈한다. 22, 23원칙은 교회 단체 내의 기숙사나 단체 숙소에서 동성애자의 이용 거절 등의 신앙의 자유를 침해한다. 24원칙은 아동의 성적지향 및 젠더정체성 표현 권리를 보장을 명분으로 동성애와 성전환 반대 훈육권을 박탈하고, 동성애를 반대하는 가치관을 가지는 입양단체에서 동성 가정에 대한 아동의 입양 거절권도 박탈한다. 25, 26원칙은 공적 생활, 문화생활 영역에서 동성애와 성전환 반대의 자유와 권리를 박탈한다. 욕야카르타 원칙 플러스 10의 36원칙은 정보통신 상의 온라인 혐오발언, 괴롭힘을 예방하고 배상할 법적 대책을 요구함으로써 정보통신, 온라인을 통한 동성애 및 성전환 반대의 자유를 박탈한다.

소위 욕야카르타 원칙과 국회에 제안된 차별금지법안들과의 동일성

　21대 국회에 발의된 차별금지법안들의 구체적인 내용들과 앞서 본 욕야카르타 원칙들의 내용을 비교해보면 차별금지법안들은 모두 한결같이 욕야카르타 원칙을 충실히 반영한 법안들임이 명백하게 드러난다.

　성적지향 및 젠더정체성에 대한 정의 규정이 동일하다. 정당한 차별금지 사유들을 열거하며 부당한 차별금지사유인 성적지향 및 젠더정체성을 사유에 정당한 것처럼 추가하는 방식도 동일하다. 동성애와 성전환 반대 의견 표현 행위를 혐오표현으로 몰아 금지하려는 조항인 정신적 고통 부과를 차별로 보는 조항정의당 법안 제3조 제1항 제43호, 괴롭힘을 차별로 보는 조항인권위 법안 제2조 제7호, 제3조 제3항을 도입했다. 자유를 침해하는 영역이 사적 영역인 고용, 경제재화, 용역 공급 및 시설의 이용뿐만 아니라 사적 및 공적 영역인 교육, 공적 영역인 국가 행정 및 사법절차 등까지 확대되고 있는 것도 동일하다. 특히 의료서비스, 문화영역, 방송 및 정보통신서비스 영역에서의 차별을 금지하는 것도 동일하다. 위반에 대한 제재로 형사처벌뿐 아니라 행정상의 조사, 권고, 명령 및 이행강제금 반복 부과, 민사상의 손해배상 및 징벌적 손해배상제도 도입 및 차별행위 재발방지조치나 그밖의 필요한 조치를 언급함으로써 동성애 및 성전환 정당화 교육 이수를 강제할 수 있도록 하는 조치도 마련했는데 이 모든 것이 욕야카르타 원칙의 내용과 동일하다. 따라서, 앞서 본 욕야카르타 원칙이 가진 부당성들을 그대로 동일하게 갖는다.

법률로도 보편적 인권을 본질적으로 박탈할 수 없다

제1·2차 세계대전을 거치며 나치독일 등 많은 전체주의적 국가들이 실정 법률을 제정하여 인종, 종교, 사상 등을 이유로 감금, 체포, 고문, 살해 등 온갖 반 인권적인 국가범죄를 자행한 것에 대한 대대적 반성이 일어났다.

그 결과 해당 국민의 다수결로 제정된 실정 법률로도 침탈하는 것이 정당화되지 않는 자연법적 질서, 보편타당한 인권이 있다는 자연법적 주장들을 많은 국가의 국민이 수용하여 보편적 인권개념을 보호하는 법률인 소위 국제인권법의 연구 및 제정들이 시작되었다.

따라서 보편적 인권은 다수의 실정법률로도 그 본질적 박탈이 결코 정당화되지 않는다. 그리고 다수결의 실정 법률로도 결코 박탈해서는 안되는 보편적 인권의 핵심은 신앙의 자유, 양심의 자유, 학문의 자유 및 언론의 자유 등이다.

그런데 성적지향 및 젠더정체성 차별금지사유를 포함하는 욕야카르타 원칙과 이를 구현하는 포괄적 차별금지 규범들은 한결같이 동성 성행위와 젠더 선택 행위를 반대하는 가치관을 가지는 사람들의 신앙의 자유, 양심의 자유, 학문의 자유 및 언론의 자유의 본질을 박탈하는 자유침해적 독재성을 가지고 있음이 제정 적용 사례나 논문들에서 분명히 드러나고 있다. 이러한 보편적 인권을 중대하게 훼손하는 반인권적인 포괄적 차별금지 규범은 제정권을 가진 주체들이 민주적 결정 원리인 다수결을 통과하더라도 그 정당성이 부여될 수 없는 것이다.

국내에 제안된 차별금지법안들이 제정 절차에서도 충분한 토론을 통한 민주적 절차를 충실히 따라야 하는 것도 마땅하지만, 만일 다수가 지지한다고 하더라도 그 제정이 정당화될 수 있는 법률이 결코 아니다. 포괄적 차별금지법은 동성애 반대 가치관을 가진 국민들, 젠더정체성 반대 가치관을 가진 국민의 보편적 인권인 신앙, 양심, 학문, 언론의 자유의 본질을 침해하는 것이 너무도 명백하다.

따라서 설사 압도적 다수 국민의 지지를 얻는다고 하더라도 이는 정당성을 가질 수 없는 반인권적인 규범이다. 따라서 욕야카르타 원칙을 구현하는 차별금지법안 공론화 과정에서 포괄적 차별금지법의 보편적 인권침해 독재성을 철저히 검증하여 그 독재성이 증거들에 의하여 분명하게 밝혀져서, 국민 다수가 반대하게 하는 것이 마땅하고, 또한 국민의 다수 견해로도 박탈할 수 없는 보편적 인권 박탈성을 가지고 있음을 밝혀내어 반인권적인 포괄적 차별금지법 제정 절차를 즉각 중단하는 것이 마땅하다.

결론

국내에서 제안된 포괄적 차별금지법안은 정의당 안이든 국가인권위 안이든 모두 욕야카르타 원칙을 충실히 반영하고 있음을 살펴보았다. 이 욕야카르타 원칙은 세계인권선언을 흉내 내었으나 보편적 인권이 아닌 것을 추가하고 인권에 대한 합당한 제한도 삭제하며 국가의 강제력을 동원하여 동성애와 성전환을 반대할 보편적 인권인 신앙, 양심, 학문, 표현의 자유를 박탈하는 내용을 가지는 반인권적인 거짓 원칙임을 살펴보았다. 이 욕야카르타 원칙의 거짓 원칙, 자유 침해적 독재적 전체주의의 폐해는 그동안 잘 알려지지 않았다. 모든 국민들이 차별금지법의 내용을 이루는 욕야카르타 원칙의 자유침해적 독재성과 부당성을 정확하게 인식하도록 알려준 다음 찬반 여부를 결정하도록 해야 한다.

동성 성행위 및 성전환 행위는 특정한 사람을 지칭하지 않고도 얼마든지 사람들이 각자가 가지는 가치관을 가지고 찬성 또는 반대를 할 수 있는 사유들이다. 이에 대해 조금이라도 부정적인 의사나 우열의 평가를 하는 의사가 표현된 경우 다른 견해를 가진 사람들이 정신적 고통을 경험했다면 소위 욕야카르타 원칙을 구현하는 차별금지법상의 금지되는 차별로 적용할 수 있게 되는 것이다.

이렇게 되면 사람들은 자신들의 대화 과정에서 특정한 개인과 집단을 지칭하지도 않은 채 동성애와 성전환에 대하여 자신의 정당한 생각과 견해를 표현한 것이 누군가에게 조금이라도 불편함이나 고통을 주었다면 차별행위로 평가될 수 있다는 것을 고려해야만 한다. 이렇게 되면 그야말로 숨막힐 정도의 신앙, 양심, 학문, 표현의 자유가 억압되리라는 것이 너무도 분명하다.

특히 위험하고 폐해를 초래하는 대상에 대하여 정당한 비판과 반대를 못하게 됨에 따라 동성애와 성전환 행위에 대하여 선과 악, 옳음과 틀림, 유익과 폐해를 구별하기 어렵게 된다. 동성애와 성전환에 대한 일체의 비판과 반대가 금지되는 절대적 가치관을 규범으로 강요당하고 차별금지 사유를 지지·승인하는 사람들만 자유를 누리는 전체주의적 독재가 초래될 것이 명확하다.

자유로운 표현이 보장되어야 할 다양한 가치관 표현행위에 대하여 차별금지 사유들로 삼은 성적지향 및 젠더정체성에 대한 반대와 비판을 차별로 보아 금지하고, 무거운 민사, 행정, 형사 등 강제적 제재를 부과할 수 있게 하였기 때문에 이 법이 제정될 경우 초래할 분쟁 유발 효과는 우리의 예상과 상상을 훨씬 초월할 것이다.

특히, 사람은 각자의 신앙, 양심, 이성 등에 의하여 다양한 가치관을 가지기 마련이다. 사람과 집단이 아닌 한 동성 성행위나 젠더 선택 행위라는 인간 행동뿐만 아니라 차별금지사유에 포함되는 종교, 사상 등 다양한 대상들에 대하여 찬성과 반대의 의견을 자유롭게 표현하는 것을 보장하는 것이 자유민주사회의 기초이다. 동성애와 젠더정체성에 대한 비판과 반대를 법률로 금지하기 때문에 동일한 논리를 적용하면 그 밖의 차별금지 사유들에 대하여도 다양한 가치관을 가진 구성원들 사이에 포괄적 차별금지법 위반 여부를 따지는 분쟁들은 급증할 수밖에 없다.

이러한 분쟁들이 과연 차별을 금지시킬 것인가? 결코 아니다. 오히려 동성애와 성전환에 대한 반대 의견을 가진 모든 사람들을 그 반대의견을 표현만 해도 포괄적 차별금지 규범 위반자로 만들기 때문에 반대 의견을 표현하는 사람들에 대하여는 광범위하고도 심각한 차별, 소위 역차별이 발생할 것이다. 차별금지법이 아니라 차별유발법이 될 것이다.

우리 국가 사회가 문화적, 문명적으로 발전하기 위해서라면 늘어나는 분쟁도 감수할 가치가 있겠으나, 문명이 고도로 발달된 자유민주사회에서 평등과 차별금지의 이름으로 다른 가치관을 가진 사람들의 신앙, 양심, 학문, 표현의 자유를 말살하는 전체주의적 독재를 초래하는 욕야카르타 원칙을 구현하는 포괄적 차별금지법을 제정 시행하게 된다면 대한민국 내의 문명을 중대하게 퇴행시킬 것이 명백하다. 왜냐하면 동성애,

성전환 등은 반대, 비판해서는 안 된다는 단 하나의 가치관만을 법으로 강요하는 전체주의적 야만사회가 될 것이 명확하기 때문이다.

이것은 자유민주사회의 진보와 보수의 문제가 결코 아니다. 진보이든 보수이든 다양한 가치관을 자유롭게 가질 수 있는 기본적인 자유의 수호 문제이다. 따라서 정치적으로 보수적인 견해를 가졌든 진보적인 견해를 가졌든 불문하고 양심, 신앙, 학문, 표현의 자유를 지키려는 모든 사람은 이 자유를 박탈하는 거짓 원칙 욕야카르타 원칙을 구현하는 포괄적 차별 금지법의 위험성과 사례들을 직시하고 그 제정에 반대해야 마땅하다. 특히 성적지향 및 젠더정체성을 반대하는 가치관을 가진 사람들의 보편적 인권인 신앙, 양심, 학문, 언론의 자유를 박탈하는 반헌법적인 법률이므로 만일 국민 다수가 지지하더라도 제정해서는 안 되는 반인권적인 악법이다.

동성애 등에 대한 찬반 역시 진보와 보수의 문제가 결코 아니다. 선량한 성 윤리와 도덕의 문제이다. 따라서 진보이든 보수이든 선량한 성 윤리의 관점에서 동성애를 반대할 자유를 박탈하는 거짓 원칙 욕야카르타 원칙과 이를 구현하는 차별금지법에 저항해야 마땅하다. 동성애 등에 대한 반대와 비판이 사라진 사회와 국가에 초래될 수밖에 없는 재앙과 같은 폐해는 우리의 미래를 암울하게 할 것이다. 우리 국가 사회의 건강과 생명과도 직결된 문제이다. 그 동성 성행위와 성전환 행위 등이 편만한 사회의 폐해로부터 우리 국가 사회를 구하기 위해서도 포괄적 차별금지법은 결코 제정되어서는 안 될 것이다.

▌조영길 변호사

서울대학교 법학과를 졸업하고 서울지방법원 판사로 재직했다. 복음법률가회 실행위원장과 진평원(진정한 평등을 바라며 나쁜 차별금지법을 반대하는 전국연합) 집행위원, 한동협(한국교회 동성애 대책 협의회) 총괄전문위원장을 역임했다. 현재는 선한열매교회 장로로, 일터성경학교(WSBS) 학교장으로 섬기고 있으며 법무법인 아이엔에스 대표로 일하고 있다. 저서로는《국가인권위원회법상 차별금지 사유 '성적 지향' 삭제 개정의 정당성》(2016),《차별금지법과 동성애 독재》(2019),《동성애 차별금지법에 대한 교회의 복음적 대응》(2020) 등이 있다.

격차의 시대,
하나님의 공의와 정의, 그리고 복음통일

조요셉 목사

물댄동산교회 담임

머리말

최근 우리나라에 '격차_{불평등} 시대', '공의와 정의'란 단어가 회자되고 있다. 이는 우리 사회가 경제적 격차, 사회적 격차, 기술적 격차 등 사회 각 분야에서의 불평등, 양극화가 심화되고 있다는 것을 뜻한다.* 그래서 윤석열 대통령도 취임사에서 "우리나라는 지나친 양극화와 사회갈등이 민주주의를 위협할 뿐 아니라 사회발전의 발목을 잡고 있습니다. 저는 이 문제를 도약과 빠른 성장을 이룩하지 않고는 해결하기 어렵다고 생각합니다"라고 하였다. 윤 대통령이 이렇게 말한 것은 서구사회의 발전과정

---

* 자세한 것은 이경석, "격차의 시대, 격차를 말한다", (재)기독교선교횃불재단, 《격차의 시대, 格이 있는 교회와 목회》, pp. 98-114 참조.

을 압축 성장한 우리 사회 곳곳에서 양극화로 인해 국민통합을 저해할 뿐 아니라 선진사회의 진입을 어렵게 하고 있어 하는 말이다. 우리 사회의 이러한 사회적 불평등 문제에 대해 김상욱 교수는 "경제학자나 사회학자들만의 연구 대상이 아니라, 사회 구성원 모두가 힘을 모아 해결할 문제"라고 하였다.[*]

한편 하나님의 공의의 사전적 의미는 "선과 악을 정확하게 분별하는 하나님의 거룩한 성품 가운데 하나", "하나님의 백성이 마땅히 수행해야 할 선善과 사랑"으로 정의된다.[**] 성경에서의 공의는 주로 사회적 약자인 과부와 고아, 나그네를 멸시하지 말고 도와주라는 의미로 많이 사용되고 있다사 1:17; 렘 22:16. 라은성 교수는 "공의righteousness는 하나님께서 우리를 옳다고 평하는 것이고, 정의justice는 사람이 옳다고 평하는 것"이라고 정의하였다.[***] 사람들이 생각하는 사회적 정의는 시대와 장소, 그리고 사람에 따라 다를 수 있으나, 하나님의 공의는 사회적 약자를 보호하여 사회적 차별을 줄이라는 변하지 않는 일관된 진리의 말씀이다.

우리 사회 각 분야에 많은 격차가 있으나 거시적 시각에서 보면 가장 큰 격차는 아마도 한민족인 남북한의 격차일 것이다. 남북한 격차를 가장 잘 실감하려면 이곳에 와 있는 탈북민들을 만나보면 된다. 필자는 경찰대학에 재직할 때인 1995년 10월 탈북민 두 사람을 만난 것이 북한 사역을 하게 된 계기가 되었고, 하나님의 강권적인 역사로 54세라는 늦

<hr />

[*] 김상욱, "다음이 온다-격차의 시대, 물리학자가 바라보는 불평등", 〈한국강사신문〉, 2022. 3. 31.
[**] 네이버 사전 참고.
[***] 라은성 교수, "(시론) 종교개혁의 10월에 되새기는 공의와 정의" 〈기독신문〉. 2019.10.7.

은 나이에 신대원에 입학하였다. 신대원 2학년 때 어쩔 수 없는 상황에 떠밀려 2007년 남북한 청년들이 통일을 꿈꾸는 물댄동산교회를 개척하여 섬기고 있다. 통일의 과정이 영토의 통일 → 제도의 통일 → 사람의 통일로 이루어진다면 우리 교회는 통일의 마지막 단계인 사람의 통일이 이루어지는 장소이다. 여기서는 필자의 30년 가까운 탈북민 사역의 경험을 토대로 남북한 격차의 원인과 결과를 살펴보고, 나아가 하나님의 공의의 관점에서 복음통일의 마중물인 탈북민 복음화 방법을 살펴보고자 한다.

고난의 역사 가운데 찾아오신 하나님

1. 한 많은 고난의 역사

우리 민족처럼 한 많은 민족도 없을 것이다. 고 함석헌 선생님은 자신의 책 《뜻으로 본 한국 역사》에서 우리나라 역사를 이스라엘 역사와 참으로 비슷하다고 했다. 우리 민족은 5천 년의 역사에 1,000번의 외침을 당했다. 5년에 한 번 외침을 당한 셈이다. 전쟁은 나라 밖에 나가서 싸워야 하는데, 우리나라는 고구려 시대 이후 주로 외국군대가 우리 영토 안에 들어와 싸우는 방어전이 주를 이루었다. 그래서 안시성 양만춘 장군이 그립고 고구려 역사가 자랑스러운 것이다.

고려 시대에도 중국의 외침이 끊이질 않았다. 원나라 침략 50년 동안 왕과 귀족들은 강화도에 가서 잘 먹고 잘살았지만, 200만의 양민이 죽고, 강간당했으며, 수많은 여성이 중국으로 끌려가 '고려풍'이라는 말이 생기기도 했다.

조선 시대에도 세종대왕을 제외하면 제대로 된 왕이 없었다. 양반, 귀족들은 늘 사색당파四色黨派로 갈라져 싸웠고, 이로 인하여 백성들은 정말 살기가 힘들었다. 선조 25년인 1592년부터 일본은 20만 대군을 이끌고 조선으로 쳐들어와 6년 동안 조선을 초토화시켰다. 선조는 자기 살겠다고 의주로 도망가고, 나중에 명나라로 가겠다 하였으나 거절당했다. 잘 싸우고 있는 이순신 장군을 시기해서 감옥에 집어넣었고, 나중에는 어쩔 수 없어서 풀어 주어 다시 싸우게 했다. 풍전등화 같은 상황에서 이순신 장군은 12척의 배로 왜군 군함 133척을 물리치고 나라를 구했다.

또 병자호란 때 청나라에 포로로 끌려간 인원은 약 60만 명 정도인데, 이 중 50만 명이 여성이었다. 청나라에 끌려갔던 여인들이 다시 조선으로 돌아왔을 때 그들을 '고향으로 돌아온 여인'이라는 뜻의 환향녀還鄕女라고 불렀는데, 몸을 버렸다는 이유로 집에도 못 들어가고 이혼을 요구받는 경우가 많았다. 이렇게 사회 문제가 되자 인조는 청나라에서 돌아오는 여성들에게 "연신내에 가서 목욕을 하고 서울로 들어오면 그 죄를 묻지 않겠다"라고 선언하여 많은 사람을 구하여 준 의미로 동네 이름이 '홍제원(홍제동)'이 되었다. 못난 왕들과 귀족들 때문에 힘없는 백성들이 수난을 당하고 살았다. 그래도 정신을 못 차리다가 임진왜란 이후 300년 뒤에 우리는 일본 식민지가 되고 우리말도 못 하고 우리 이름도 못 쓰는 온갖 수모를 다 겪었다.

---

* 함석헌, 《뜻으로 본 한국 역사》(서울: 한길사, 2003) 참고.

2. 우리 역사 가운데 찾아오신 하나님

구한말, 소망이 없는 우리 민족을 찾아와 눈물을 닦아주신 분이 바로 하나님이시다. 우리나라는 옛날부터 약자들에 대한 배려가 없었고, 백성들은 늘 수탈의 대상이었다. 지금 말로 하면 늘 격차의 시대, 즉 불평등의 사회에 살아왔지만, 그것을 운명으로 받아들이고 살았다. 구한말 기독교가 들어오고 난 이후 사회적 약자인 종들과 여성 그리고 아이들에 대해 배려하는 '하나님의 공의'가 이 땅에 뿌리를 내리게 되었다.

기독교가 들어와 처음 한 일은 가난해서 배우지 못한 사람들을 위해 학교를 세우고, 병든 사람들을 위해 병원을 세운 것이다. 이로 인해 사농공상土農工商의 전통적 사고가 무너지고, 하나님의 사랑으로 모든 사람을 평등하게 대하게 되었다. 그래서 아펜젤러의 하인의 딸 박에스더원명 김정동가 미국에 유학 가서 한국 최초의 여의사가 되었고, 백정 박성춘의 아들 박서양은 제중원 의학교후 세브란스 의학교를 졸업하고 최초의 의사가 되었다. 그뿐 아니라 김제 갑부 조덕삼은 자기 머슴을 공부시켜 목사가 되게 하였다. 이러한 일들은 조선조 500년을 지탱한 유교 사회에서는 일어날 수 없는 일들이다. 하나님께서 고난받고 아무런 소망이 없는 이 땅에 찾아와 우리의 눈물을 닦아 주셨고, 사회적 약자들이 인간다운 삶을 살게 하셨다.

또한 일제 강점기 민족해방 운동을 한 사람 중 다수가 기독교인이다. 김구, 이승만, 안창호, 이상재 등 많은 분이 독립운동을 하였다. 교회는 늘 조국광복을 위해 기도하였고, 독립운동에도 적극적으로 참여하였다. 1919년 3.1 독립운동을 주도한 사람들도 대부분 기독교인이다.

일제 강점기 시절 우리에게 해방은 꿈도 꿀 수 없는 일이었다. 나라가 없고, 군대도 없는데 일본과 싸워 이길 수 있다고 생각하는 것은 불가능한 일이었다. 그러나 하나님은 일제 35년의 식민지를 끊고 8.15 해방을 가져다주셨다. 불가능을 가능케 하신 하나님의 은혜이다.

남북한 격차의 원인과 증거

우리는 1945년 8월 15일 하나님의 은혜로 해방되었으나 곧 남북으로 나누어져 1948년 8월 15일 대한민국 정부를 수립하게 되고, 이어 9월 9일 북한 정권도 수립되었다.

1. 기도로 세워진 대한민국

우리나라가 자유민주주의 국가의 틀을 잡은 데는 초대 대통령 이승만의 공이 컸다.[*] 대한민국은 기도로 세워진 나라이다. 1948년 5월 31일 제헌국회 제1차 회의록 기록을 보면 임시의장 이승만 박사가 "우리가 해방되고 대한민국이 세워지게 된 것은 하나님의 은혜"라며 전 국회의원들에게 먼저 하나님께 기도하자고 제의하고, 이윤영 의원목사이 기도했다고 기록되어 있다. 당시 기독교인은 전체 인구의 1% 안팎에 불과했지만, 건국의 주역이 대부분 기독교인이었기에 가능한 일이었다.[**]

그러나 건국 이후 우리는 2년 만에 민족상잔의 6.25 전쟁으로 낙동강 방어선을 제외한 남한 전체를 북한군이 점령하였다. 전쟁 중에도 모든

---

[*] 이정훈, 《성경적 세계관》(부산: PLI, 2022), p. 221.

[**] "1948. 05. 31 대한민국 국회는 기도로 시작했다", 〈국민일보〉, 2016. 7. 15.

교회가 전쟁에서 이기도록 기도했는데, 놀라운 일이 일어났다. 16개국 UN군 195만 명이 참전하였고, 특히 맥아더 장군의 인천상륙작전으로 전세가 역전되어, 1953년 휴전협정으로 해방 당시와 비슷한 영토로 남북한이 분할되어 지금에 이르게 되었다.

전쟁 이후 북한도, 남한도 아무것도 없이 황폐하였다. 1970년대 초반까지는 북한이 남한보다 잘 살았다. 그래서 많은 사람이 돈 벌기 위해 독일의 광부로, 간호사로 나갔다. 그것을 영화로 만든 것이 바로 영화 〈국제시장〉이다. 우리의 젊은이들은 월남전에 참전한 대가로 달러를 받아왔고, 그리고 온 나라가 박정희 대통령 중심으로 새마을 운동을 하여 우리도 하면 된다는 정신을 깨우쳐 주었다. 당시에 삼성의 이병철 회장, 현대건설의 정주영 회장, 포항제철의 박태준 회장 등 경제계의 영웅이 있었기에 오늘의 대한민국이 있게 된 것이다. 하지만 그 배후에는 한국교회의 기도로 인한 하나님의 역사가 있었다.

2. 기독교를 탄압한 북한

1945년 해방과 더불어 북한에 진주한 소련군은 1946년 7월 모스크바에서 북한의 지도자로 김일성을 내세워 본격적인 정권 수립에 착수했다. 1947년 2월 국회에 해당하는 북조선인민위원회를 조직하고 위원장에 김일성을 선출하고, 1948년 9월 9일 김일성을 수반으로 하는 내각을 구성함으로써 '조선민주주의인민공화국북한'이 출범하게 되었다.

김일성은 기독교 집안에 태어났지만, 하나님을 믿지 않고 주체사상을 만들어 기독교를 탄압하고 박해하였다. 해방 당시 3,300개였던 교회를 허물고 곳곳에 자기 동상을 세워 우상화하였다. 북한은 김일성, 김정일,

김정은 3대 세습을 하면서 신앙의 자유, 언론의 자유, 주거 이전의 자유도 없는, 세계에서 가장 반기독교적인 나라가 되었다. 하나님 믿는 사람들을 정치범 수용소에 가두거나 처형하는 대표적인 기독교 박해 국가이다.[*] 그뿐만 아니라 시시때때로 미사일로 같은 민족인 우리를 협박하고 있다.

3. 남북한 격차의 결과: 경제문화 대국의 남한과 빈곤의 미사일 대국 북한

1945년 분단되기 전 남북한은 모든 것이 동일하였지만, 70년이 지난 지금은 엄청난 차이를 보인다.[**] 1953년 1인당 GDP 67$이었던 대한민국이 2021년 34,870$로 선진국이 되었다. 우리나라는 지금 세계 7위의 무역 대국이다. 삼성·SK하이닉스·현대·LG·포스코·한국전력 등 세계적 기업이 있고, 동·하계 올림픽과 월드컵을 모두 개최한 스포츠 강국이며, 한류드라마에서 K-Pop, K-food, KOICA한국국제협력단까지 세계를 선도하는 문화강국, 기대수명 5위의 건강 대국, IQ 순위 1위의 교육 강국, 인터넷 및 SNS 보급률 1위의 정보통신기술ICT 강국, UN 사무총장, WHO 사무총장, 세계은행 총재를 배출한, 인재가 많은 나라가 되었다.[***]

인구 5천만밖에 안 되는 작은 나라가 분단 70년 만에 이렇게 부요한 경제 대국이 되고 세계문화의 중심에 서게 된 것은 전적으로 하나님의 은혜이다. 기도로 세운 남한은 곳곳에 교회가 없는 곳이 없고, 선교사 파

---

[*] 북한인권정보센터, 《2020 북한종교자유백서》(서울: 북한인권정보센터, 2020), pp. 212-214.

[**] 허태균, 《어쩌다 한국인》(서울: 중앙일보S, 2022), pp. 9-11.

[***] 황성주, 《문명사의 대변혁이 일어나고 있다》(서울: 발견, 2021), pp. 58-59.

송 세계 2위인 선교 대국이다. 또 한국 사람이 가는 곳곳마다 교회를 세워 디아스포라 교회가 없는 곳이 없고, 디아스포라 교회마다 북한선교를 하고 있다.

한편 북한은 김일성, 김정일, 김정은 3대 독재로 말미암아 절대빈곤에서 벗어나지 못하고 있다. 그러면서도 김일성 왕족을 유지하기 위해 많은 돈을 들여 미사일을 쏘고 있다. 고난의 행군 때 200~300만 명이 굶어 죽었고, 약 30만 명이 탈북하여 중국 등 제3국에 살고 있으며, 34,000명 탈북민이 살기 어려워 한국에 입국했다. 같은 민족이지만 기도로 세워진 남한과 기독교를 박해한 북한의 격차는 실로 엄청난 결과를 낳은 것이다.

탈북민 복음화는 복음통일의 초석

1. 탈북민, 복음통일의 리트머스 시험지

북한은 독재체제를 유지하기 위해 개방하지 않고 폐쇄정책을 고집하고 있어 북한 내지에 들어가 복음을 전할 수 없다. 하나님이 이러한 우리의 사정을 아시고 3만이 넘는 탈북민들을 보내 주신 것이다. 탈북민의 복음화에 성공하면 통일되었을 때 북한 동포들에게 복음 전하기도 쉽다. 그래서 탈북민은 북한선교의 마중물이자 복음통일*의 리트머스 시험지이다.

---

* '복음통일'이란 "분단의 문제를 우리 죄로 인식하고 그리스도의 용서와 화해의 복음으로 극복하는 것이며, 그 목적은 남북의 체제와 제도, 이념을 초월하여 한반도와 열방에 하나님의 나라를 세우는 것"으로, '통일선교'는 "남북을 포함하는 동시에 통일을 통해 온 인류를 섬기는 비전으로 연결되어 통일을 세계사적 사명으로 인식하게 하는 의미"를 포함한다. '북한선교'는 단지 "북한이란 지역에 복음을 전

탈북민들은 대부분은 중국이나 제3국에서 선교사들의 도움을 받아 복음을 듣고 입국하였다. 그래서 남한에 처음 왔을 때 70%가 교회에 출석하지만, 시간이 갈수록 35% 정도로 떨어진다.[*] 북한기독교총연합회 회장 김권능 목사는 실제 사역 현장에서 체감하는 복음화율은 10%도 채 되지 않으며, 교회에 정착해 헌신자가 되는 것은 낙타가 바늘구멍을 통과하기보다 더 어려운 일이라고 토로한다.[**] 탈북민의 교회 출석률과 복음화율이 떨어진다는 것을 복음통일을 준비하는 한국교회는 심각하게 받아들여야 한다. 왜냐하면 이곳에 와 있는 3만 명이 조금 넘는 탈북민들을 복음화시키지 못하면서 북한에 있는 2천만이 넘는 북한 동포를 복음화시킨다는 것은 자가당착이기 때문이다.[***] 그래서 탈북민 복음화는 복음통일에 중요한 의미를 갖는 것이다.

2. 탈북민 복음화가 어려운 이유

첫째, 상이한 인간관人間觀의 충돌

분단 이후 남한은 자유민주주의자본주의 체제에 부합하는 민주시민을, 북한은 김일성·김정일에게 맹목적으로 순종하는 충성동이주체형 인간를 만들어

한다는 의미"이다. 북한사역목회자협의회, 《통일을 넘어 열방으로》(서울: 아가페북스, 2020), p. 81

[*] 전우택 외, 《통일실험, 그 7년》(한울:2010), pp. 63-66; 〈국민일보〉, 2015. 2. 9.

[**] 〈투데이N〉, "한국교회와 탈북민교회의 하나됨이 북한선교의 문을 여는 마스터키"(http://todayn.net/64694. 2021.7 7).

[***] 조요셉, 《북한선교의 마중물 탈북자》(고양: 두날개, 2017), pp. 18-19; 북한사역목회자협의회, 《통일을 넘어 열방으로》(아가페북스, 2020), pp. 126-127.

왔다.* 남북한은 분단 이후 70년 넘게 교류 없이 적대적 관계를 유지해왔기 때문에 서로 이질화^{異質化}된 부분을 확인조차 할 수 없었다. 우리도 북한을 정확히 알 수 없었고, 탈북민들도 북한 정권의 왜곡된 교육으로 말미암아 남한을 정확히 알 수 없었다. 결국 탈북민 남한사회 정착이 어려운 가장 큰 이유는 상이한 세계관·인간관의 충돌 때문이라고 하겠다.

둘째, 북한 사회에 대한 무관심과 이해 부족

분단 초기에는 천만 이산가족도 있었고 통일에 대한 국민적 열망이 높았으나 시간이 갈수록 그 열기는 사라지고 무관심하여 분단이 자연스러운 현상이 되었다.** 이러한 현상은 교회 내에서도 별반 다르지 않다. 북한 사회에 대해 관심이 없는 상황에서 사고가 전혀 다른 탈북민을 만나니 서로가 소통이 안 되어 힘들다. 그러니 탈북민이 우리 사회와 교회에 잘 정착할 수 없는 것이다.

셋째, 교회 시스템에 대한 부정적 인식과 본이 되지 못한
남한 성도의 신앙생활

탈북민들은 한국교회의 시스템이 북한 체제와 너무 유사하여 놀란다. 김일성 대신 하나님을 숭배하는 것, 그리고 교회조직이 북한의 조직 생

---

* 조요셉, 위의 책, pp. 19-20.
** 서울대 통일평화연구원이 2021년 10월 5일 발표한 자료 따르면, 통일의 필요성에 대해 19~29세 이하 27.8%, 30대 40.9%, 40대 46.5%, 50대 46.9%, 60대 이상 56.4%로, 나이가 어릴수록 통일을 원하지 않는 것으로 나타났다. 〈헤럴드경제〉. 2021. 11. 4.

활과 너무 유사한 것에 거부감을 많이 느낀다.* 또 입국하기 전에 대부분 선교사를 통해 복음을 들었기 때문에 기독교인들에 대한 기대치가 높다. 그러나 이러한 기대치는 교회 출석하는 기간이 길어질수록 낮아지고, 결국 교회를 떠나게 된다. 그 이유는 하나님 사랑을 전한다는 교회와 성도들에게 실망하였기 때문이다.

8년 전에 기독교 통일학회 세미나에서 총신대 다니는 탈북신학생이 "남한 사람들이 우리보고 예수 믿으라고 하지 말고 남한 성도의 삶에서 예수의 모습을 보여 주면 믿겠다"라고 하였다. 탈북민의 눈에 비치는 남한 성도의 모습이 은혜롭지 못하다는 것을 지적한 것이다. 결국 언행일치가 안 되는 남한 성도의 믿음 생활이 탈북민들의 교회 정착에 걸림돌이 되는 것이다.

남북한 격차의 답, 복음통일

1. 하늘과 땅의 격차를 해소하신 분은 예수님이시다

에베소서 2장 3절 말씀처럼 우리는 원래 "육체의 욕심을 따라 지내며 육체와 마음이 원하는 것을 하여 다른 이들과 같이 본질상 진노의 자녀"였다. 이같은 우리를 구원하시기 위해 이사야 9장 6절 말씀처럼 성육신으로 이 땅에 오신 분이 바로 예수님이시다. 예수님이 우리 죄를 위해 십자가에 못 박혀 죽으시고 사흘 만에 부활하셔서 당신이 하나님 아들이심

---

* 조요셉, 앞의 책, p. 97.

을 증거하셨다. 그래서 우리는 내가 주인 된 죄를 회개하고 예수님을 주로 영접하면 구원받고 영생을 얻는다.

예수님께서 부활하신 다음 마리아를 보고 "나를 붙들지 말라 내가 아직 아버지께로 올라가지 아니하였노라 너는 내 형제들에게 가서 이르되 내가 내 아버지 곧 너희 아버지, 내 하나님 곧 너희 하나님께로 올라간다 하라"요 20:17라고 하셨다. 예수님의 부활로 인해 하늘 가는 문이 활짝 열린 것이다. 예수님이 부활의 첫 열매가 되셨기 때문에 예수님을 주로 믿는 우리도 부활의 소망을 갖게 되어, 이 세상에서 심령천국의 삶을 살 수 있게 되었다.

결국 예수님은 십자가에 죽으시고 부활하심으로 말미암아 하늘과 땅의 격차를 줄이신 것이다. 그리고 예수님의 이 땅에서의 삶은 늘 사회적 약자, 즉 귀신 들린 자, 병든 자, 창기, 사마리아인 등을 품는 삶을 사셨다. 즉 예수님께서는 '하나님의 공의'를 몸소 보여주셨다.

예수님을 주로 믿는 우리는 주님의 말씀을 삶으로 담아내어야 한다. 사도행전 1장 8절 말씀을 어떤 조건 없이 순종하는 삶을 살아야 한다. 우리는 보이는 현실을 보지 말고 그 뒤에 역사하는 하나님을 보고 살아야 한다. 430년 동안 애굽의 노예로 살던 이스라엘 백성이 출애굽한 것은 인간의 눈으로 볼 때 불가능한 일이다. 홍해가 갈라져 200만이 넘는 사람이 바다를 건너간 것도 불가능한 일이다. 이것은 하나님이 하셨기 때문에 가능한 일이다.

살아계신 하나님께서 우리 역사에 들어오셔서 놀라운 일들을 행하셨다. 이것을 경험한 우리는 북한을 바라볼 때 주님의 눈으로 바라보아야 할 것이다. 세상의 관점으로는 못사는 북한과 통일하면 함께 못살 것 같지만, 하나님의 눈으로 보면 북한은 축복의 땅이다. 우리가 만난 예수 그리스도를 북한에 전할 때 극한 상황에서 살아온 그들은 우리가 갈 수 없는 땅끝 오지까지 복음을 들고 갈 것이다. 그래서 북한선교는, 오대원 목사님 말씀처럼, 북한이 끝이 아니라 세계선교의 마지막 전략적 고지이다.

2. 탈북민 복음화의 구체적 방법

첫째, 북한 사회에 대한 이해가 있어야 한다.

남북한 분단 이후 필요에 따라 부분적으로 제한된 물적 교류는 있으나 민간 차원의 교류는 거의 없었다. 북한은 외부와 단절된 폐쇄체제이기 때문에 북한 안에서 어떠한 일이 일어나고 있는지, 또 북한 주민들이 어떻게 살아가고 있는지 알기 어렵다. 어떤 사람과 소통하려면 그 사람이 어떻게 살아왔는지를 알아야 한다. 통일과 북한 복음화를 위해 세워진 우리교회는 성도들에게 필자가 운영하는 '통일전략아카데미'를 수강하도록 한다. 국내 최고 북한 전문가들로 구성된 통일전략학교를 다닌 사람들은 탈북 성도들을 만나도 별다른 충격 없이 소통을 잘한다. 또 궁금한 것이 있으면 탈북민 성도에게 자연스럽게 물어보면 되고, 탈북 성도들 또한 남한 생활하다가 잘 모르는 것이 있으면 남한 성도에게 물어본다. 우리교회에서는 남북한 성도가 소통이 안 되어 문제가 되는 경우는 거의 없었다. 이와 같이 교회나 선교단체들이 운영하는 통일아카데미나 북한선교학교 등을 통해 북한을 이해하는 것이 필요하다.

둘째, 예수 안에서 우리는 한 가족이다.

예수 믿는 우리는 예수 안에서 한 형제이고 자매이며 하늘가족이다. 가족 안에는 차별이 없다. 하나님은 과부와 고아와 나그네를 선대하라고 하셨다신 10:18-19. 고향을 떠나온 탈북민들이 사회에서는 차별을 받는다고 할지라도 우리는 주님의 사랑으로 그들을 품어야 한다. 우리가 남한에 태어나고 싶어서 태어난 것이 아닌 만큼 탈북민들도 자기가 원해서 북한에 태어난 것이 아니다. 그러므로 우리와 다르다고 해서 차별하는 것은 하나님의 뜻이 아니다. 우리교회는 남북한 성도를 차별 없이 똑같이 인격적으로 대우한다. 단지 우리 고향이 부산, 목포, 대구, 서울, 평양, 회령, 청진 등으로 다를 뿐이다. 다음은 우리교회 탈북자매의 간증이다.

"이렇게 북한 사람이라는 타이틀은 저의 말문을 막았고, 조심스러워졌고, 추억까지도 지워버리게 되었던 시간이었습니다. 하지만 물댄동산교회 공동체를 만나고서야 하나님을 알았고, 지금 이 모든 역경과 고난이 하나님을 만나러 가는 소중한 축복의 통로였음을 알게 되었습니다. 이제야 당당히 말할 수 있게 되었습니다. '저는 북한 사람입니다. 그리고 하나님을 믿는 믿음으로 살아갑니다'라고 말해줄 수 있어 너무 행복합니다. 이렇게 저는 하나님의 사랑 속에 이제야 꿈이 생겼습니다. 나도 세상에 치어 살아가기 힘든 사람들에게 복음을 전하고, 우선 지금은 우리 가족과 친척에게 복음을 전하고, 그리고 그들이 또 다른 사람에게 복음을 전하는 사람들이 될 수 있겠다는 꿈이 생겼습니다."

셋째, 탈북 성도뿐 아니라 남한 성도도 바뀌어야 한다.

북한 사역을 하는 많은 목회자가 탈북민 사역을 하기가 어렵다고 한다. 심지어 북에서 와서 신학을 하고 교회를 담임하고 있는 탈북민 출신 목회자들도 탈북민 사역이 어렵다고 고백한다. 탈북민 출신 김권능 목사는 "가족의 배신, 사람으로부터 받은 상처, 생존을 위한 처참한 삶 등으로 '언젠가 버림받을 수 있다'라는 생각이 뿌리 깊이 박혀있고, 무엇보다 북한에서는 태어나면서부터 반종교 교육과 사상교육 때문에 탈북민 사역이 어렵다"라고 한다.[*] 정종기·마요한 목사도 "세뇌 교육으로 인한 조직 생활의 거부감과 거친 언행, 낮은 신앙 성숙도, 영적 권위의 결여, 목회자와 일반 성도 간의 괴리감' 등으로 탈북민 사역이 어렵다"라고 한다.[**]

우리와 전혀 다른 체제에서 살아온 탈북민에게 복음 전도하기 힘들고 양육하기 힘든 것이 사실이지만, 그렇다고 해서 하지 않을 수 없다. 왜냐하면 주님께서 "오직 성령이 너희에게 임하시면 너희가 권능을 받고 예루살렘과 온 유대와 사마리아와 땅끝까지 이르러 내 증인이 되리라^{행 1:8}"라고 하셨기 때문이다. 북한은 사마리아와 땅끝과 같은 곳이다. 주님의 지상명령이기 때문에 힘들다고 포기할 수 없다.

탈북민 사역은 북한 복음화와 직결되어 있고, 또 하나님께서 우리에게 감당할 수 없는 시험은 허락하시지 않기 때문에 힘이 들어도 해야 한다^{고전 10:13}. 이곳에 와 있는 3만여 명 탈북민들이 북한 주민을 대표할 수 없

---

[*] 〈투데이 N〉, "한국교회와 탈북민교회의 하나님 됨이 북한선교의 문을 여는 마스터 키"(https://todayn.net/64694. 2021 .7. 7.)

[**] 정종기·마요한, "탈북 목회자가 사역하는 교회의 역할", 선교통일한국협의회, 앞의 책, pp. 22-26.

으나, 북한에서 살다 왔기 때문에 그들이 가지고 있는 사고방식이나 행동양식은 북한 주민들과 유사하다고 할 수 있다. 이들의 복음화 과정은 통일되었을 때 북한 주민의 복음화 과정의 선행先行으로 볼 수 있으므로 탈북민의 복음화가 중요한 것이다. 문제는 한국교회가 이를 어떻게 극복하느냐 하는 것이다.

1995년부터 탈북민 사역을 해왔고 지금도 탈북민들과 함께 통일을 꿈꾸는 통일 목회를 하는 필자는 탈북민 사역의 어려움을 많이 경험하였다. 많은 목회자가 탈북민이 잘 변화되지 않는다고 하지만, 목회를 오래 한 한 목회자는 남한 성도들도 변하지 않는 것은 마찬가지라고 본다.* 홍정길 목사님은 40년 목회를 했으나 사람들이 변화되지 않는 것을 보고 자신이 실패했다고 고백하였다.** 우리의 관점에서 볼 때 탈북민이 잘 변화되지 않는다고 하지만, 하나님의 관점에서 보면 남한 성도나 탈북민 성도나 오십보백보일 것이다.

문제의 초점을 탈북민에게 둘 것이 아니라 남한 성도의 모습에서 찾아야 할 것이다. 앞에서 언급한 "우리보고 예수 믿으라고 하지 말고 남한 성도의 모습 속에서 예수의 모습을 보여 주면 예수 믿겠다"라고 한 탈북 신학생의 말속에 한국교회가 갈 길이 있다고 생각한다.*** 이 말은 한국교회 성도들이 믿음 따로 삶 따로 살고 있음을 보고 하는 말이라 생각된다.

탈북민들이 남한에 처음 왔을 때 교인들에 대한 기대감이 높았으나 실

---

* 화종부, "우리에게 응한 여호와의 해", 쥬빌리설교집발간위원회, 《통일을 설교하라》(포앤북스, 2013), p. 56.
** 홍정길 목사, "나의 목회는 실패", 〈뉴스앤조이〉. 2013. 3. 9.
*** 조요셉, "통일과정에서 있어 복음화된 탈북민의 역할", 기독교학술원, 《기독교 입장에서의 통일정책 방향》, p. 24.

제 교회에서 신앙생활 하면서 남한 성도들의 모습 속에서 정말 예수님의 모습이 보이지 않아서 실망해서 하는 말이다. 우리는 탈북민이 왜 변화되지 않는가에 초점을 두지 말고 내가 정말 예수님의 말씀을 삶으로 담아내고 있는가를 살펴보아야 할 것이다.

넷째, 삶이 변화되는 교육을 해야 한다

예수 믿는다는 것은 사도행전 16장 31절 "주 예수를 믿으라 그리하면 너와 네 집이 구원을 받으리라"는 말씀처럼, 내가 주인 되어 살아온 죄를 회개하고 예수님을 주님으로 모시고 사는 것을 의미한다. 목회를 하면서 왜 사람들이 변화되지 않는지 고민을 많이 하였다. 한국에서 제자 양육을 잘한다는 교회의 교재를 가지고 가르쳐 보았고, 필자가 속해 있던 선교단체에도 보내 봤지만, 기대만큼 변화가 없었다. 그러다가 부활 복음을 접하고 나서 우리교회에 놀라운 변화들이 생겨났다. 부활 복음은 사도행전 17장 30~31절 말씀처럼, 느낌이나 감정으로 예수 믿는 것이 아니고 모든 사람이 믿을 만한 증거인 예수님의 부활을 통해 예수님이 하나님의 아들이심을 믿는 데 초점을 두고 있다. 즉 자기가 주인된 것을 회개하고 예수님을 삶의 주인으로 모시고 그분과 연합하여 매 순간 그분의 통치를 받고 살아야 한다는 것이다. 즉, 말로만 예수 믿는다고 하지 말고 예수님의 말씀을 삶으로 보여주어야 한다는 말이다.[*] 부활 복음으로 양육받은 우리교회의 탈북자매님 간증 일부를 소개하면 다음과 같다.

---

[*] 김정일, 김권능, 《북한선교의 맥》(서울: 나침판, 2020), p. 145.

"이전에는 제가 제 인생의 주인인 줄 알고 내 뜻대로 안 되면 화가 나고, 남편하고도 정말 많이 싸웠었는데, 제가 주인이 아니라는 것을 깨닫고 나니 저에게 작은 변화가 일어났습니다. 이전에는 어떤 일로 화가 나면 그 일이 해결되어야만 마음이 풀렸었는데, 지금은 그 일이 해결이 안 되어도 주님께 맡기고 주일예배 드리고 나면 마음이 평안해졌습니다. 그래서 주일예배를 빼먹지 않고 나가게 되었는데, 화가 나는 일이 생겼어도 예배만 드리면 바로 가라앉더니 지금은 그 많던 화도 없어지게 되었습니다. 제가 이렇게 변하니 남편도 처음에는 교회에 호의적이지 않았다가 지금은 저에게 교회 체질이라면서 예전부터 다녔어야 한다고 ㅎㅎㅎ 응원해주고 있습니다. 부활하신 예수님은 살아계신 하나님이시고 나의 주인이십니다. 나의 옛사람은 십자가에서 죽고 부활하신 예수님과 함께 새로운 사람이 되었습니다. 성령 하나님의 인도하심 따라 연합하고 동행하며 복음의 도구로서 살기 원합니다"

다섯째, 인내하며 사랑으로 섬겨라.

어느 탈북민이 자기는 북한에 있을 때 '사랑'이라는 단어를 들어보지 못하고 탈북하여 중국에 갔을 때 선교사를 통하여 처음 들었다고 했다. 북한 주민들은 서로 사랑의 대상이 아니라 감시의 대상이기 때문에 서로 사랑하면 안 된다. 성경은 "네 이웃을 네 자신과 같이 사랑하라"막 12:31고 하기 때문에 북한에서 성경 반입을 막는 것이다.

사랑을 모르는 사람들에게 사랑을 가르치기는 쉽지 않다. 통제와 감시

받는 체제에 살면서 마음이 황폐해졌고, 또 남한으로 오는 과정에서 상처를 많이 받은 탈북민들을 주님의 사랑으로 품기는 쉽지 않지만 그렇다고 전혀 불가능한 것은 아니다. 이들을 품기 전에 이들이 어떠한 삶을 살아왔는가를 이해하고, 그들이 마음을 열기까지 인내하며 기다려야 한다. 인내하면서 탈북민 성도를 주님의 사랑으로 섬기면 마음 문을 연다.

우리교회의 배우 생활을 하던 한 탈북자매가 회사를 옮기는 과정에서 위약금을 물게 되자 여러 성도가 지정 헌금하여 위기를 잘 넘겼다. 우리 사모가 심적으로 어려운 상태에 있을 때, 탈북 성도가 무더위가 한창인 8월에 어린아이를 데리고 지하철과 버스를 몇 번씩 갈아타고 와서 대게를 주고 갔고, 또 다른 탈북자매는 과일과 위로금을 놓고 가서 사모가 감동 받아 울었다. 이렇게 우리교회에서는 주님의 사랑으로 서로 섬기기 때문에 소통의 어려움이 없다. 다음은 한 탈북형제의 간증이다.

> "나는 15년 전에 죽지 못해 겨우 한 줄기의 살아갈 소망을 품고 고향을 떠나게 되었는데 물댄동산교회로 불러주시고 예수님이 친히 나의 주, 나의 하나님이 되어 주셨다. 목사님의 귀한 섬김으로 주님을 제대로 알고 배우게 되었다. 예수님의 사랑과 용서가 내 삶의 목적이 되었고 하루의 목표가 되었다. 주님 안에서 꿈과 소망이 회복되고 그리스도의 장성한 분량까지 도달하도록 사랑과 용서를 멈추지 않는 것이 오늘의 일상 속에서 내가 걸어가야 할 길이다. (중략) 하나님께서 움직여 주시면 우리교회처럼 남북도 즉시 하나가 될 수 있다고 본다."

여섯째, 함께 배우고 함께 나누는 공동체로 나아가야 한다.

독일 신학자 데오 순더마이어Theo Sundermeier는 선교사역을 할 때 어느 한쪽이 일방적으로 도움을 주고 다른 한쪽이 도움을 받는 '타자를 위한 교회'가 아니라, 콘비벤츠Konvivenz란 이름을 빌려 서로 돕고, 서로 배우고, 서로 나누는 '배움의 공동체', '나눔의 공동체', '잔치의 공동체'의 교회를 강조하였다.* 우리교회는 남한 성도가 일방적으로 탈북 성도를 돕거나, 또 탈북 성도가 남한 성도에게 도와 달라는 요구를 하지 않는다. 서로가 작은 교회셀 모임를 통하여 기쁨과 아픔을 함께 나누며 서로 모르는 것을 배우고 함께 기도한다. 이렇게 공동체 안에 있으면 서로의 필요를 알게 될 때 조용히 돕는다. 도울 때도 선생의 입장에서가 아니라 종의 모습으로 겸손하게 섬긴다. 우리교회는 남북한 성도가 따로 없고 모두가 물댄동산교회 교인만 있다.

일곱째, 주체사상도 복음으로 해결된다.

북한 정권은 주체사상으로 북한 주민들이 다른 사상을 갖지 못하도록 한다. 말이 주체사상이지 김일성 3대 세습을 유지하기 위해 내세운 세뇌 교육에 지나지 않는다. 탈북민들에게 복음을 전하였는데 어려움이 닥칠 때 가끔 "내 인생의 주인은 나다"라고 하는 경우를 종종 보았다. 그러나 우리교회에서 부활 복음으로 양육하고 난 다음 그런 사람을 본 적이 없다. 도리어 이들은 북한에서 학습 받는 주체사상이 허구라는 것을 알고 복음을 그대로 받아들여 남한 성도들보다 더 신앙생활을 열심히 한다.

---

* 오성훈, 〈북한선교를 위한 인식적·실천적 차원의 콘비벤츠에 관한 대안적 연구〉 (2009년 서울신대 박사학위논문), pp. 36-38.

고린도후서 10장 4-5절의 "우리의 싸우는 무기는 육신에 속한 것이 아니요 오직 어떤 견고한 진도 무너뜨리는 하나님의 능력이라 모든 이론을 무너뜨리며, 하나님 아는 것을 대적하여 높아진 것을 다 무너뜨리고 모든 생각을 사로잡아 그리스도에게 복종하게 하니"라는 말씀처럼 복음은 절대 능력으로 이 세상에서 형성된 모든 가치관을 무너뜨리기 때문에 주체사상을 염려할 필요가 없다.

맺음말

세계에서 우리나라처럼 급성장한 나라가 없다. 지금 우리 사회 곳곳에 압축성장의 부작용, 즉 경제적·사회적·기술적 격차, 즉 불평등으로 인해 나라 전체가 많은 어려움을 겪고 있지만, 지금까지 하나님의 은혜로 많은 어려움을 극복해낸 우리는 이러한 어려움도 이겨낼 것이다.

예수를 주로 믿는 우리는 국내 문제에만 초점을 둘 것이 아니라 눈을 들어 민족통일에 관심을 두어야 한다. 많은 인본주의 통일 전문가들은 눈에 보이는 여러 가지 자료를 통해 통일은 20~30년 뒤에나 가능하다고 한다. 그러나 우리는 불가능을 가능케 하신 하나님의 눈으로 통일을 보아야 한다.

아브라함의 하나님, 이삭의 하나님, 야곱의 하나님은 지금도 살아 계시다. 그 하나님이 우리에게 해방을 주셨고, 6.25 전쟁에서도 구해주셨고, 전쟁의 폐허 속에서 오늘과 같은 잘사는 나라가 되게 하셨다. 우리가 이같이 잘살게 된 것은 못사는 북한과 나누라고 그렇게 하신 것이다. 이것이 한반도에 하나님의 공의를 실현하는 길이다.

하늘과 땅의 격차를 해소하신 공의로우신 예수님께서는 흑암 속에서 신음하는 북한 동포들을 구원하실 줄을 믿는다. 통일은 하나님의 때에 도적같이 올 수 있다. 우리는 이때를 준비해야 한다.

70년 분단의 격차의 골을 메울 사람은 바로 남한 교회와 성도들, 그리고 해외에 있는 디아스포라들이다. 예수님이 하늘과 땅의 격차를 줄이기 위해 십자가를 지신 것처럼 우리 믿는 사람들이 분단 시대의 십자가를 지고 남한과 북한의 깊은 골짜기를 메워 나가면 우리 민족에게 놀라운 축복이 임할 것이다. 그때를 위해 우리는 복음의 절대 능력을 믿고 이곳에 와 있는 탈북민 복음화에 관심을 갖고 그들을 잘 섬겨 함께 남북이 하나 되는 공의로운 NEW KOREA를 향하여 매진해야 할 것이다. 이것은 분단 시대에 살아가는 조국교회와 남한 성도 그리고 해외 디아스포라들의 사명이다. 할렐루야!

▌조요셉 목사

고려대학을 졸업하고 한국학대학원에서 석박사를 취득한 후 인천대 겸임교수, 숭실대 숭실통일아카데미 원장을 역임하였다. 경찰대학 연구부장 재직 시 늦은 나이에 햇불트리니티신학대학원(M.Div)에 입학해 공부했으며, 재학중인 2007년, 통일을 꿈꾸는 물댄동산교회를 개척하여 섬기고 있다. 저서로 《북한 한 걸음 다가서기》, 《북한 선교의 마중물 탈북자》 외 다수가 있다.

격차의 시대,
정이 있는 목회

이건영 목사
인천제2교회 원로

우리를 향한 예수님의 뜻을 "사랑"이라 쓰고, "정"이라 읽어도 좋습니다.

저는 제가 시무하였던 인천제2교회에서 태어났습니다. 그 교회에서 유아세례를 받은 후 교인으로 약 27년 동안 있었습니다. 그리고 거부할 수 없는 목회자로서의 소명과 사명을 받았습니다. 그래서 신학교를 입학하여 졸업한 후 서울에서 몇 년 동안 부교역자의 생활을 하였습니다. 그 후 본 교회인 인천제2교회 부목사로 부임하였습니다.

그리고 하나님의 작정하심과 성도님들의 아름다운 동행으로 담임목사로 부임하게 되었습니다. 부목사로 약 6년, 담임목사로 약 29년, 도합 약 35년을 목사로 사역하였습니다. 그 후 2021년 12월에 원로 목사로 추대를 받았습니다. 제가 태어난 교회에서 교인으로 27년, 목사로 35년을 목회할 수 있었던 원인은 오직 하나님의 크신 은혜 때문입니다. 저의 저 된 것은 오직 하나님의 은혜입니다.

그런데 저는 전적인 하나님의 그 은혜를, 하나님의 저를 향한 "일방적인 정"이라 말씀드리고 싶습니다. 그 이유는, 예수님께서 제자들을 사랑하시되 끝까지 사랑하셨듯이, 부족한 저를 위하여도 그렇게 끝까지 사랑과 정을 주셨기 때문입니다.

> 유월절 전에 예수께서 자기가 세상을 떠나 아버지께로 돌아가실 때가 이른 줄 아시고 세상에 있는 자기 사람들을 사랑하시되 끝까지 사랑하시니라 요 13:1

즉 제자들 뿐 아니라 제가 아직도 자격이 없음에도, 훈련을 제대로 받지 아니했음에도, 성숙한 면이 보이지 않았음에도, 심지어 자신을 배반할 것을 아셨음에도 불구하고, 끝까지 사랑하시며 정으로 덮어 주셨습니다. 그런데 그 사랑은 뜨거운 감정이지만, 정은 신뢰에 바탕을 둔 것입니다. 즉 예수님의 우리를 향한 뜨거운 사랑은, 십자가 앞에서 정으로 승화되었습니다.

그 까닭은 자신이 선택한 제자들을 향한 신뢰 때문입니다. 즉 예수님은 자신의 부활과 승천 후 때가 차면, 제자들이 성령님께 충만히 감동 받아 자신보다 더 넓은 지역, 더 많은 사람에게 복음을 전할 것이라는 신뢰가 있었기 때문입니다. 그러므로 제자들과 우리 목회자들을 향한 예수님의 뜻을 "사랑"이라 쓰고, "정"이라 읽어도 좋습니다. 그것도 오래 묵은 정입니다.

마찬가지로, 지금 이 시대에 필요한 목회와 교회는 정이 있는 목회, 또는 정이 있는 교회가 되어야 합니다. 지금 한국교회와 목회는 생존경쟁을 넘어 생존 전쟁을 치르고 있습니다. 그 이유는 끝을 알 수 없는 코로나의 각종 악영향이 낮고 검은 구름처럼 목회 현장에 드리워져 있기 때문입니다. 처음에는 주일오전예배조차 드리지 못함이 죄스러웠으나, 지금은 큰 죄의식 없이 도리어 그런 신앙생활을 즐기는 교인들이 많아졌기 때문입니다.

특히, 코로나를 거치면서 언론을 통한 개신교회를 향한 부정적인 보도로 인해 한국교회의 신뢰도는 더 떨어지고 말았습니다. 코로나19 발생 직전인, 2020년 1월에 기윤실이 조사한 한국교회 신뢰도는 32%이었습니다. 그러나 1년 후인 2021년 1월 동일한 문항으로 조사한 한국교회 신뢰도는 21%였습니다. 1년간 무려 11%나 하락하였습니다.

그런데 2022년 4월에 국민일보가 같은 문항으로 조사를 하였는데, 한국교회 신뢰도는 18.1%이었습니다. 물론 이런 추락 현상은 한 가지 원인 때문은 아닙니다. 이단 사이비 단체의 단체 감염 외 여러 가지 원인이 있는데, 그 중 가장 큰 원인은 예수님께서 우리에게 세상에서 뱀처럼 지혜롭고 비둘기처럼 순결하라고 하셨는데 우리가 그렇지 못했기 때문입니다. 도리어 뱀처럼 욕심이 많은 것처럼 보여 기피하고 싶은 대상이 되었고, 비둘기처럼 순수한 듯하나 실은 우둔하며 영리하지 못했습니다.

그 결과 우리는 마치 자기의에 빠져 타협이 없는 사람들처럼 보였습니다. 물론 우리는 그런 자신의 태도에 대하여 성경 말씀을 지키기 위한 투쟁이었음을 강변하지만 말입니다. 그래서 우리도 본의 아니게 적지 않은 피해의식을 갖게 되었습니다. 그로 인해 목회자들도 사랑과 정이 있는 목회, 그리고 이해와 화목의 목회보다는 경계와 자기방어, 그 결과 대적의 언행이 더 분명해진 것을 부인할 수 없습니다.

정이 있는 목회는, 일보다 관계를 더 소중히 여기며 늦더라도 같이 가는 것입니다.

그러나 예수님은 이런 비상 시기에는 정신을 차리고 더욱 사랑과 정을 나누며 하나 됨을 추구하는 목회를 해야 할 것을 공생애 때부터 기도하셨습니다.

> 아버지여, 아버지께서 내 안에, 내가 아버지 안에 있는 것 같이 그들도 다 하나가 되어 우리 안에 있게 하사 세상으로 아버지께서 나를 보내신 것을 믿게 하옵소서 내게 주신 영광을 내가 그들에게 주었사오니 이는 우리가 하나가 된 것 같이 그들도 하나가 되게 하려 함이니이다 요 17:21-22

성경에 나오는 예수님의 기도 중 요한복음 17장의 기도가 제일 길고 간절합니다. 17장 전체가 예수님의 기도 내용입니다. 그중 반지의 보석 같은 부분이 바로 21-22절입니다. 제자인 우리는 힘든 시기일수록 일보다 관계를 더 소중히 여기며 늦더라도 서로 같이 가라는 것입니다. 분명코 예수님은 부활, 승천하신 후 지금도 하나님 보좌 우편에서 우리들의 관계와 하나 됨을 위해 중보기도해 주시고 계실 것입니다.

물론 세상은 반대로 관계보다는 일이 우선이고, 늦더라도 같이 가는 것이 아니라 수단 방법을 가리지 말고 내가 먼저 앞서가야 생존 전쟁에서 승리할 수 있음을 강조하고 있습니다. 그러나 세상 조직체와 교회 공동체는 분명한 차이가 있습니다. 그 이유는, 교회와 목회는 삼위일체 하나님을 섬기는 곳이기에 교회 혹은 성도들 간에 삼위각체가 되는 언행을 피해야 할 것을 예수님이 기도하시며 강조하셨기 때문입니다.

그런데 하나 됨은 구호 혹은 다짐으로 이루어지는 것은 아닙니다. 우리들의 관계가 하나 됨은 사랑과 정이 있는 목회자를 보는 성도님들에게 나비효과가 나타나 스며들어야 가능하며 실현될 수 있습니다. 그런 정이 있는 목회를 위해서는 성육신하신 예수님처럼 당회원들과 성도들 사이에서 일보다 관계를 더 소중히 여기는 모습을 목회자가 우선적으로 보여야 합니다. 전지전능하시고 죄가 없으신 예수님께서 공생애 사역을 하실 때 관계를 위하여 유한하고 죄 많은 제자들과 함께 먹고 마시고, 함께 웃으시고 우시며, 함께 다니시고, 함께 주무셨습니다. 예수님께서 홀로 계실 때는 개인기도 하실 때뿐이었습니다.

때론 제자들이 무식한 질문을 하더라도 급히 책망하지 않으시고, 비유를 드시면서까지 인내하시며 설명해 주셨습니다. 또한 누가 크냐는 대결 구도의 제자들, 그리고 급히 화를 내며 주님께 저주의 말씀을 선포해 주시기를 부탁하는 제자들에게도 예상보다 절제하시면서 덮어 주시는 말씀을 하셨습니다. 즉 예수님은 제자들을 향한 자신의 정을 보여 주시는데 주저함이 없으셨습니다.

특히 12제자 중 자격이 현저하게 부족하거나 마음에 들지 않는다는 이유로 중간에 교체한 제자가 단 한 명도 없었습니다. 심지어 가룟 유다까지 품으셨습니다. 책망보다는 설명을, 정죄보다는 인내를, 교체보다는 고쳐 쓸 것을, 그리고 당장 지금보다는 앞으로 성령 받은 후를 보시면서 일보다 관계를 소중히 여기시며 늦더라도 같이 가셨습니다. 그렇게 정 목회의 본을 보여 주셨습니다.

그 결과 온 인류의 구주요 온 인류의 주인 되시며, 만왕의 왕이요 만주의 주가 되셨습니다. 평화의 왕이시며 평강의 주님이 되셨습니다. 그렇습니다. 정 목회는 그 과정이 험한 십자가일 수 있으나, 분명 그 뒤에 부활의 기쁨과 회복이 있음을 예수님께서 목회자들에게 친히 자기 삶으로 보여주셨습니다. 예수님은 정 목회의 거울이요 나실인이십니다.

"초코파이 정"을 아시지요?

제가 원로목사로 있는 인천제2교회 이름의 뜻은, 인천에서 두 번째로 세워진 장로교회라는 의미입니다. 그런데 그 73년의 역사 속에 담임목사는 단 3명만 교체되었습니다. 1대 담임목사는 일평생 목회를 하신 후 부목사 중 한 분에게 담임목사직을 인계하셨습니다. 2대 담임목사도 은퇴하실 때 부목사 중 저에게 담임목사직을 이양하셨습니다. 그리고 3대 담임목사였던 저도 은퇴할 때 우리 교회 출신 부목사 중 한 분을 후임으로 모셨습니다.

우리 교회는 교단 신문에 후임 담임목사 공모를 위한 광고를 73년 동안 한 번도 내지 않았습니다. 그럴 수 있었던 이유는 모든 당회원과 성도님이 후임 목사 선정을 은퇴하는 저에게 일임해 주셨기 때문입니다. 그런 분들의 신뢰에 진심으로 감사하여, 저는 장로님들과 교인들에게 오해와 갈등을 유발할 후임을 선정하지 않았습니다. 오랜 기간 진실하고 냉정하게 후보들을 평가한 후, 당회에 한 명만 소개하였습니다.

그때 당회에서 당회원들은 저에게 이렇게 화답하였습니다. "후임 목사 선정은 이미 우리가 목사님에게 위임해 드린 사항이니, 질문과 토론 없이 그대로 받기로 동의합니다! 재청합니다!!" 약 3분 만에 통과되었습니다. 그 후 청빙위원을 선정하였습니다. 당회원 전원 23명, 안수집사 대표 2명, 시무 권사 대표 2명, 서리 집사 대표 2명, 청년부 대표 2명, 합 31명이 청빙위원이 되었습니다. 그분들이 후임 예정 목사님 부부와 만남의 시간, 질문의 시간을 가졌습니다. 그리고 무기명 투표를 하였습니다. 그 투표 결과는 31:0이었습니다. 솔직히 저 자신조차 믿어지지 않았습니다. 물론 청빙위원들과 성도님들도 놀랐습니다. 왜냐하면 청빙위원들이 철저히 감시를 당하며, 반대표를 쓰면 처벌을 받는 이북 공산당원들이 아니었기 때문입니다.

그리고 2주일 후, 공동의회로 모여 세례교인들의 후임 담임목사를 모시는 여부의 무기명 투표가 있었습니다. 결과가 나왔습니다. 약 99%의 찬성으로 압도적 결정을 하였습니다. 그리고 지금, 그 후임 담임목사는 은혜중에 당회와 좋은 관계를 맺으며 성도님들과 함께 보람된 목회를 하고 있습니다.

이런 교회 역사를 이어갈 수 있었던 원인은 오직 하나님의 은혜일뿐입니다. 그런데 그 하나님의 은혜 속에는 성도님들과 장로님들, 그리고 담임목사 간에 서로를 향한 신뢰가 들어 있었습니다. 그 신뢰는 이미 서로에게 정이 되었는데, 그것도 오래 묵은 정이 되었습니다. 신뢰와 정, 그 결과 일보다 관계를 소중히 여기며 늦더라도 같이 가고자 하는 교회 흐름을 감히 사단과 이단이 막을 수 없었습니다.

동시에 늘 비판을 위한 비판을 버리지 못하는 소수의 교인은 설 자리가 없게 되었습니다. 그렇습니다. 정이 있는 목회는 마치 따뜻한 봄바람과 같습니다. 사람이 입고 있는 무겁고 두꺼운 외투를 벗게 하는 것은 매서운 겨울바람이 아닙니다. 따사로운 봄의 살랑바람이 벗게 만들 뿐입니다. 그렇습니다. 따뜻한 정이 있는 목회가 교회다운 교회로, 교회 안팎에서 인정받을 수 있는 지름길입니다.

동시에 교회를 허물고자 하는 영적 여우들이 하나둘씩 뒤로 도망가게 되고, 도리어 교회는 더욱 영적, 질적, 양적, 구조적으로 성장하는 계기요, 나침판이 될 것입니다. 여러분이 잘 아시는 "초코파이, 정" 과자 제품이 그 사실을 입증하고 있습니다. 살아가면서 초코파이에 대한 추억이 없는 분은 거의 없을 것입니다. 1974년 구 동양제과요, 현 오리온에서 최초로 초코파이를 출시하였습니다.

그 후 1980년대 후반까지 초코파이는 국민 간식으로 사랑을 듬뿍 받았습니다. 그런데 당시 제과 경쟁사였던 롯데와 해태도 초코파이라는 동일한 이름과 상품을 판매하기 시작했습니다. 그때 오리온에서는 경쟁 회사들의 초코파이와의 맛의 차이보다는, 다른 것으로 경쟁하기로 작정했습니다. 즉 초코파이 자체보다는 초코파이를 구입하는 소비자에 초점을 맞추었습니다.

다시 말씀드리면, 소비자들이 초코파이를 왜 사는지, 그리고 어떻게 먹는지에 관심을 갖고 확인에 들어갔습니다. 한 박스에 12개가 들어 있는 초코파이를 혼자 먹는 사람은 그리 많지 않습니다. 도리어 그 누군가와 나누어 먹는다는 것에 관심의 초점을 두었습니다. "그래, 그 누구와 함께 나누어 먹는 것, 그 나눔을 통해 정을 주고받는 것이 초코파이지…."

그래서 다른 경쟁사와 제품의 내용은 거의 비슷하지만, 정을 주고받는 초코파이는 오직 오리온 초코파이 뿐이라는 광고를 1989년부터 시작하였습니다. 이른바 "정 캠페인" 광고였습니다. "말하지 않아도 알아요~~"라는 CM은 모르는 분이 많지 않을 것입니다. 오리온은 "마음을 나누다, 정"이라는 메인 카피로 소비자들에게 다가갔습니다. 그 결과 오리온은 정이라는 한 글자를 소중히 여긴 덕분에 경쟁사들을 단숨에 넘어섰습니다. 그리고 그 후 약 33년 동안 인기와 사랑을 크게 받고 있습니다. 물론 소비자는 꽤 이성적이고, 판단적입니다. 그러나 광고 속의 "정"이라는 따뜻한 단어 한 개, 혹은 한 마디에 마음이 흔들릴 수 있는 사람입니다.

"저 분이 왜 내게 그랬을까?"
"그럴 수도 있겠구나 …."

코로나 시대의 목회도 마찬가지입니다. 절대적은 아니지만, 그 교회의 분위기와 흐름은 그 교회 담임목사님을 통해 만들어집니다. 특히 그 교회는 그 교회 담임목사님의 성품만큼 달라집니다. 그래서 성도님들은 세상사 너무 힘들더라도 교회에서 잠시 스쳐 가신 목사님의 환한 미소와 덕담 한마디에서 정을 느낍니다. 그다음 주일부터는 주일예배 때 멀리 강대상에 계신 목사님이지만, 전과 달리 설교 내용이 마음에 잘 들어옵니다. 아니, 심지어 전과 달리 예배 중에 정이 흐르고 있음을 느끼며 긴장

보다는 마음과 몸이 편해집니다.

"지금 돌이켜 생각해보면 판단력이 너무 부족했고, 현실 감각이 거의 없었던 저의 그 주장이었습니다. 그럼에도 불구하고 목사님께서 끝까지 들어주시고, 동의하는 표현을 하시며 한번 연구해 보자며 기도해주셨습니다. 그 순간이 이제는 나만이 알고 있는 목사님과 교회를 향한 정이 되었습니다"라는 말을 들어보는 것이 정이 있는 목회입니다.

"저도 이제는 목사님께 잘해 드리지 않을 거예요!! 그 이유는 목사님은 자신에게 잘해 주는 장로뿐 아니라, 그렇지 못한 장로도 그렇게 잘 대해 주시니까 말입니다. 아니, 더 잘 대우해 주시는 것 같아요. 목사님, 그래서 앞으로 잘하지 않을 거라는 말, 농담인 것 아시죠?^^"라는 반응을 받아 보는 것이 정이 있는 목회입니다. 신뢰가 더욱 쌓이는 목회입니다.

권위는 타인에게 인정을 받는 것이지만, 권위주의는 내가 나를 인정하라는 것입니다. 코로나 목회, 혹은 코로나 이후의 목회는 권위주위가 아니라, 권위가 있어야 합니다. 그 권위는 정이 있는 목회가 되어 서로에게 신뢰가 쌓여가는 데 있습니다. 그리고 그것이 교회와 목회를 위협하는 작고 큰 여우들이 감히 넘을 수 없는 크고 긴 담이 될 것입니다. 하나님의 특별한 은혜를 맛보아 알 수 있는 비결과 비법이 될 것입니다.

물론, 절대 변하지 않을 것 같은 부정적이고 공격적인 성격의 분들도 교회 안에 계십니다. 그분들이 그렇게 된 것은 아마도 성장 과정에서 받은 충격적인 아픔이 아직 치유되지 않아서일 수도 있습니다. 아니면, 지금 주어진 힘든 현실을 믿음으로 이겨내지 못해서일 수도 있습니다. 그런데 분명한 것은, 그분들은 갑자기 변하지 않는다는 것입니다. 그러므로 그런 분들을 견디어 내는 비결은 그분이 아니라 내가 먼저 변하는 것입니다.

즉, 목사요 목자인 내가 먼저 정을 주는 것입니다. 그 방법은 전에는 혹 "당신이 나에게 이렇게 하면 안 된다!!"라고 했다면, 이제는 이렇게 자신에게 질문해 보는 것입니다. "저분이 나에게 왜 그랬을까?" 전자는 "어떻게 나에게 이럴 수가 있는가?"라면, 후자는 "왜 나에게 그랬을까?"라고 질문해 보는 것입니다.

그러면 그 상대의 몰상식한 듯한 언행에 대한 작은 이해와 생각의 여유가 생길 것입니다. 나를 내 밖에서 볼 수 있는 질문이 될 것입니다. 그 결과 "그럴 수도 있었겠구나…." 혹은 "그럴 수도 있지….."라며, 대결 구도보다 해결 구도를 찾게 될 것입니다. 어느덧 내 안에 전과 달리 푹신한 방석 한 개가 깔려 있어 충격이 줄어드는 것을 느끼게 될 것입니다. 그 결과 성령님께서 특별히 역사하시면 그의 메마르고 척박한 마음을 촉촉하게 적시는 단비와 같은 일이 생길 수 있습니다. 또한 그의 마음에 목사의 '그럼에도 불구하고'의 정을 느끼게 되는 계기가 될 수 있습니다. 그리고 정을 받으면, 그분도 정을 줄 수 있지 않을까요?

"목사님, 제 사정을 몰라서 그렇게 말씀하시지요. 목사님, 제 목회 현장을 너무 힘들게 하는 그분은 결코 변할 사람이 아닙니다. 결코, 에버, 네버…."라는 분이 혹 계신지요? 그래도 한 가지를 말씀드리고 싶습니다. 그분처럼 나 자신도 독해지고 악해질 수 있다면, 한번 정면 대결해 보세요. 그러나 내 성품이나 내 위치가 그럴 수 없다면, 선으로 독함과 악함을 이기는 것밖에 없습니다.

그러나 혹 이기지 못해도, 오랜만에 그렇게 시도해 본 내가 기특하고 대견스러울 수 있습니다. 때론 성령께서 위로와 회복의 증표를 주실 수 있습니다. 반대로 아무 변화가 없더라도 하나님의 종이요 사자로서, 그럼에도 불구하고 정을 베푸는 나 자신을 보며 내 마음이 나를 격려해 줄 것입니다. 혹 아내요 사모가 그 격려에 동참해 준다면 더없이 큰 힘이 될 수 있을 것입니다.

베푼 정은 배반하지 않습니다. 그러나 배반해도 크게 낙심하지 말고 도리어 감사해야 합니다. 그 이유는 구주 예수님 곁에 있던 제자들도 배반하여 주님을 팔아넘기기도 헸고, 제일 가까이 있어야 할 십자가 고난의 때에 정작 멀리 도망하였기 때문입니다. 그런데 하물며 나 같은 것이…?! 그러므로 그저 그럼에도 불구하고, 그래도, 그것 까지, 또한 그 아픔까지 감사해야 할 따름입니다.

바다는 비에 젖지 않습니다. 심지어 비바람, 폭풍우, 쓰나미에도 절대 지지 않고 결국 다시 평온함을 유지합니다. 우리 목회자들도 그 바다 같을 수 있다는 가능성이 아니라, 믿음을 가져야 합니다. 내가 나를 신뢰하고 사랑하지 않으면, 그 누구도 나를 신뢰하지 않고 사랑하지 않을 것입니다. 그러므로 마치 바다처럼 그따위 일들에 더 이상 젖지 마시고, "그러려니 … "라며 수용하거나, 반대로 무시해 버리세요. 그리고 오늘의 내 삶과 내 사명 감당에 초점을 맞추고, 최고는 못돼도 최선을 다하는 결단과 능력을 소유하시면 좋겠습니다.

몸의 근육은 운동으로 키웁니다. 그러나 마음의 근육은 결단으로 키웁니다. 이 시간 "그래, 앞으로 언제인가는 내가 달라질 것이다"라는 내 마음의 말을 더 이상 믿지 마세요. 오늘, 지금 결단하셔야 합니다. 이제는 예전의 나쁜 목회 추억과 기억하기 싫은 그 사람들을 또 소환하는 나와 절교하세요.

인연을 끊으세요. 새로운 나를 선포하시고, 기도하신 후, 멀리 던져버리고, 그 누구보다 그 무엇보다 우선 나를 신뢰하시고 나를 사랑하세요. 그러면 내 곁을 떠난 것보다 아직 내 곁에 남아 있는 것이 보일 것입니다. 그로 인해 그 상황과 사람들을 초월한, 정이 있는 목회자로 거듭나는 나 자신을 발견하게 될 것입니다.

정 목회와 함께 설교 준비와 선포, 그리고 심방의 형평성에 목숨을 거세요.

그런데 목회적 성품과 흐름에 정이 있어도, 만일 설교에 은혜로움과 능력이 없으면 혹 교인들에게 비굴한 목사로 보일 수 있습니다. 그 이유는 불교, 천주교 등 다른 종교와 달리 개신교는 의식보다는 말씀 선포가 예배와 신앙 유지의 핵심이기 때문입니다. 그러므로 정이 있는 목회를 하시되, 설교 준비 및 선포에 목회 목숨을 걸어야 합니다. 그 이유는 현대한국 사회는 이미 초역전의 시대에 들어왔기 때문입니다.

초역전 시대란, 이제는 자녀가 부모보다 똑똑한 시대, 후배가 선배보다 똑똑한 시대, 사원이 임원보다 똑똑한 시대, 병사가 간부보다 똑똑한 시대, 심지어 교인이 목사보다 똑똑한 시대가 되었다는 말입니다. 각종 정보가 홍수처럼 밀려들어 와, 그 누구에게나 여과 없이 전해지는 시대이기 때문입니다. 그러므로 설교 및 성경 공부에 목숨을 걸지 않으면 쉽게 역전되는 시대입니다. 목회와 설교의 주객전도가 생기는 시대입니다.

그런데 설교의 대가이신 스펄젼 목사님은 이런 말씀을 하였습니다.

"은혜로운 장년 설교의 기준은, 엄마를 따라 장년 예배에 참석한 초등학생 자녀가 설교 내용을 이해하고 졸지 않으면 좋은 설교다"라고 하였습니다. 즉 성육신 설교를 강조하였습니다. 즉 목사인 내 수준이 아니라 섬기는 교회 교인들의 객관적인 수준에 맞는 설교를 목숨을 걸고 준비해야 합니다.

그런 설교 준비를 하면서 동시에 설교를 선포하는 방식에도 변화를 주고자 하는 갱신이 필요합니다. 저는 약 43년의 목회 사역 중, 주일 오전 설교 원고를 외우지 않고 단에 선 적이 단 한 번도 없었습니다. 다양한 목회 사역 중에도 그 흐름을 지켰던 것은 주일 오전 설교를 최소한 몇 개월 치를 미리 탈고해 놓았기 때문입니다.

물론 은퇴할 때도 몇 개월 치의 설교 원고가 남아있었습니다. 그렇게 은퇴한 것을 자랑하는 것은 아닙니다. 다만 그렇게 하려고 몸부림치는 과정을 아버지 하나님은 아셨을 것입니다. 그리고 장로님들과 교인들도 아시는 듯했습니다. 그 결과 저의 다른 부족한 면을 그분들이 슬그머니 덮어 주셨습니다. 못 본 체하시고, 모르는 척하셨습니다. 그래서 정이 있는 목회를 유지할 수 있었습니다.

또한 설교뿐 아니라 심방 및 상담, 그리고 기도요청 응답에 차별이 없어야 정이 있는 목회의 열매를 볼 수 있습니다. 교회 내에는 "우리 목사님은 돈 있는 사람과 없는 사람을 차별하여 대한다"라고 말하는 분들이 꼭 있습니다. 교회에 그런 분이 계시는 것은 이제는 선택과목이 아니라 필수과목이 되었습니다. 물론 그런 분들 때문이기도 하지만, 우리는 목사요 예수님의 제자로서 성별은 유지하되 교인들을 향한 차별은 없어야 합니다.

그래서 저는 일 년에 한 번 정도는 이런 광고를 주일 오전 예배 때 합니다. "저는 우리 교회 교인 그 누구의 심방, 상담, 기도요청이라도 기꺼이 받고 있습니다. 그러므로 성도님 곁에서 우리 목사님은 엄청 바쁘신 분이기에 심방, 상담, 기도요청을 하는 것은 무례한 일이라고 전해 주는 교인의 말을 그대로 믿지 마세요. 도리어 담당 목사님에게 요청하시거나, 혹은 본당 안내석에 있는 심방 요청서에 기록만 하시면 제가 일정을 조절하여 꼭 만나 뵙겠습니다."

그리고 광고한 대로 빈부귀천, 남녀노소 상관없이 신청하신 분은 모두 만났습니다. 그것이 쌓이고 쌓이니 오해는 줄어들고 신뢰는 더해졌습니다. 만나기 어려운 담임이 아니라, 생각보다 만나기 쉬운 담임이 되었습니다. 그곳에 정이 있는 목회의 꽃이 피고 열매가 생겼습니다. 그래서 제가 목회하는 동안 단 한 명의 장로님도 저와 다른 당회원들이 싫다고 은퇴 전에 교회를 떠난 분이 없었습니다.

또한 당회와 교회가 몸뿐 아니라 마음으로도 갈라져 다툼과 분리가 생기는 일이 전혀 없었습니다. 그 열매는 저의 은퇴와 후임 담임을 모시는 데 단 한 번의 잡음도 없이 오직 하나 되며, 일보다 관계를 소중히 여기며, 결국 하나님께 승리를 바쳐 드리게 된 것입니다. 그리고 교인들은 자신들이 인천제2교회 성도라는 것에 더 자부심을 느끼게 되는 계기가 되었습니다. 물론 이 모든 결과는 오직 하나님께 영광으로 돌려야 할 것입니다. 오직 하나님께서 하셨습니다. 그리고 당회원들과 성도님들과 저는 예수님의 뜻을 이루어 드리는 데 일치가 된 것이 기억이 아니라, 좋은 추억이 되어 믿음과 가정의 후손들에게 전할 수 있게 되었습니다.

이제는 "행복마트"로 정을 나누고 있습니다.

우리 부부는 은퇴를 앞두고 한 가지 문제를 앞에 두고 같이 기도하고 대화하기 시작했습니다. 이렇게 하나님의 특별한 은혜와 성도님들의 정과 사랑을 일방적으로 받았는데 은퇴 후 무엇으로 보답할 것인가의 문제였습니다. 그리고 결론을 내렸습니다. 이제는 교회 밖에서 물질적으로 어려운 분들과 정을 나누겠다고 결정하였습니다. 그래서 마트 주인이 되기로 작정했습니다. 그 마트 이름은 "행복마트"입니다.

교회에서 좀 떨어진 구도심에 지역행정복지센터에서 추천받은 약 70명의 상대적으로 어려운 주민들에게 정을 나누고 있습니다. 그분들에게 필요한 약 70개 정도의 생필품을 구비하여 매주 금요일에 오시면 무료로 나누어 드리고 있습니다. 그분들은 6개 정도의 묶음 물품을 한 달에 한 번씩 가져가셔서 선용할 수 있습니다. 좋은 반응이 있습니다. 이제는 서로 정이 통하기 시작했습니다.

앞으로 하나님께서 기회를 주시면 그 70명 중에 예수님과 예배에 관심이 계신 분들을 위한 주일예배를 시작해 볼 것을 기도하고 있습니다. 일명 "마트 교회"를 수혜자들 몇 분과 함께 시작해 영적으로도 정을 나누었으면 합니다. 하나님은 지금도 우리 목회하시는 모든 분에게 이런 정이 듬뿍 담긴 언약을 하고 계십니다.

> 내가 영원히 다투지 아니하며 내가 끊임없이 노하지 아니할 것은 내가 지은 영과 혼이 내 앞에서 피곤할까 함이라 사 57:16

아멘!

하나님은 자신이 선택하시고 사용하시는 목회자들과 다투시거나 노하시기를 즐겨 하지 않으십니다. 도리어 자신의 정이 듬뿍 담긴 언약을 '끊임없이', '영원히'라는 말씀으로 확인해 주십니다. 이제 목회자들은 우리 영육이 피곤하여 쓰러지지 않도록 정이 듬뿍 담긴 이 언약을 주시는 그분에게 더 큰 감사와 더 깊은 영광을 돌리시기를 소망합니다.

이건영 목사

총신대 신대원과 미국 리폼트 신대원에서 공부했다. 자신이 태어나 유아세례를 받은 교회인 인천제2교회에서 일평생 목회하고 명예롭게 은퇴했다. 지금은 무료나눔 사역 "행복마트"를 운영하며, CTS 방송 "사장님은 선교사" 프로그램과 쿠키건강TV의 "행복 에세이 동행"의 진행자로, 그리고 GOODTV에서 매주 설교자로 사역하고 있다.

부록
"설교자를 위한 요한계시록" 강의안

강문호 목사
충주봉쇄수도원 원장

1강. 휴거로 가는 7단계

우리 그리스도인들에게 가장 중요한 관심사는 휴거에 참여하는가? 아니면 따돌림당하느냐입니다. 심각한 순간입니다. 천국과 지옥의 갈림길입니다. 휴거 때 꼭 휴거되어야 합니다. 휴거 신부가 되기 위해서는 휴거의 징조를 알아야 합니다. 지금부터 휴거 때까지의 로드맵을 잘 알아야합니다. 훤히 들여다보고 어디쯤 와 있는지 파악해야 합니다.

1. 마지막 때의 시작 - 기근, 온역, 지진

이 세 가지는 한마디로 말하면 인구감축입니다. 기근이 일어나는 것이 아니라 GMO로 인구 기근이 일어나게 합니다. 전염병이 생기는 것이 아니라 생기게 합니다. 지진도 하프를 통하여 일으킵니다. 목적은 재난입니다. 인구감축입니다. 죽게 하고, 태어나지 못하게 하면 인구가 감축됩니다. 10억 정도 인구를 만들려고 하는 것이 작은 뿔의 작전입니다.

지구는 10억이 살아야 적당하다는 이론이 세계 통일 정부자들의 지론입니다. 그래서 다음과 같이 인구를 줄여나가자고 합니다.

1) GMO 씨앗으로 경제 통일　　2) 컴트레일
3) 세계 기근 지역 방치　　　　4) 각종 예방 접종으로 병들기
5) 동성애　　　　　　　　　　6) 낙태법으로 합법적 살인
7) 전염병　　　　　　　　　　8) 전쟁
9) 테러　　　　　　　　　　　10) 인공재해

그래서 계시록은 계속 인구가 감축되는 사건의 연속입니다. 둘째 인을 뗄 때 붉은 말, 전쟁의 말이 나옵니다. 전쟁이 일어납니다. 인구감축입니다. 넷째 인, 청황색 말의 다른 이름은 죽음입니다. 수많은 이들이 죽을 것이 예언되어 있습니다. 다섯째 인을 뗄 때 수많은 순교자가 나타납니다. 여섯째 인을 뗄 때 해가 검어집니다. 달이 핏빛으로 변합니다. 별들이 대풍에 설익은 열매 떨어지듯이 우수수 떨어집니다. 천재지변이 일어나서 산과 섬이 자리를 옮깁니다. 엄청난 지각 변동이 일어나며 무수한 사람이 죽습니다.

그리고 나팔 재앙으로 이어집니다. 세 번째 나팔을 불 때 큰 별과 지구가 부딪치는 사건이 일어나 많은 사람이 죽습니다. 다섯째 나팔은 황충이 재앙입니다. 황충이 재앙으로 무수한 사람들이 죽습니다. 기근과 온역과 지진은 인구 감축인데, 이는 재난의 시작 계단입니다.

2. 제3차 세계대전

휴거로 가는 두 번째 계단은 세계 3차 대전입니다.

> 나팔 가진 여섯째 천사에게 말하기를 큰 강 유브라데에 결박한 네 천
> 사를 놓아 주라 하매 계 9:14

유브라데는 어떤 곳입니까?

1) 아담과 하와가 사탄과 제일 먼저 유혹을 받은 에덴동산이 있는 곳
입니다. 이곳에서 아담과 하와가 졌습니다. 사탄의 유혹을 받았습니다.

2) 첫 살인이 발생한 곳입니다.

3) 니므롯이 바벨탑을 쌓은 곳입니다.

4) 통일 종교, 태양신 종교, 거짓 종교가 만들어진 곳입니다.

유브라데에 결박한 네 천사는 누구일까요?

1) 유브라데 강변에 위치한 네 나라라는 해석입니다. 터키, 이란, 이라
크, 그리고 시리아라고 푸는 이들이 있습니다.

2) 3차 대전의 주최국이 될 네 나라라는 해석도 있습니다.

> ¹⁵네 천사가 놓였으니 그들은 그 년 월 일 시에 이르러 사람 삼분의
> 일을 죽이기로 준비된 자들이더라. ¹⁶마병대의 수는 이만만이니 내가
> 그들의 수를 들었노라 계 9:15-16

그래서 본문을 세계 3차 대전으로 풀고 있습니다. 3분의 1이 죽는 전

쟁이라는 것입니다. 군사 수는 이만만이니까 2억입니다. 무섭고도 처절한 전쟁이 될 것이라고 예언하고 있습니다. 3분의 1이 죽습니다. 세 가지 해석이 있습니다.

1) 세계 인구의 3분의 1이 죽는다.

2) 참전국의 3분의 1이 죽는다.

3) 2억 군사 중에 3분의 1이 죽는다.

무서운 3차 대전입니다. 전 세계가 두 패로 나뉘어 싸우는 전쟁이 일어날 것으로 봅니다. 사탄이 계획하는 것이 있습니다. 1차 대전을 일으켜서 러시아 왕국을 엎고 공산주의를 탄생시켰습니다. 2차 대전을 일으켜서 UN을 창설하였습니다. 3차 대전을 통해 세계 통일 정부를 수립하겠다는 계획입니다. 성경이 말하는 큰 성 바벨론이 이루어질 것입니다.

3. 적그리스도

세계 인구가 대폭 감축되었습니다. 어수선합니다. 전쟁의 폐허가 을씨년스럽습니다. 세계에 평화를 주는 강력한 지도자가 요청됩니다. 이때 혜성과 같이 세계 대통령이 나타납니다. 이 나라가 큰 성 바벨론이요, 지도자가 적그리스도입니다.

다니엘이 말하는 70이레가 있습니다. 69이레가 지나갔습니다. 마지막 한 이레가 남았습니다. 한 이레의 시작점에 나타나는 이가 적그리스도입니다. 그는 잔인한 혼란기에 세계 평화 협정을 맺으며, 세계를 평화스럽게 만들겠다는 공약으로 출발합니다. 전 세계 모든 사람이 그를 환영할 것입니다.

다니엘서는 적그리스도가 언제 나타날지 알려 줍니다. 계시록 17장은 적그리스도가 어디에서 나타날지를 알려 주고 있습니다. 일곱 머리 중에서 작은 뿔이 나타납니다. 다니엘이 말하는 마지막 한 이레를 통치할 적그리스도는 7년간 통치할 것입니다. 그가 작은 뿔입니다. 열 뿔 사이에서 나타날 것입니다. 열 뿔은 열 발가락입니다. 열 발가락은 유럽 중요 10개 국입니다. 로마에서 갈라진 나라들입니다. 그런데 다섯은 망하였습니다. 성경에 하나님을 대적한 왕국이 차례로 나타납니다.

애굽, 앗수르, 바벨론, 메데와 바사, 그리스의 다섯 나라는 없어졌습니다. 지금 요한은 로마 시대에 살고 있으면서 계시록을 쓰고 있습니다. 로마는 있습니다. 큰 성 바벨론은 나타나면 잠시 존재합니다. 다른 왕국들은 몇백 년 동안 존재하였는데 세계통일정부인 큰 성 바벨론은 7년 만에 사라집니다. 여덟 번째 왕이 적그리스도이고, 세계 통일 대통령이고, 큰 성 바벨론의 통치자입니다. 휴거 전에 온 세상을 적그리스도가 통치할 것입니다.

4. 큰 성 바벨론

휴거 전에 온 세상이 통일됩니다. 그 나라가 큰 성 바벨론입니다. 무너질 나라입니다. 그런데 큰 성 바벨론이라는 말은 작은 성 바벨론이 있다는 말입니다. 하나님은 창세기 9장에서 죄악이 관영한 세상을 홍수로 멸망시킵니다.

마지막 때에 있을 바벨론은 3가지 문화가 지배하게 됩니다.

1) 물질 문화

2) 음란 문화

3) 배도 문화

예수님 재림 전에, 휴거가 일어나기 전에 온 세상은 통일되어 적그리스도가 통치하는 세상이 될 것입니다.

5. 짐승표

마지막 통치자 음녀 적그리스도는 온 세상을 자기 마음대로 다스리기 위하여 짐승 정부이기에 짐승표를 온 세계 사람들의 이마나 손에 넣을 것입니다. 통제 수단입니다. 표를 받지 않으면 매매가 금지됩니다. 표를 받지 않으면 세상에서 살 수 없습니다. 아무것도 살 수 없기 때문입니다.

짐승표는 어디에 사용되는 것일까요?

1) 신분증

2) 매매표

3) 치료표

4) 위치 추적

6. 제3 성전

적그리스도는 제3 성전을 건축합니다. 다니엘은 70 이레 중에 마지막 이레가 시작될 때 성전이 건축될 것을 예언하였습니다단 9:27. 제3 성전이 건축되면 곧 휴거가 있다는 신호입니다.

후 3년 반이 시작될 때 그 성전에 적그리스도의 우상이 세워질 것입니다. 그리고 제사가 금지될 것입니다. 평화 조약이 깨질 것입니다. 나는 제3 성전 연구소에 들어가서 강의를 들었습니다. 이미 성물들이 다 완성된 것을 보았습니다. 대제사장 DNA를 찾아서 대제사장을 기르고 있다고 돈 미카 랍비가 증언하여 주었습니다. 가야바 대제사장 집에서 그의 뼈를 찾은 것이 계기가 되었습니다. 붉은 암송아지도 찾아졌습니다. 떡상 위에 진설병 만드는 방법도 연구가 끝났습니다. 건축 자금도 다 마련되었습니다. 제3 성전이 세워지면 휴거는 급박합니다.

7. 두 증인

적그리스도가 나타납니다. 큰 성 바벨론이 세워집니다. 짐승표가 등장합니다. 통제 사회가 됩니다. 짐승표로 통제합니다. 전염병으로 얽어맵니다. 경제로 억압합니다. 동성결혼법이 통과됩니다. 차별금지법이 이루어집니다. 복음을 증거할 수 없는 사회가 큰 성 바벨론입니다. 그런데 이때 하나님이 권능을 주신 두 증인이 나타납니다. 세상이 감당할 수 없는 사람입니다.

두 증인이 언제 나타나나요? 70이레 중에 마지막 이레가 시작되면서 두 증인의 시대가 열립니다. 이때는 어떤 때인가요? 이때 하나님이 주신 권세가 없으면 전도할 수 없습니다. 그런데 두 증인에게는 하나님이 특별한 권세를 주셨습니다. 하나님이 주신 권세를 가지고 전 삼년 반, 1,260일 동안 복음을 전하다가 순교합니다.

두 증인이 받은 권세는 긍정적인 권세가 아닙니다. 병을 고치고 이적을 행하며, 죽은 사람을 살리는 권세가 아닙니다. 무서운 권세입니다. 하늘에서 불이 내려 복음을 반대하는 이들을 죽입니다. 비가 못 오게 합니다. 무서운 권세입니다. 두 증인은 순교할 것입니다. 그리고 두 증인이 부활합니다. 이때 바울이 말하는 들림 받는 사건이 일어날 것입니다. 두 증인과 함께 휴거될 것입니다.

¹⁶주께서 호령과 천사장의 소리와 하나님의 나팔 소리로 친히 하늘로부터 강림하시리니 그리스도 안에서 죽은 자들이 먼저 일어나고 ¹⁷ 그 후에 우리 살아 남은 자들도 그들과 함께 구름 속으로 끌어 올려 공중에서 주를 영접하게 하시리니 그리하여 우리가 항상 주와 함께 있으리라 ¹⁸그러므로 이러한 말로 서로 위로하라 살전 4:16-18

이때가 마지막 나팔이 울릴 때입니다. 계시록 11:14에서 두 증인이 휴거되며, 일곱 번째 나팔이 울립니다. 마지막 나팔입니다.

⁵¹보라 내가 너희에게 비밀을 말하노니 우리가 다 잠 잘 것이 아니요 마지막 나팔에 순식간에 홀연히 다 변화되리니 ⁵²나팔 소리가 나매 죽은 자들이 썩지 아니할 것으로 다시 살아나고 우리도 변화되리라 고전 15:51-52

이때 휴거가 일어납니다.

2강. 하나님이 저자인 책

하나님은 3권을 저술하셨고, 4권을 저술하고 계십니다.

하나님의 책이 위대한 이유
1) 저자가 죽지 않기 때문입니다.

2) 일점일획도 변함없이 이루어지기 때문입니다.

3) 가감할 수 없기 때문입니다.

하나님이 저술하신 책

1) 일곱 인으로 봉한 책

2) 작은 책

3) 성경

차례로 살펴보겠습니다.

1. 일곱 인으로 봉한 책 $_{βιβλίον}$

1) 하나님의 오른손에 들려져 있습니다.

2) 그런데 안팎으로 썼습니다.

3) 일곱 인으로 봉하였습니다.

4) 다니엘에게 봉인하라고 하신 책입니다.

다니엘에 봉하라고 하신 말씀입니다. 다니엘후서 책입니다. 이 책이 바로 비블리온$_{βιβλίον}$입니다. 다니엘부터 인봉한 책을 예수님이 하나하나 인을 떼시며 열어주셨습니다. 일곱 인, 일곱 나팔, 그리고 일곱 대접입니다. 이 해석은 몇 가지가 있습니다.

1) 강조설

2) 순서설

비블리온은 하나님이 쓰신 책입니다. 마지막 때를 준비하는 데 최고의 지침서입니다. 우리는 서점에 가면 비닐로 씌워서 내용을 보지 못하고 사게 하는 책이 있는 것을 발견합니다. 돈 주고 산 사람만이 인봉을 열 수 있습니다. 비블리온도 그렇습니다. 하나님의 비밀을 맡은 자만이 알 수 있는 책입니다. 하나님은 일곱 인으로 봉한 책 비블리온을 저술하셨습니다.

2. 작은 책 βιβριδίον

하나님이 저술한 책이 또 있습니다. 작은 책입니다. 일곱 인으로 인봉한 책은 비블리온 βιβλίον 이고, 작은 책은 비블리디온 βιβριδίον 입니다. 두 책은 서로 다른 책입니다.

천사가 작은 책을 가지고 내려옵니다. 그런데 펴 가지고 내려옵니다. 한 발은 바다를, 한 발은 땅을 밟고 섭니다. 사자같이 우렁찬 소리가 들립니다. 기록하려고 했더니 "인봉하고, 기록하지 말라"고 합니다. 그 비밀이 이루어질 것이라고 말합니다.

요한은 천사로부터 작은 책을 받았습니다. 요한이 받은 작은 책은 하나님의 작정서입니다. 요한이 읽은 작은 두루마리는 7년 대환란입니다. 하나님이 이루실 미래에 대한 경고입니다.

이제 우리는 인봉하지 말고 풀어야 할 마지막 때입니다. 요한 계시록을 인봉하지 말고 풀어야 합니다. 칼빈이 못한 것을 우리가 해야 합니다. 계시록을 겁내지 말아야 합니다. 우리가 풀지 못하면 사탄이 풉니다. 이단이 무식하다고 덤빕니다. 마지막 때 알아야 할 것은 일곱 인봉을 한 책과 작은 책입니다. 비블리온과 비블리디온입니다.

3. 성경책

성경의 저자는 하나님이십니다. 성경은 가장 사람을 많이 변화시킨 책입니다. 성경은 사람을 온전케 합니다. 성경만이 그렇게 할 수 있습니다.

고독한 사람이 성경을 읽으면 참 친구를 발견하게 됩니다. 어둠 속에서 헤매는 사람이 성경을 읽으면 참된 빛을 발견하게 됩니다. 길 잃은 사람이 성경을 읽으면 참된 길, 진리, 생명을 발견하게 됩니다. 굶주린 사람이 성경을 읽으면 생명의 양식을 발견하게 됩니다. 슬픈 사람이 성경을 읽으면 위로를 발견하게 됩니다. 병든 사람이 성경을 읽으면 건강의 비결을 발견하게 됩니다. 나약한 사람이 성경을 읽으면 강하고 담대한 능력을 받게 됩니다. 실패한 사람이 성경을 읽으면 성공의 비결을 발견하게 됩니다.

하나님은 세 권의 책을 저술하셨습니다. 아주 중요한 책입니다. 생명에 관한 책이기 때문입니다.

1) 일곱 인으로 봉한 책βιβλιόν

2) 작은 책βιβριδιόν

3) 성경책

그리고 네 권을 지금도 저술하고 계십니다.

1) 주의 책세페르, ספר

2) 생명책조에스 비블루, ζωης βιβλόμ

3) 행위 책에르가 비블루, εργα βιβλόμ

4) 기념 책지크론, זכרון

　　(1) 여호와를 경외하는 자

(2) 여호와의 이름을 존중히 여기는 자

(3) 정한 날 특별한 소유로 삼을 자

(4) 하나님이 아낄 자

3강. 화! 화! 화!

네 번째 나팔과 다섯 번째 나팔 사이에 독수리가 나타납니다. 그리고 화를 세 번, 경고적으로 알려 주고 있습니다.

1. 첫째 화

"땅에 떨어진 별"이 누구냐에 대하여는 두 가지 상반된 해석이 있습니다.

1) 사탄설

2) 천사설

황충이

요한은 황충이를 반인반마伴人半魔의 모습으로 그려주고 있습니다. 황충은 무리를 지었습니다. 군대 같습니다. 악한 무리입니다. 남에게 피해를 줍니다. 피해를 주는 존재입니다. 그래서 7세기에 일어난 이슬람으로 해석하기도 합니다. 이단자들의 나쁜 사상으로 보기도 합니다. 공산주의 사상으로 해석하기도 합니다. 성경을 마음대로 해석하는 자유주의, 종교 다원주의로 보기도 합니다. 신흥 이단 종교로 보기도 합니다.

황충이 모양

1) 전쟁을 위하여 준비한 말들 같고

2) 그 머리에 금 같은 관 비슷한 것을 썼으며

3) 그 얼굴은 사람의 얼굴 같고

4) 또 여자의 머리털 같은 머리털이 있고

5) 그 이빨은 사자의 이빨 같으며

6) 또 철 호심경 같은 호심경이 있고

7) 그 날개들의 소리는 병거와 많은 말들이 전쟁터로 달려 들어가는 소리 같으며

8) 또 전갈과 같은 꼬리와 쏘는 살이 있어 그 꼬리에는 다섯 달 동안 사람들을 해하는 권세가 있더라

그런데 황충이 재앙은 불신자에게 내리는 재앙이라고 보기보다는 신자들에게 내리는 재앙으로 보는 견해가 더 우세합니다. 하나님의 경고의 말씀을 듣고도 경각하지 않은 이들입니다. 하나님이 이왕 죽일 불신자들을 데리고 노는 형식으로 5개월 고통을 주었다가 멸망시키시는 분은 아니기 때문입니다. 성도들에게 5개월 동안 고통을 주어 돌아오게 하시려는 의도로 보는 것이 타당할 것입니다.

황충이 왕

황충이들에게는 왕이 있습니다. 히브리어로는 '아바돈'이요, 헬라어로는 '아볼루온'입니다. 둘 다 뜻이 같습니다. 파괴자입니다. 살인자입니다. 이들은 모두 하나님의 심판 도구일 뿐입니다. 우주를 지배하고 계시는

분은 하나님이시기 때문입니다.

여섯째 나팔

이제 황충이 화가 지나갔습니다. 그러나 끝이 아닙니다. 아직도 두 가지 화가 더 남아있습니다. 두 번째 화는 이만만 마병대를 통한 죽음입니다. 그리고 두 증인의 죽음입니다. 세 번째 화는 일곱 번째 나팔을 불 때 나타나는 일곱 대접 화입니다.

2. 둘째 화

유브라데에서 두 번째 화가 시작됩니다. 유브라데는 어떤 곳입니까?

1) 아담과 하와가 사탄과 제일 먼저 유혹을 받은 에덴동산이 있는 곳입니다. 이곳에서 아담과 하와가 졌습니다. 사탄의 유혹을 받았습니다.

2) 첫 살인이 발생한 곳입니다.

3) 니므롯이 바벨탑을 쌓은 곳입니다.

4) 통일 종교, 태양신 종교, 거짓 종교가 만들어진 곳입니다.

유브라데에 결박한 네 천사는 누구일까요?

1) 유브라데강변에 위치한 네 나라라는 해석입니다. 터키, 이란, 이라크, 그리고 시리아라고 푸는 이들이 있습니다.

2) 3차 대전의 주최국이 될 네 나라라는 해석도 있습니다.

그래서 본문을 세계 3차 대전으로 풀고 있습니다. 3분의 1이 죽는 전쟁이라는 것입니다. 군사 수는 이만만이니까 2억입니다. 무섭고도 처절한 전쟁이 될 것이라고 예언하고 있습니다. 3분의 1이 죽습니다. 세 가지 해석이 있습니다.

1) 세계 인구의 3분의 1이 죽는다.

2) 참전국의 3분의 1이 죽는다.

3) 2억 군사 중에 3분의 1이 죽는다.

무서운 3차 대전입니다. 전 세계가 두 패로 나누어 싸우는 전쟁이 일어 날 것으로 봅니다. 그러나 달리하는 해석이 있습니다.

첫 재앙 황충이 재앙은 5개월 동안 고통만 주었습니다. 그러나 두 번째 재앙 유브라데 재앙에서는 3분의 1이 죽는 엄청난 재앙입니다.

3차 대전 결과가 나타납니다.

1) 세계 통일 정부가 세워집니다. 큰 성 바벨론입니다.

2) 짐승표가 등장합니다.

3) 현금 없는 사회가 됩니다.

4) 인구가 대폭 감축됩니다.

5) 종교 통합이 이루어집니다.

6) 각종 악법이 제정되어 전도할 수 없는 시대가 됩니다.

　　동성결혼법, 낙태법, 이혼법 그리고 차별금지법들입니다.

7) 제3 성전이 지어집니다.

8) EU가 급부상합니다.

9) EU에서 적그리스도가 나옵니다.

그러면 불과 4, 5년 내에 주님이 재림하실 것입니다.

첫째 화는 황충이 재앙입니다.

둘째 화는 두 가지 사건입니다. 유브라데 전쟁과 큰 성 바벨론 짐승 정부 밑에서 전 3년 반 환란입니다.

3. 세 번째 화

둘째 화는 지나갔으나 셋째 화가 속히 이른다고 선언하고 나서 15절로 이어집니다. 그리고 후 삼년 반 환란이 시작됩니다. 짐승 정부의 적그리스도의 전무후무하게 잔인한 정치가 시작됩니다. 짐승표를 받지 않는 사람은 목 잘라 죽입니다. 두 증인과 모든 성도가 휴거되는 모습을 보고 놀라서 예수님을 영접한 사람들은 교회 생활을 할 수 없습니다. 그래서 예비처로 도망가서 양육받게 됩니다.

이들은 휴거되지 못하고 예비처로 가서 숨어 살아야 합니다. 짐승표를 거절한 이들입니다. 큰 환란 속에 숨을 죽이고 살아야 합니다. 짐승표를 받은 사람들은 통제 때문에 시달림을 당하게 됩니다. 더 나아가서 독한 종기가 나서 견딜 수 없는 아픔을 가지게 됩니다. 첫째 대접을 쏟을 때 이런 일이 생깁니다. 이어서 대접 일곱 개가 부어지면서 지구 역사상 가장 큰 화가 퍼부어집니다. 큰 성 바벨론이 쑥밭이 됩니다. 적그리스도가 배반을 당하여 사라집니다. 이 땅에 유토피아를 만들었다고 자랑하던 이들은 이슬처럼 사라집니다. 그리고 하나님의 왕국이 19장에서 이루어집니다.

첫째 화 속에서는 "하나님의 인을 맞자!"

첫째 화는 황충이 재앙입니다. 5달 동안 견디기 힘든 고통을 받습니다.

그런데 소망이 있습니다. 이마에 하나님의 인을 받지 않은 사람만 고통을 받습니다. 첫째 화 속에서 우리가 해야 할 것이 있습니다. 하나님의 인을 이마에 받아야 합니다. 하나님의 인이란 포기하거나 변경시킬 수 없는 확고한 믿음입니다. 세상이 이길 수 없고, 환란이 빼앗을 수 없는 고백적 믿음입니다. 바울이 말하는 표면적 유대인이 아니라 이면적 유대입니다.

둘째 화 속에서는 "증인으로 살자!"

두 증인이 순교하였다가 3일 반 만에 살아납니다. 그리고 하늘로 올라갑니다. 그러면서 둘째 화가 끝납니다. 두 번째 화가 있는 전 3년 반은 두 증인이 활동하는 기간입니다.

두 증인의 예표가 있습니다.

1) 아브라함에게 소돔과 고모라 멸망을 알려 준 두 천사_{창 19:1}
2) 광야에서 하나님의 뜻을 늘 알려 준 모세와 아론.
3) 광야에서 하나님의 인도함을 주었던 구름 기둥과 불기둥.
4) 여리고를 정탐하여 알려 준 두 정탐꾼.
5) 변화산에서 예수님과 같이 있었던 모세와 엘리야.
6) 광야에서 살아서 가나안으로 간 여호수아와 갈렙.
7) 예수님의 잉태를 알려 준 성령과 가브리엘.
8) 예수님의 무덤에서 부활을 알려 준 두 천사.
9) 예수님 승천하실 때 흰 옷 입고 알려 준 두 천사.
10) 성전 뜰을 보고 서 있는 두 기둥 야긴과 보아스.

두 번째 화 속에서는 적그리스도의 핍박 속에서도 그리스도의 증인으로 살아야 합니다. 순교 당할 각오로 살아야 합니다. 죽는 연습을 하며 전해야 합니다. 그러면 죽고 나서 곧 최고로 영광스러운 대접을 주님으로부터 받게 됩니다.

세 번째 화 속에서는 "도망가 살자!"

예비처로 도망가서 하나님의 양육을 받아야 합니다. 짐승표를 안 받으면 목 잘리는 시대에 살아야 합니다. 매매를 할 수 없습니다. 그렇기에 식량도 살 수 없습니다. 자급자족해야 합니다. 교통편을 이용할 수 없습니다. 병원에서 치료를 받을 수 없습니다.

세 번째 화 속에서는 짐승표를 받지 말고 견디어야 합니다. 잠깐입니다. 길어야 3년 반입니다. 그래서 이 기간을 표시할 때는 3년 반이라고 하지 않습니다. 1,260일이라고 하지 않습니다. 42달이라고 하지도 않습니다. 이렇게 말합니다.

> 그 여자가 큰 독수리의 두 날개를 받아 광야 자기 곳으로 날아가 거기서 그 뱀의 낯을 피하여 한 때와 두 때와 반 때를 양육 받으매 계 12:14

예비처, 피난처로 도망가서 살면 불편하기 이루 말할 수 없을 것입니다. 전기도 없습니다. 난방, 냉방도 없습니다. 언제 붙잡혀 죽을지 모르는 공포가 항상 덮고 있습니다. 한때, 1년가량은 살기 힘들 것입니다. 그러나 두 때, 2년 정도는 어느 정도 이 생활에 익숙할 것입니다. 그러나 기도만 하며 영적으로 살기에 하나님은 때를 가르쳐 주실 것입니다. 반 때는 온전히 예수님 맞을 준비를 하는 결론의 시기가 될 것입니다.

4강. 요한계시록이 계시하는 7가지 복

교회는 두 종류의 사람으로 나눠집니다. 주님을 도적같이 맞을 성도가 있습니다. 그러나 도적같이 맞지 않고 기다리다가 기쁨으로 맞이할 성도가 있습니다.

> 4형제들아 너희는 어둠에 있지 아니하매 그 날이 도둑 같이 너희에게 임하지 못하리니 5너희는 다 빛의 아들이요 낮의 아들이라 우리가 밤이나 어둠에 속하지 아니하나니 6그러므로 우리는 다른 이들과 같이 자지 말고 오직 깨어 정신을 차릴지라 살전 5:4-6

어떻게 해야 빛의 자녀로 주님을 맞을 수 있을까요?
1) 정신을 차려야 합니다.
2) 믿음의 호심경을 붙여야 합니다.
3) 사랑의 호심경을 붙여야 합니다.
4) 구원의 소망의 투구를 써야 합니다.
5) 깨든지 자든지 주님과 함께 살아야 합니다.
6) 피차 권면하여야 합니다.
7) 피차 덕을 세워야 합니다.

요한계시록은 마지막 때가 어떻게 진행되는지 알려 주는 계시의 책입니다. 그래서 마지막 때에는 요한계시록을 알아야 합니다. 이단이 많이 나오고 영계를 어지럽히는 책이니 건드리지 말아야 한다는 말은 사탄의 소리입니다. 길을 떠나는 사람은 내비게이션을 따라가야 하는 것처럼, 요한계시록은 마지막 때에 천국으로 인도하는 내비게이션입니다. 마지막 때에는 이런 사람이 복이 있다고 분명히 말해주고 있습니다. 복된 사람의 모습 7가지가 기록되어 있습니다.

1. 계 1:3

이 예언의 말씀을 읽는 자와 듣는 자와 그 가운데에 기록한 것을 지키는 자는 복이 있나니 때가 가까움이라 계 1:3

읽는 자

듣는 자

지키는 자

2. 계 14:11-13

11그 고난의 연기가 세세토록 올라가리로다 짐승과 그의 우상에게 경배하고 그의 이름 표를 받는 자는 누구든지 밤낮 쉼을 얻지 못하리라 하더라 12성도들의 인내가 여기 있나니 그들은 하나님의 계명과 예수에 대한 믿음을 지키는 자니라 13또 내가 들으니 하늘에서 음성이 나서 이르되 기록하라 지금 이후로 주 안에서 죽는 자들은 복이 있도다 하시매 성령이 이르시되 그러하다 그들이 수고를 그치고 쉬리니

이는 그들의 행한 일이 따름이라 하시더라 계 14:11-13

요한계시록이 말해주는 두 번째 복은 짐승표를 받지 않고 순교하는 자에게 임하는 복입니다.

3. 계 16:15-16

¹⁵보라 내가 도둑 같이 오리니 누구든지 깨어 자기 옷을 지켜 벌거벗고 다니지 아니하며 자기의 부끄러움을 보이지 아니하는 자는 복이 있도다 ¹⁶세 영이 히브리어로 아마겟돈이라 하는 곳으로 왕들을 모으더라 계 16:15-16

마지막 때에는 자기 관리를 잘해야 합니다. 자기 옷을 잘 입어야 합니다. 마지막 때에는 조그만 것부터 큰 것까지 자기 관리를 잘해야 합니다. 그런 사람이 복이 있습니다. 영, 혼, 육 세 가지 관리를 잘해야 합니다. 그래서 온전한 영으로, 온전한 정신으로 그리고 온전한 육으로 주님을 맞아야 합니다. 이것이 정결한 신부의 자세입니다. 이것이 계시록이 말하는 세 번째 복입니다.

4. 계 19:7-10

⁷우리가 즐거워하고 크게 기뻐하며 그에게 영광을 돌리세 어린 양의 혼인 기약이 이르렀고 그의 아내가 자신을 준비하였으므로 ⁸그에게 빛나고 깨끗한 세마포 옷을 입도록 허락하셨으니 이 세마포 옷은 성도들의 옳은 행실이로다 하더라 ⁹천사가 내게 말하기를 기록하라 어

린 양의 혼인 잔치에 청함을 받은 자들은 복이 있도다 하고 또 내게 말하되 이것은 하나님의 참되신 말씀이라 하기로 ¹⁰내가 그 발 앞에 엎드려 경배하려 하니 그가 나에게 말하기를 나는 너와 및 예수의 증언을 받은 네 형제들과 같이 된 종이니 삼가 그리하지 말고 오직 하나님께 경배하라 예수의 증언은 예언의 영이라 하더라 계 19:7-10

어떤 사람들이 살아서 천년왕국에 들어갈까요?
1) 도망 잘 간 피난처 성도들입니다.
2) 숨기 잘한 예비처 성도들입니다.
3) 환란을 담대히 이긴 성도들입니다.
4) 짐승표를 거절한 성도들입니다.

5. 계 20:6

이 첫째 부활에 참여하는 자들은 복이 있고 거룩하도다. 둘째 사망이 그들을 다스리는 권세가 없고 도리어 그들이 하나님과 그리스도의 제사장이 되어 천 년 동안 그리스도와 더불어 왕 노릇 하리라 계 20:6

첫째 부활에 참여하는 이들이 복이 있습니다. 영생의 축복입니다. 이것이 요한계시록 다섯 번째 복입니다. 첫째 부활은 영원한 생명입니다. 그러므로 첫째 부활에 참여한 자들은 복 받은 자들입니다.

6. 계 22:6-7

⁶또 그가 내게 말하기를 이 말은 신실하고 참된지라 주 곧 선지자들

의 영의 하나님이 그의 종들에게 반드시 속히 되어질 일을 보이시려고 그의 천사를 보내셨도다 7보라 내가 속히 오리니 이 두루마리의 예언의 말씀을 지키는 자는 복이 있으리라 하더라 계 22:6-7

여섯 번째 복은 첫 번째 복의 반복입니다. 그러나 읽는 자와 듣는 자가 빠졌습니다. 지키는 자만 기록하였습니다. 이제는 마지막입니다. 지켜야 합니다. 행동해야 합니다.

7. 계 22:14

자기 두루마기를 빠는 자들은 복이 있으니이는 그들이 생명나무에 나아가며 문들을 통하여 성에 들어갈 권세를 받으려 함이로다 계 22:14

두루마기는 흰옷입니다. 성결한 옷입니다. 자기 자신을 성결케 하는 사람이 복된 사람입니다. 빤다는 말은 헬라어로 푸르논테스πλμνοντεξ라고 합니다. 이 말은 계속 성결하게 하려는 과정을 말합니다. 자신을 예수 그리스도의 피로 계속 성결하게 해나가는 행동을 말합니다. 마지막 때에는 이렇게 성결하게 살아가는 사람이 복이 있습니다.

이같이 요한계시록은 일곱 가지 복을 말해주고 있습니다.

※ 필로칼리아

유대교에 탈무드가 있다면 동방 정교회에는 필로칼리아가 있습니다. '좋은 것을 사랑한다'는 뜻입니다. 정교회 수도사들이 동굴 속에 들어가서 수도하면서 하나님과 합일이 된 후 그들의 입에서 토해낸 언어들만 1,500년 동안 모은 책입니다.

좋은 것이란 무엇입니까? 두 가지 조건에 맞아야 좋은 것입니다.
1) 가치 있는 것.
2) 영원한 것.

야고보가 말하는, 부자들이 모은 물질과 명예는 가치 있는 것이 아닙니다. 영원한 것이 아닙니다. 필로칼리아가 아닙니다. 정교회 수도사들은 필로칼리아를 찾기 위해 5단계로 훈련했습니다. 에바그리우스가 체험적으로 만든 수도 단계입니다.

1) 프락티케 – 비움 2) 아파테이아 – 맡김
3) 헤시키아 – 고요와 평안 4) 그노스티케 – 채움
5) 비오스 그노스티오스 – 합일

5강. 이기는 자

요한계시록은 "이기는 자"로 시작하여 "이기는 자"로 끝나고 있습니다. 예수님은 일곱 교회에 편지를 보내시면서 한결같이 "이기는 자"에 대하여 말씀하셨습니다. 그리고 새 하늘과 새 땅에 들어가는 자는 "이기는 자"여야 한다는 말로 시작하여 계 21:7에서 "이기는 자"로 끝나고 있습니다. 그러면 마지막 때에는 무엇을 이겨야 할까요?

1. 니골라 당을 이겨야 합니다.

2. 환란을 이겨야 합니다.

3. 발람을 이겨야 합니다.

  1) 돈 때문에

  2) 명예 때문에

  3) 세상 때문에

마지막 때에는 발람을 이겨야 합니다. 유혹입니다. 돈, 명예, 그리고 세상을 이겨야 합니다. 이기는 자에게 주시는 복이 있습니다.

  1) 의롭다 함을 입습니다.

  2) 승리자로 여겨 주십니다.

  3) 죄에서 해방입니다.

  4) 예수님의 신부가 되었다는 의미입니다.

4. 이세벨을 이겨야 합니다.

  1) 만국을 다스리는 권세

  2) 새벽별

5. 더러운 옷을 이겨야 합니다.

6. 적은 능력을 이겨야 합니다.

7. 착각을 이겨야 합니다.

1) 불로 연단한 금을 사야 합니다.

2) 흰옷을 사서 벌거벗은 수치를 보이지 않게 하여야 합니다.

3) 안약을 사서 눈에 발라 보게 하여야 합니다.

※ 두 가지 보상

1) 나로 더불어 먹으리라.

2) 하나님 보좌에 앉게 하리라.

8. 사탄을 이겨야 합니다.

1) 영 속에 들어와 영을 파괴합니다.

2) 혼 속에 들어와 혼을 파괴합니다.

3) 육 속에 들어와 육을 파괴합니다.

9. 짐승, 적그리스도를 이겨야 합니다.

10. 종합적으로 이겨야 합니다.

이기는 자가 새 하늘과 새 땅을 차지합니다.

6강. 인구감축

태초부터 종말까지 흐르는 시간 역사 속에서 우리가 지금 어디에 와 있는지 아는 것은 대단히 중요한 영성입니다. 우리는 지금 금, 은, 동, 놋 시대를 지나, 철 시대를 지나, 열 발가락 시대 문턱에 접어들었습니다. 자칭 유대인들은 마지막 때 큰 성 바벨론을 만들고 있습니다. 이미 많이 진행되었습니다. 이제 돌이 날아오기만을 기다리는 마지막 때입니다. 많은 분이 착각한 것이 있었습니다. 유럽이 열 개의 나라로 갈라지면 끝이라고 생각했습니다. 그런데 다니엘은 유럽이 아니라 온 세계가 열 발가락 시대가 되어야 함을 말해준 것을 몰랐습니다.

외교협의회CFR. Council on Foreign Relations는 지구상의 나라를 10개 권역별로 통일시킬 준비를 하였습니다. 세계를 10개 분야로 구분하여 책임 국가를 정하고 같이 일해 나가는 전략입니다.

1) 정치 질서
2) 농업 질서
3) 교육 질서
4) 환경 질서
5) 경제 질서
6) 에너지 질서
7) 사회 질서
8) 통신 질서
9) 산업 질서
10) 노동 질서

이들의 표면적 목표는 지구 환경을 좋게 하여 후손들에게 물려 주자는 것입니다. 지구 인구를 5억에서 10억 정도로 만들면 전쟁도 없고 환경 오염도 없는 좋은 땅이 된다는 것입니다. 이들이 추구하는 이념과 목표는 미국 조지아주 가이드 스톤에 기록되어 있습니다. 거기에 이런 십계명이 새겨져 있습니다.

1) 자연의 균형이 계속되게 하기 위해 인구를 5억 이하로 유지하라.

Maintain humanity under 500,000,000 in perpetual balance with nature.

2) 현명하게 번식하도록 이끌어 적절함과 다양성을 발전시켜라.

Guide reproduction wisely - improving fitness and diversity.

3) 살아있는 새 언어로 인류를 통합하라.

Unite humanity with a living new language.

4) 열정-믿음-전통을 단련된 이성으로 다스려라.

Rule passion - faith - tradition - and all things with tempered reason.

5) 공정한 법과 그 법정으로 사람과 국가를 보호하라.

Protect people and nations with fair laws and just courts.

6) 모든 국가가 세계 법정을 통하여 외부 분쟁을 해결함으로써 내부 문제를 해결하도록 하라.

Let all nations rule internally resolving external disputes in a world court.

7) 옹졸한 법과 쓸모없는 공무원을 피하라.

Avoid petty laws and useless officials

8) 사회적 의무와 개인의 권리가 균형을 이루게 하라.

Balance personal rights with social duties

9) 진실-아름다움-사랑을 소중히 하여 영원토록 조화를 찾도록 하라.

Prize truth - beauty - love - seeking harmony with the infinite.

10) 지구의 암덩어리가 되지 말고 자연에게 자리를 남겨주어라.

Be not a cancer on the earth - Leave room for nature - Leave room for nature.

다시 간단하게 말해 봅니다.

1) 인종 청소   **2)** 복제 인간

3) 언어 통합   **4)** 종교 통합

5) 세계 정부

6) 세계 통치

7) 통제 사회

8) 공산주의

9) 동성애 통일

10) 범신론적 우주 교회

그래서 다음과 같은 방법으로 인구를 줄여나가자고 합니다.

1) GMO 씨앗으로 경제 통일

2) 컴트레일

3) 세계 기근 지역 방치

4) 각종 예방 접종으로 병들기

5) 동성애

6) 낙태법으로 합법적 살인

7) 전염병

8) 인공재해

9) 테러

10) 수돗물

11) 백신

13) 화학 비료

14) 전쟁

이런 수단으로 지구 인구를 5억 정도로 감축하겠다는 계획을 이들은 실행하고 있습니다. 그런데 성경적으로도 이들의 감축 계획은 성공할 것입니다.

1) 감축의 시작

2) 둘째 인 감축

3) 넷째 인 감축

4) 셋째 나팔 감축

5) 유브라데 전쟁 감축

6) 마지막 나팔 휴거 감축

7) 곡식 휴거 감축

8) 포도 전쟁 감축

9) 넷째 대접 감축

10) 아마겟돈 전쟁 감축

11) 일곱째 대접 감축

12) 재림 후 전쟁 감축

다니엘, 요한, 스가랴, 요엘에게 보여준 마지막 때를 퍼즐 맞추듯이 맞추면 일치하고 있음을 알게 됩니다. 인구감축은 앞으로 엄청나게 이루어질 것입니다. 마지막 때의 특징은 인구감축입니다. 기근, 천재지변, 그리고 전쟁으로 인구가 감축될 것입니다. 특별히 하나님의 백성의 휴거는 엄청난 감축을 가져오게 될 것입니다.

▌ 강문호 목사

기도와 말씀에만 집중하는 한국적 봉쇄 수도원인 충주봉쇄수도원을 건립하고 원장으로 섬기고 있다. 갈보리교회 원로이며 목회와 더불어 25년간 성막, 성전 세미나를 인도했다. 국내 최초로 법궤 모형을 제작하여 성경 속의 예배와 제사를 보다 실제적이고 입체적으로 체험할 수 있는 기회를 제공하기도 했다. 100여 권의 책을 저술했으며, 지금도 수도원에서 저술 활동에 힘쓰고 있다. 감리교 신학대학교 및 신학대학원을 졸업했으며, 유니온 신학교에서 목회학 박사학위를 받았다.

횃불회 소개

Torch Center for World Missions

Torch Center for World Missions

햇불회

(재)기독교선교햇불재단이하 햇불재단은 1977년 가정에서 두세 명의 기도 모임으로 시작해 1980년대 한남동의 (사)한국기독교선교원을 거쳐 1988년 (재)기독교선교햇불재단으로 출범한 초교파 선교단체입니다. 크리스천 영적 리더들을 섬기고 세우며 이끄는 것은 저희의 비전이자 사명입니다. 이 비전과 사명을 위해 매년 봄과 가을, 두 학기 동안 정기적으로 전국 15개의 주요 도시서울, 일산, 안산, 수원, 인천, 강릉, 대전, 전주, 진주, 부산, 울산, 여수, 광주, 거제, 제주에서 목사, 사모, 전도사 등 기독교 리더들을 위한 계속교육 프로그램인 햇불회를 운영하고 있습니다.

■목사, 사모, 선교사, 신학생들을 위한 계속교육 기회의 제공

햇불재단의 햇불회 사역은 40여 년 전부터 현재까지 한국교회의 모든 영적 리더들을 대상으로 하여 진행되어왔습니다. 크리스천 영적 리더를 섬기고 세우며 이끄는 재단의 사명에 따라 연간 두 학기의 정기세미나봄, 가을와 여름과 겨울의 특강을 제공해드리고 있습니다. 이는 한국교회에서 유일무이한 전국 규모의 크리스천 영적 리더를 위한 교육 사역입니다.

▋햇불회 커리큘럼

햇불회는 기본적으로 각 지역의 크리스천 영적 리더들을 세우고 섬기는 데 목적이 있습니다. 이는 각 지역의 리더들이 예수님께서 하셨던 목회 사역의 본질에 충실하도록 섬기고 도울 때 가능하다고 믿습니다. 예수님은 가르치시고, 선포하시고, 치유하시는 사역을 목회의 본질적인 것으로 드러내 보여주셨습니다. 이에 저희 햇불회는 모든 강의와 세미나를 이 세 가지 영역을 다루는 과정으로 준비하여 햇불회에 참여하시는 모든 영적 리더들이 예수님의 목회 본질로 자연스레 훈련되도록 도우려고 합니다. 이 세 가지 영역을 훈련하는 과정으로서 성경, 신학, 선교를 가르치는 영역으로, 그리고 설교와 예배 분야를 선포하는 영역으로, 또 영성, 성령, 기도와 치유, 그리고 목회를 치유의 영역으로 묶어 매 학기 제공하게 됩니다.

▋온라인 햇불회

코로나19로 인해 모임이 어려워져 2020년 9월부터 유튜브를 통해 온라인으로 햇불회를 진행하고 있습니다. 비대면 온라인 햇불회에는 해외 선교사님들을 포함해 약 3,000여 명의 사역자들이 등록하는 뜨거운 관심 속에 진행되고 있습니다. 이는 팬데믹 상황 속에 있는 목회자들의 영적·지적 갈급함과 불확실성 속에 놓인 미래를 준비하고자 하는 열정 때문일 것입니다.

온라인 강좌로 진행된 2020년 2학기에는 코로나 이후 비대면이 일상화되는 상황에서 어떻게 교회와 목회가 변화할 것인지 전망해보자는 취지에서 '포스트 코로나 시대의 교회와 목회'를 주제로 언택트 시대에 맞는 목회와 교회를 생각해보았습니다. 2021년 1학기에는 코로나 이후에도 본질을 잃지 않은 채 다시 시작하는 교회와 목회를 꿈꾸며 '포스트 코로나 시대의 목회 리부트'라는 주제로 언택트 상황 속에서 어떻게 새롭게 시작해야 할지 제시하는 강의를 제공해드렸습니다. 그리고 2021년 2학기에는 '포스트 코로나 시대, 회복 탄력성 있는 목회'를 주제로 코로나 상황 속에서도 본질을 놓치지 않고 창의적인 사역으로 질적 부흥을 이루어 가고 있는 사례들을 소개해 침체되어 있는 목회자들에게 용기와 희망을 나누었습니다. 여러 교단과 교회에서 유사 주제의 강의를 개설할 만큼 반응은 폭발적이었습니다. 2022년을 맞아 횃불회는 코로나 속 언택트 상황 속에서 큰 격차가 만들어지고 있는 것에 주목했습니다. 이런 '격차의 시대'를 어떻게 지혜롭게 헤쳐나가야 할 것인지 4학기를 통해 다루고자 합니다. 2022년 1학기, '격차의 시대 격(格)이 있는 교회와 목회'에 이어 2학기에는 '격차의 시대 정(情)이 있는 교회와 목회'를 주제로 진행하려고 합니다.

▌횃불재단의 국내외 선교사역

횃불재단은 앞으로도 말씀과 성령, 그리고 기도의 운동인 횃불운동을 계속해나갈 것입니다. 크리스천 영적 리더가 세워지고 교회가 세워지며 가정과 지역과 나라가 변화되는 부흥을 기대하며 지역 도시 곳곳마다 횃불회를 세워갈 것입니다. 최근 횃불재단은 미전도종족 선교에서 한민족 디아스포라 선교로 선교사역을 구체화하면서 2011년을 시작으로 지금까지 9차례에 걸쳐 전세계 750만명의 한민족 디아스포라를 초청하여 각자가 낳고 자란 곳의 선교사로 세우는 '횃불 한민족디아스포라세계선교대회'를 주최한 바 있습니다. 횃불재단은 앞으로도 계속해서 한민족 디아스포라 선교를 위한 선교대회를 개최할 것이며, 각 나라의 디아스포라들과 국내 교회들을 자매결연하도록 도와 디아스포라들을 선교사로 세우는 사역을 횃불회 교회들과 동역하며 펼쳐나갈 것입니다. 이 사역에 함께 동참해 주십시오.

▮전국횃불회 조직도

지역횃불회	오프라인 모임장소	회장	총무
서울횃불회	중앙성결교회	한기채 목사	김 민 목사
서울사모횃불회	횃불선교센터	심경애 사모	김보환 사모
인천횃불회	부평 부광감리교회	김상현 목사	안창호 목사
경기서부(안산)횃불회	안산 빛나교회	유재명 목사	김철환 목사
경기남부(수원)횃불회	수원 명성교회	유만석 목사	유영오 목사
경기북부(일산)횃불회	거룩한빛광성교회	정성진 목사	홍명준 목사
강원영동(강릉)횃불회	강릉 소망감리교회	최규완 목사	김정식 목사
대전횃불회	송촌장로교회	박경배 목사	양기모 목사
전주횃불회	전주 완산교회	유병근 목사	이은식 목사
진주횃불회	진주 성광교회	정태진 목사	권영광 목사
광주횃불회	광주 유일교회	남택률 목사	박남수 목사
부산횃불회	부산 포도원교회	김문훈 목사	김영구 목사
전남동부(여수)횃불회	여수 은파교회	고만호 목사	이승룡 목사
울산횃불회	울산 강남교회	정병원 목사	조남건 목사
경남남부(거제)횃불회	거제 고현교회	박정곤 목사	김희종 목사
제주횃불회	제주 성내교회	강연홍 목사	이상헌 목사

■ 횃불회 2022년 2학기 강사진

[소주제 1] 온정

격차의 시대,
정(情)이 있는 교회
지형은 목사
성락성결교회 담임

격차의 시대,
온정있는 교회 공동체 만들기
정의호 목사
기쁨의교회 담임

격차의 시대,
온정을 나누는 교회와 목회
곽승현 목사
거룩한빛광성교회 담임

격차의 시대,
사람을 세우는 온정의 목회
국명호 목사
여의도침례교회 담임

[소주제 2] 긍정

격차의 시대,
절대 긍정으로 돌파하는 교회
김승천 목사
프랑스 퐁뇌프장로교회 담임

격차의 시대,
회복으로 이끄는 긍정의 목회
이상준 목사
온누리교회 양재 담당

격차의 시대,
은혜와 긍정 마인드로 세우는 교회와 목회
유승대 목사
은평성결교회 담임

격차의 시대,
긍정의 힘으로 변화를 이끄는 목회
이민교 선교사
우즈벡 농아교회 담임

격차의 시대,
긍정의 교회를 위한 깊이 있는 성경 이해
박양규 목사
교회교육연구소 대표

격차의 시대,
긍정의 목회를 위한 소통 콘텐츠 활용
이정일 목사
문학연구공간 '상상' 대표

[소주제 3] 열정

격차의 시대,
열정을 불러일으키는 설교
안광복 목사
청주 상당교회 담임

격차의 시대,
성령의 열정으로 넘치는 예배
이기용 목사
신길교회 담임

격차의 시대,
기도의 열정으로 세워가는 교회와 목회
이인호 목사
더사랑의교회 담임

격차의 시대,
열정의 리더십으로 세워가는 교회
옥성석 목사
충정교회 담임

격차의 시대,
열정과 소명으로 재생산하는 교회와 목회
박인화 목사
미국 뉴송교회 담임

격차의 시대,
열정으로 복음을 전하는 교회 1
김태규 목사
서울은혜교회 담임

격차의 시대,
열정으로 복음을 전하는 교회 2
박성원 목사
산돌교회 담임

[소주제 4] 공정

격차의 시대,
성경적 세계관으로 본 공정 이슈들
이정훈 교수
울산대학교 교수

격차의 시대,
차별금지법과 성경적 공의와 정의
조영길 변호사
법무법인 아이엔에스 대표

격차의 시대,
하나님의 공의와 정의, 그리고 복음 통일
조요셉 목사
물댄동산교회 담임

격차의 시대,
정(情)이 있는 목회
이건영 목사
인천제2교회 원로

[부록]

"설교자를 위한 요한계시록"
강의안
강문호 목사
충주봉쇄수도원 원장

※ 강사의 강의 내용은 유튜브 **햇불재단TV**를 통해 영상으로 시청하실 수 있습니다.

학기 중에는 각 주차의 강의들이 월요일부터 금요일까지 5일간 **햇불재단TV**에 공개됩니다.

햇불회 홈페이지(www.torchmission.org)에 로그인 하시면 계속 시청이 가능합니다.